HEYNE BÜCHER
SACHBUCH

Peter Köpf

Deutschland : Volle Kraft zurück?

Wie unsere Eliten die Zukunft verschenken

Originalausgabe

WILHELM HEYNE VERLAG
MÜNCHEN

HEYNE SACHBUCH
19/608

Besuchen Sie uns im Internet:
http://www.heyne.de

Umwelthinweis:
Dieses Buch wurde auf chlor- und säurefreiem Papier gedruckt.

Redaktion: Stephan Braun
Konzeption und Realisation: Christine Proske
(Ariadne Buchkonzeption, München)

Printed in Germany 1998
Umschlaggestaltung: Atelier Adolf Bachmann, Reischach
Herstellung/DTP: Sibylle Hartl, Andreas Kobilke
Druck und Verarbeitung: Presse-Druck Augsburg

ISBN 3-543-14133-4

Inhalt

I. Räuberbanden im Propaganda-krieg

Der grüne Europaabgeordnete Frieder Otto Wolf hat die Zeichen der Zeit erkannt. Auch eine Räuberbande, erzählt er gern schmunzelnd, brauche Gerechtigkeit, nämlich spätestens beim Teilen der Beute. Betrachtet man in den Wirtschaftsteilen der deutschen Presse die Börsenkurse und die Rekordgewinnmeldungen der multinationalen Konzerne, dann ist klar, wo das Manko zum Ende des 20. Jahrhunderts liegt. Die Räuberbande hat die Gewinne verteilt, gerecht aber war ihr Spruch keinesfalls. Denn die Robin Hoods sind selten geworden im Liberalismus-Forest. In einer Marktwirtschaft, die das ihr früher beigeordnete Adjektiv sozial zunehmend durch das Adjektiv frei ersetzt, greift die Räuberbande denen in die Taschen, die ohnehin nur wenig haben. Und bei der Verteilung der Beute bleiben die Armen natürlich unberücksichtigt.

Weil das Konzept so erfolgreich ist für die Freibeuter, sind weitere Banditen-Sippen mit Know-how aufgetaucht. Die deutsche fürchtet nun im internationalen Vergleich an Boden zu verlieren, weil siegen nur kann, wer am meisten Kapital anhäuft. Zum Wohle des Volkes hat deshalb unsere Räuberbande nach einem Weg gesucht, auf dem keines der Mitglieder an Beute verliert. Im Gegenteil: Im internationalen Wettbewerb und zum Wohl des Volkes müssen ihre Geldspeicher immer voller werden. Und so kämpft Deutschland zur Zeit um die Verteilung der Kosten der Freiheit, die mit der Umsetzung einer neuen Wirtschaftsideologie auf allen Ebenen entstanden sind. In einer der größten Propagandaschlachten der Nachkriegsgeschichte nehmen die deutschen Mächtigen in Wirtschaft und Politik alle sozialen und kulturellen Errungenschaften aus 50 Jahren Bundesrepublik unter Beschuß. Eine raffgierige Elite steckt unter Vorspiegelung falscher Tatsachen das Volk zum Abspecken in den Schwitzkasten.

Sparen, sparen, sparen haben die willigen Helfer und die Räuberbande dem Bürger als Zielsetzung auferlegt. Löhne und Sozialleistungen müssen um der Wettbewerbsfähigkeit willen runter, die Ausgaben für Forschung, Bildung und Kultur wegen der knappen Kasse. Längst geht ein Gespenst um in Deutschland, das Gespenst der Armut. Und mit ihm die Sorge, was die Massen unternehmen werden, wenn der Druck den Kessel zum Platzen bringt.

Das Standortsicherungsgesetz und das Sparpaket vom 13. September 1996 könnten, so meint der ehemalige Sozialminister Herbert Ehrenberg, »aus den Notverordnungen des Jahres 1932 abgeschrieben sein. Lohnverzicht forderte auch Reichskanzler Heinrich Brüning damals, und die Reichsbank entschied sich wie heute die Bundesbank für eine der Situation völlig unangemessene restriktive Kreditpolitik.« Man dürfe froh sein in Deutschland, »daß die Republikaner keinen die Öffentlichkeit so ansprechenden Führer haben wie die FPÖ in Österreich.«[1] Doch die Bundesrepublik hat immerhin den Präsidenten des Bundesverbandes der Deutschen Industrie (BDI), Hans-Olaf Henkel, der zu fordern wagte, man müsse zur Rettung Deutschlands Hand an das föderale System legen. Volle Kraft zurück also.

Progressive Ideen kann die Elite der Republik in Politik und Wirtschaft nicht mehr entwickeln. Die Bonner Gebetsmühle wiederholt nur die immer gleichen, selbst im Herkunftsland USA längst als falsch erkannten Rezepte. Der Bundespräsident, Roman Herzog, hat deshalb in einer aufsehenerregenden Rede im Berliner Hotel Adlon gefragt: »Was ist los mit unserem Land?« Herzog gab die Antwort selbst: Er stelle »ein Gefühl der Lähmung« fest, das über der Gesellschaft liege. »Im Klartext: Der Verlust wirtschaftlicher Dynamik, die Erstarrung der Gesellschaft, eine unglaubliche mentale Depression – das sind die Stichworte der Krise.« Sie bildeten einen »Dreiklang in Moll«. Herzog forderte deshalb: »Durch Deutschland muß ein Ruck gehen. Wir müssen Abschied nehmen von liebgewordenen Besitzständen. Alle sind angesprochen, alle müssen Opfer bringen, alle müssen mitmachen. (...) Alle, wirklich alle Besitzstände müssen auf den Prüfstand.« Die Honoratioren der Republik klatschten brav und wissend, das Volk war nicht geladen. Es klatschten sogar diejenigen, denen der oberste Deutsche unverkennbar die Leviten gelesen hatte. Am meisten, als er der versammelten »Elite« des Landes zurief: »Die Welt ist im Aufbruch, sie wartet nicht auf Deutschland.«

Aufbruch, aber wohin? Eine »Aufholjagd« müßten wir starten, sagte Herzog. Also müssen wir den anderen nachlaufen, die sich auf den Weg in die Zukunft gemacht haben. Sollen wir das wirklich tun, auch wenn die anderen möglicherweise in die falsche Richtung laufen? Bedingungslos sagt Herzog ja, und wischt damit die Bedenken bei den Zukunftstechnologien vom Tisch. Und im sozialen Bereich? Dankbar nimmt man zur Kenntnis, daß der Begriff Soziale Marktwirtschaft in Herzogs Rede wenigstens einmal auftaucht. Aber Roman Herzog machte deutlich, daß auch hier weitere Opfer zu bringen sein werden. Noch immer habe Deutschland ein »nahezu einmaliges Maß an sozialer Sicherheit«. Da gibt's also noch Speckreserven. Weg damit. Hauptsache, man mache sich auf den Weg nach Amerika, »dann können wir sogar die Vollbeschäftigung zurückgewinnen«.

Das ist eine Illusion – zumindest wenn nicht endlich neue Wege bei der Verteilung der Arbeit eingeschlagen werden. Doch da waren bisher Kabinett und Kapital vor. Richtig an Herzogs Analyse vom Frühjahr 1997 war deshalb, daß nichts mehr ging in Bonn. In vielen Bereichen. Trotz Arbeitslosen- und Schuldenrekord, Regierung und Opposition blockierten sich gegenseitig. Ob Steuer- oder Rentenreform, die Regierung konnte nicht mehr, und die Opposition wollte ihr da nicht heraushelfen. Weil die Sozialdemokraten nicht mehr alle Beutezüge mittragen wollten, hat der Bundeskanzler beleidigt erklärt, er werde einfach keine neuen Projekte mehr beginnen, weil er sie ohnehin nicht durchsetzen könne. Das Ausland in Gestalt der *Londoner Financial Times* konnte nach »le Waldsterben« und »the German Angst« einen neuen Begriff adaptieren: the Reformstau. Aus dem einstigen »Konsens-System«, so befand die *Süddeutsche Zeitung*, habe sich »eine Veto-Diktatur geschält«. Deutschland sei »die blockierte Republik«. *Die Zeit* urteilte, »die Bonner Geisterfahrer« hätten die Orientierung verloren.[2]

Das »Modell Deutschland« wurde abgewirtschaftet. Die Regierung Kohl wirkt nach vier Legislaturperioden ausgebrannt und hilflos. Rekordverschuldung des Staates, Pleitenwelle mit 430.000 Betriebsstillegungen 1996, offiziell weit mehr als vier Millionen Arbeitslose, acht Millionen fehlende Arbeitsplätze, wegen ausbleibender staatlicher Aufträge Rezession am Bau, aber nicht nur da, leere Sozialkassen – nach 16 Jahren steht Helmut Kohl innenpolitisch vor einem Scherbenhaufen. Nichts dokumentiert die Niederlage einer jahrelangen »Beschäftigungspolitik« eindringlicher als die Kurve der Zahl der Arbeitsuchenden. Und bei allem innenpolitischen Mißerfolg wollen ihm einige kurz vor der Ziellinie auch noch Europa streitig machen.

Eine bisweilen aktionistische, meist aber gelähmte Bundesregierung hat sich zuletzt immer wieder in ihrem Bemühen verheddert, den Karren aus dem Dreck zu ziehen. Jeden Tag wurde eine neue Sau durchs Bundesdorf getrieben, die Rettung bringen sollte. Doch die groß angekündigten Reformen endeten in Reförmchen oder im Nichts. Dem »Weiter so« wich schließlich das Aussitzen. Man wartet auf die Bundestagswahlen und das weise Urteil der Wählerinnen und Wähler. Um deren Kreuz nicht zu verlieren, betreiben die Parteien eine Art Stellungskrieg. Ex-Bundespräsident Richard von Weizsäcker mischte sich noch einmal ein und fällte das vernichtende Urteil: »Die Konzentration der Kräfte zur Machterhaltung übersteigt bei weitem die konzeptionelle Pionierarbeit, von geistiger Führung ganz zu schweigen.«[3]

Selbst die *Frankfurter Allgemeine Zeitung (FAZ)* ging hart ins Gericht mit der Bonner Koalition. Die deutsche Finanzpolitik habe sich in eine Sackgasse manövriert und mache Deutschlands Erfüllung der Maastricht-Kriterien immer fraglicher. Die Arbeitslosenzahlen nannte die ›*Zeitung für Deutschland*‹ »beschämend«, die Steuer- und Abgabenlast »auf Dauer nicht mehr tragbar«. Gefordert sei »Mut zum Wandel«[4].

Doch der, dem Bundespräsidenten sei's geklagt, fehlt. Es wäre allerdings zu einfach, nur der Bonner Koalition die Schuld am derzeitigen Desaster aufzubürden. Da sind auch noch die international agierenden Unternehmen. Die nutzen die Gunst der Stunde und verbuchen Rekordgewinne. Doch diese werden nicht in die Zukunft, in neue Arbeitsplätze, investiert. Statt dessen wird weiter rationalisiert, was nur die Börse mit immer neuen Rekorden feiert. Die Ungleichheit wächst, für Deutschland, ja weltweit, wird schon eine »20:80-Gesellschaft« an die Wand gemalt. 20 Prozent der Weltbevölkerung werden in absehbarer Zeit noch Arbeit und Wohlstand haben, der Rest müsse durch »tittytainment«[5] ruhiggestellt werden. So gesehen war die Einführung des privaten Fernsehens eine vorausschauende Entscheidung.

Das 1996 von Kanzler Helmut Kohl formulierte und mehrfach wiederholte Ziel, bis zum Jahr 2000 die Arbeitslosenzahl zu halbieren, wird längst nicht mehr ernst genommen. Die

»Zukunftsfähigkeit« wollte die Regierungskoalition in ihren Wahlversprechen von 1994 sichern. Deutschland »fit zu machen für das Jahr 2000«, versprachen die Redner des konservativ-liberalen Bündnisses. Statt dessen rauscht die Bundesrepublik mit einigen anderen Industriestaaten auf einen Abgrund zu. Zugunsten einer zerstörerischen Wirtschaftsideologie werden bewährte Verteilungsregeln und ein ungeschriebener Gesellschaftsvertrag gebrochen. Nicht nationale Regierungen, sondern internationale Konzerne sind längst dabei, der Politik das Steuer aus der Hand zu nehmen. Politiker lassen sich auch in Deutschland widerstandslos und willfährig zu Werkzeugen für deren wirtschaftliche Ziele machen. Kein Nachdenken über internationale Instrumente ist zu entdecken, die in der Lage wären, diese verhängnisvolle Entwicklung zu bremsen oder zu stoppen. Schon entläßt auch die Marktwirtschaft ihre Kinder, statt »Wohlstand für alle« muß heute »Wohlstand für niemand«[6] befürchtet werden.

Mit dem »Schimpfwort« vom Wohlfahrtstaat und dem Argument eines angeblichen Zwanges, sich den Regeln der Globalisierung beugen zu müssen, wird der Sozialstaat demontiert. Und mit ihm die Demokratie. Ihr ist nach dem Niedergang des Sozialismus ein neuer, ein überraschender Feind erwachsen: die Marktwirtschaft ohne Adjektiv. Die Erhaltung der Umwelt rückt längst wieder hinter die ökonomischen Interessen zurück, ebenso das selbst in guten Zeiten stets schwach ausgeprägte Bemühen um eine bessere Entwicklung in den Staaten der Dritten Welt.

Wie lange werden sich die Massen das alles gefallen lassen? Und gegen wen wird sich ihr Haß richten? Die Berliner Bauarbeiter, die zuschauen müssen, wie ausländische Kollegen das neue Regierungsviertel hochziehen, richten ihre Angriffe nicht gegen die Unternehmen, sondern gegen die »Billigkonkurrenz«. Populistische Rechtsaußen und verantwortungsvergessene demokratische Politiker bedienen sich schon der einfachen Rechnung: Vier Millionen Arbeitslose minus vier Millionen Gastarbeiter macht Vollbeschäftigung.

Der Direktor des Chicagoer Council on Foreign Relations, Ethan B. Kapstein, warnte unlängst: »Die Welt bewegt sich möglicherweise unerbittlich auf einen dieser tragischen Momente zu, der zukünftige Historiker fragen lassen wird: Warum wurde nicht rechtzeitig etwas unternommen? Haben die ökonomischen und politischen Eliten nicht rechtzeitig bemerkt, zu welch tiefgreifenden Verwerfungen der ökonomische und technologische Wandel führte? Und was hat sie davon abgehalten, die notwendigen Schritte zu unternehmen, um eine globale soziale Krise zu verhindern?«[7]

Es ist wie ein Treppenwitz der Weltgeschichte: Gerade noch hatte der Klassenfeind, der real-existierende Sozialismus, zumindest in Europa seine letzten Atemzüge ausgehaucht, die Apologeten der Marktwirtschaft einen historischen Sieg gefeiert, vom »Ende der Geschichte« palavert. Doch plötzlich haben die Feiern ein abruptes Ende gefunden. Kaum war der politische Gegner zu Grabe getragen, traten auch beim Triumphator deutliche Krankheitssymptome zu Tage. In allen Industrieländern mußten die Sieger erkennen, daß auch ihre Bäume nicht in den Himmel wachsen, daß die Wirtschaft nicht auf Dauer mit hohen oder immer größeren Raten wachsen kann. In der Zukunft – das hätten sich die Apologeten des Marktes nie träumen lassen – könnte es sogar zum Stillstand kommen, vielleicht sogar zu einem Schrumpfen. Der Schock über diese Erkenntnis, die offenbar noch nicht einmal in das Bewußtsein aller Verantwortlichen eingedrungen ist, lähmt diese wie die Schlange das Kaninchen.

Am schlimmsten, da mag der Bundespräsident recht haben, scheint es den vormaligen Klassenprimus erwischt zu haben – die durch die Wiedervereinigung ohnehin angeschlagene Bundesrepublik. Das Wirtschaftswachstum hat in der alten Bundesrepublik stets zu einer Art Identitätsstiftung beigetragen. Alle hatten Arbeit, die Produktivität erhöhte sich und mit ihr der Wohlstand fast aller. Heute sieht das anders aus. Nicht nur der Wohlstand eines großen Teils der Bevölkerung schrumpft, das gemeinsam erwirtschaftete Einkommen wird auch nicht mehr dazu verwendet, die Staatsfinanzen in Ordnung zu halten und denen, die es brauchen, unter die Arme zu greifen. An eine effektive Umweltpolitik ist nicht zu denken, und so bröckelt alles spürbar auseinander, was Stolz oder Zufriedenheit über eine gemeinsame Leistung brachte, obwohl alle mit hohem Einsatz arbeiten bis zur Erschöpfung. Zweifel an der Marktwirtschaft wachsen und mit ihnen eine resignative Stimmung, aus der kein Aufbruch entstehen kann.

Vielleicht waren die Deutschen zu sehr mit der Geschichte beschäftigt, um die Zeichen der Zeit, geschweige denn der Zukunft zu sehen. Nicht ein »Entschuldigung, wir haben uns geirrt« ist zu hören. Nein, das »Weiter so« ist angesagt, die nächsten Wahlen stehen vor der Tür. Mit den immer gleichen und wirkungslosen Rezepten ist in der und für die Zukunft aber nichts auszurichten. Dabei gibt es Alternativen, Ideen, Anregungen genug, um es einmal auf anderen als den vom Mainstream ausgetretenen Wegen zu versuchen. Der »Aufbruch ins 21. Jahrhundert«, von Herzog emphatisch gefordert, könnte auch auf andere Pfade als die sattsam bekannten neoliberalen Autobahnen führen.

Als Helmut Kohl 1982 die SPD/FDP-Regierung ablöste, sagte er bei der Regierungsübernahme: »Der staatliche Schuldenberg wächst von Tag zu Tag; die Steuer- und Abgabenlast nimmt zu; die Zahl der Arbeitslosen wächst weiter.« Angesichts des heutigen Desasters kann man Kohls damaligen Worten heute nur zustimmen: »Deutschland braucht einen neuen Anfang.«[8]

II. Neoliberale Wirtschaftspolitik: Eine Religion verändert die Welt

Eigentum gehört in private Hände. Diese grundlegende Entscheidung trafen die Väter des Grundgesetzes 1949. Eine zentrale Verwaltung der Wirtschaft durch den Staat hatte eben zu einer epochalen Krise geführt und sollte in Ostdeutschland unter anderen Vorzeichen ebenfalls unbefriedigend enden. Auch der alte Wirtschaftsliberalismus des Laissez-faire, der sich nur auf die regulierenden Kräfte des Marktes verläßt, hatte sich als ungeeignet und vor allem ungerecht erwiesen. Die Marktwirtschaft sollte sozial sein. Und einer Regierung, die möglichst viel Gerechtigkeit schaffen wollte, standen dazu verschiedene Instrumente zur Verfügung. Meistens war dies eine relativ einfache Übung, weil es nur galt, das ständig steigende Volksvermögen auf die verschiedenen Gruppen und Menschen so zu verteilen, daß größere Konflikte vermieden werden konnten. Doch heute geht es darum, den zunehmenden Mangel zu verteilen, und dieses Mal, so scheint es, bekommen die Lohnabhängigen einen größeren Teil ab, als ihnen lieb ist.

Das Gesetz zur Förderung der Stabilität und des Wachstums der Wirtschaft von 1967, kurz: Stabilitätsgesetz, sah vier Ziele einer gerechten Wirtschaftsorganisation vor: stetiges und angemessenes Wachstum, Vollbeschäftigung, Preisstabilität und eine ausgeglichene Zahlungsbilanz. Alle vier Kriterien beeinflussen einander. Jahrgänge von Oberschülern lernten im Sozialkundeunterricht dieses »magische Viereck« kennen, das später zu einem »magischen Sechseck« erweitert wurde. Gemeint sind sechs wirtschaftspolitische Ziele, die voneinander abhängen und in Konflikt miteinander stehen. Zu den genannten vier werden heute noch ein Gleichgewicht zwischen Markt- und Staatswirtschaft und eine gerechte Verteilung von Einkommen und Vermögen genannt.[9]

1. Kleine Geschichte der modernen Ökonomie

Trinken Sie schottischen Wein? Niemand tut es. Der schwäbische Weinhändler in der Kreuzberger Bergmannstraße meint zwar, heute könnten Weinreben auch im Norden der britischen Insel gezogen werden. Wegen der neuen Züchtungen könnten sie sogar ganz passabel schmecken. In seinem Regal steht dennoch kein solcher Nordländer Tropfen. Adam Smith (1723 – 1790), der alte Herr des Freihandels, hatte schon vor mehr als 200 Jahren gute Gründe angeführt, warum es keinen Sinn macht, in Schottland Wein zu keltern, abgesehen vom Klima. »Mittels Steinwällen und Glas kann man in Schottland sehr gute Trauben züchten, aus denen sehr guter Wein gewonnen werden kann. Der Preis aber wäre etwa das Dreißigfache, was für einen Wein gleicher Güte im Ausland bezahlt werden müßte. Wäre es ein kluges Gesetz«, fragte er weiter, »das den Import fremder Weine verbietet, um den schottischen Weinbau zu schützen?«[10]

Die Schotten, das sah Smith so, sollten lieber Dudelsäcke und Kilts herstellen und was sie sonst noch gut und preiswert zu produzieren in der Lage sind. Mit dem Gewinn könnten sie dann das kaufen, worauf andere Länder spezialisiert sind, ja sogar viel mehr als sie selbst herstellen könnten. Auf diese Weise, da war sich Smith sicher, werde der »Wohlstand der Nationen«, so der Titel seines Standardwerks, wachsen. Aller Nationen. Vorausgesetzt, der Handel verlaufe frei, also ohne Verbote, Zölle, Prämien, Subventionen und andere Steuerungsmechanismen, deren sich ein Staat bedient, um der eigenen Wirtschaft einen Standortvorteil zu verschaffen.

David Ricardo (1772 – 1823) entwickelte diesen Gedanken Smith`s fort zum Gesetz der »komparativen Kosten oder Vorteile«. Heute führt Barbados beispielsweise Weizen aus den USA ein, obwohl es diesen selbst ergiebiger oder mit geringeren Kosten als die USA anbauen könnte. Weil aber der Kostenvorteil oder der Gewinn bei Kolonialwaren wie Zucker, Kaffee und Gewürzen größer ist, konzentriert sich die Antillen-Insel auf den Anbau dieser Produkte. Entscheidend ist nicht, was ein Land am besten produzieren kann, sondern womit es am meisten verdient. Ricardo verdanken wir aber auch die Erkenntnis, daß Lohnsteigerungen die Unternehmer dazu veranlassen, Menschen durch Maschinen zu ersetzen. Und umgekehrt.

Karl Marx (1818 – 1883) zeigte den Unternehmern, was sie nicht tun dürfen, wenn sie die Revolution von ihrem Haus fernhalten wollen. Und so verelendeten die Arbeiter bisher nicht, sondern bekamen so viel vom Kuchen ab, daß sie wirtschaftlich zufriedener waren als all ihre Kollegen Genossen in sozialistischen Staaten.

Die Depression der zwanziger und dreißiger Jahre des 20. Jahrhunderts hatte erstmals für Zweifel auch unter den Marktwirtschaftlern gesorgt. Und zu schlimmen politischen Entwicklungen. Der britische Ökonom John Maynard Keynes (1883 – 1946) erklärte sich diese Einbrüche mit einer schwachen Gesamtnachfrage, dem Pessimismus der Investoren und Anleger, starren Nominallöhnen und einer falschen Fiskalpolitik. Und er machte einen weiteren Grund für die Depression und die andauernde Arbeitslosigkeit der zwanziger Jahre in England aus: das nach Wiedereinführung des Goldstandards überbewertete Pfund. (Das erinnert an die Situation in der Bundesrepublik bis Anfang 1997.) Da der klassische Weg, Reallohnsenkung, am Widerstand der Arbeitnehmer scheiterte und darüber hinaus massive Lohnsenkungen (28 Prozent zwischen 1929 und

1933) in den USA die Arbeitslosenzahlen nicht verringert hatten, suchte Keynes andere Wege.[11] Um die Arbeitslosigkeit zu bekämpfen, empfahl er eine expansive Finanzpolitik, also eine Senkung der Steuern und mehr Staatsausgaben, die die Nachfragelücke auffüllen sollten. Das war revolutionär, wurde doch schon damals die Verschwendungssucht der Bürokratie kritisch beäugt. Und Keynes forderte dazu auf, Geld auszugeben! Seine Idee von der antizyklischen Wirtschafts- und Finanzpolitik setzte sich nach dem Zweiten Weltkrieg durch, und auch deutsche Regierungen wandten sie erfolgreich an.

Als die Ölpreisschocks gleichzeitig zu Inflation *und* Arbeitslosigkeit, dem neuen Phänomen der Stagflation, führten, war Keynes General Theory von der Praxis widerlegt. 16 Prozent Inflation und acht Prozent Arbeitslosigkeit in den USA, 30 Prozent Geldentwertung bei trotzdem sechs Prozent Beschäftigungslosen in Großbritannien, »die Phillips-Kurve«, die Inflations- und Arbeitslosenrate in Bezug gesetzt hatte, war gesprengt. Allein die Bundesrepublik hielt bei sieben Prozent Inflation die Zahl der Arbeitslosen noch niedrig. Als die US-Regierung in den achtziger Jahren die Inflation durch eine rigide Sparpolitik bekämpfte, stieg die Arbeitslosigkeit zwar wie in Keynes' Modell zunächst auf elf Prozent, doch dann sank sie auf acht und die Inflation weiter auf sechs Prozent bis 1987. Die Theorie von Keynes war endgültig »erledigt«.

Während bei Keynes noch galt, daß sich Inflation und die Zahl der Arbeitslosen beeinflussen, wollen die Monetaristen um Milton Friedman, der US-Präsidenten wie Richard Nixon und Ronald Reagan beriet, mit Hilfe eines mäßigen und stetigen Geldmengenwachstums die Berg- und Talfahrt der Wirtschaftsentwicklung einebnen. Über die Geldmenge soll ein gleichmäßiges Wachstum gesichert, Inflation eingedämmt, Arbeitslosigkeit auf eine »natürliche Rate« gehoben oder gesenkt werden. Dazu sollen alle Handelshemmnisse abgeschafft werden, der Staat sich wieder auf sein Amt als Nachtwächter zurückziehen. Keine ganz frischen Ideen, nur in der Zeit der »Globalisierung« neu *designed*. Während man nach dem Zweiten Weltkrieg glauben wollte, man müsse den Menschen nur genügend Geld geben, dann würde sich eine Nachfrage von allein ergeben, will man heute wieder auf jegliche regulierenden Eingriffe des Staates verzichten. Laßt die Unternehmer nur machen, was sie für nötig erachten, und der Kahn wird wieder schwimmen, erklären neoliberale Wirtschaftstheoretiker.

Wie Einfuhrzölle zum Standortnachteil werden können, darauf wies auch der Cambridger Ökonom und frühere US-Arbeitsminister Robert B. Reich anhand eines Beispiels aus den USA hin. Nachdem die Regierung beschlossen hatte, billigen ausländischen Stahl zu besteuern, mußten die drei Autofirmen General Motors, Ford und Chrysler erkennen, daß sie 40 Prozent mehr für Stahl bezahlen mußten. So wird der Schutz eines Industriebereichs zur Belastung eines anderen und zum Standortnachteil. Möglicherweise werden die erhaltenen Arbeitsplätze sogar durch den Verlust in der anderen Branche mehr als aufgewogen. Doch die neoliberale Gegenstrategie birgt viel schlimmere Gefahren: Wenn die deutschen Stahlwerker zu teuer produzieren, so sagen sie, dann müssen sie eben abspecken. Die Produktion muß schlank gemacht werden, heißt es. Es wird rationalisiert auf Teufel komm raus. Weil die Konkurrenz nicht schläft, senkt auch sie die Kosten, und die deutschen Stahlkocher sind immer noch um genau soviel teurer wie zuvor. Es wird weiter rationalisiert, gespart und bei den Löhnen gekürzt, bis beim besten Willen nichts mehr auszuquetschen ist. Doch die Konkurrenz war genauso fleißig. Mit dem Rücken zur Wand hören die Manager nicht mehr auf Smith, Ricardo und Friedman, die solche Produktionen denen überlassen würden, die es besser und billiger können. Weil aber ihr eigener Beritt betroffen ist, wird der sonst so mißliebige Staat angerufen. Und wenn der nicht mehr einspringen kann, dann Gnade Gott den Beschäftigten. Robert B. Reich sagt, wo dieser ruinöse Wettbewerb »entweder sie gewinnen oder wir« endet: »Der vollkommene Wettbewerb führt am Ende zum Wegfall jeglichen Gewinns und zwingt auch die besten Unternehmen zur Aufgabe.«[12]

Daß der ungebremste, unkontrollierte Wettbewerb Opfer hervorbringt, davor hatte schon US-Präsident Abraham Lincoln gewarnt: »Schafft die Zölle ab und unterstützt den Freihandel, dann werden unsere Arbeiter in jedem Bereich der Wirtschaft wie in Europa auf das Niveau von Leibeigenen heruntergebracht.«[13] Er hatte recht. Doch hören will ihn heute niemand mehr.

2. Wer keine Arbeit hat, will keine Arbeit

»Soziale Marktwirtschaft ist keine Marktwirtschaft.«[14] Dieses Wort von Friedmans Lehrer Friedrich A. Hayek (*1899) wird heute schrittweise in die Praxis umgesetzt. Hayek hatte kurz vor dem Ende des Zweiten Weltkriegs erklärt, es sei »notwendig, daß die Wirtschaftspartner zu jedem Preis kaufen und verkaufen dürfen, zu dem sie einen Kontrahenten finden. (...) Jeder Versuch, die Preise oder die Mengen bestimmter Produkte zu regulieren, vereitelt eine befriedigende Abstimmung der Wirtschaftsakte der Individuen durch den Wettbewerb.«[15] Hayek verbat sich jede staatliche Einmischung, denn das sei »der Weg zur Knechtschaft«. Für sein Buch mit eben diesem Titel erhielt er 1974 den Nobelpreis für Wirtschaftswissenschaften. 1994 wurde es in Deutschland neu aufgelegt – mit einem Vorwort von Otto Graf Lambsdorff.

Hayek und Friedman, Lambsdorff und andere Verfechter einer neoliberalen Wirtschaftspolitik haben sich daran gemacht, das Soziale aus der Marktwirtschaft zu vertreiben. Die Gewerkschaften haben sie deshalb zu ihrem letzten Feind stilisiert. Denn sie, die viel Gescholtenen, sind die letzten Bastionen, die sich wirksam gegen die dunkle Zukunft aus Lincolns Szenario stemmen. Friedman denunziert die Gewerkschaften als Dinosaurier. Sie seien »nicht ein Produkt der modernen industriellen Entwicklung«, sondern »stellen einen Rückfall in eine vorindustrielle Periode dar.[16]« Die Vorteile, die starke Gewerkschaften für ihre Mitglieder erzielten, gingen »in erster Linie auf Kosten anderer Arbeiter«, zumal für Friedman gilt: »Eine erfolgreiche Gewerkschaft reduziert die Anzahl der Arbeitsplätze, die sie unter Kontrolle hat. Das Ergebnis ist, daß manche Leute, die Arbeitsplätze zu den von den Gewerkschaften verlangten Löhnen und Gehältern suchen, sie nicht bekommen. Sie sind gezwungen, sich anderswo umzuschauen. Ein größeres Angebot an Arbeitern für andere Arbeitsplätze senkt aber Löhne und Gehälter für diese Arbeitsplätze. (...) Es könnte bedeuten: höhere Löhne für jene, die Arbeitsplätze bekommen und weniger Arbeitsplätze für die übrigen.«[17] Dank Friedman wissen wir jetzt endlich, wer für die Rationalisierung und den Abbau von Arbeitsplätzen wirklich verantwortlich ist: die Gewerkschaften bzw. die Arbeitnehmer, die sich in ihnen organisieren.

Für Marktradikale wie Friedman sind Mindestlöhne ein Greuel. Sie verschlechterten die Situation der armen Leute noch, behauptet er, weil Mindestlöhne verhinderten, daß ein Arbeitgeber Leute mit beschränkten Qualifikationen einstelle. Zynisch, aber den Gesetzen des deregulierten Marktes entsprechend, fragte er in einem Interview mit dem *Playboy*: »Wie geht es einem Menschen besser? – arbeitslos mit einem Dollar sechzig in der Stunde oder angestellt mit einem Dollar fünfzig? Bei null Stunden in der Woche kommt man auch bei einem Dollar sechzig zu nichts.« Gerade unter Frauen, Schwarzen (in den USA) und Jugendlichen sei die Arbeitslosigkeit so hoch, weil es Mindestlöhne gebe. Damit sei Ausbildung am Arbeitsplatz nicht mehr finanzierbar, die Leute lernten neben der rein technischen Ausbildung nicht mehr das Nötigste, nämlich: pünktlich zur Arbeit zu erscheinen, acht Stunden am Tag zu arbeiten, statt an Straßenecken herumzulungern, ein Gefühl der Verantwortung zu haben und ihren Arbeitgeber wissen zu lassen, wenn sie mal nicht kommen. »Die Mindestlohnquote«, ließ Friedman wissen, sei »das negerfeindlichste Gesetz von allen«.[18]

Wer keine Arbeit hat, ist nach diesem Modell selbst schuld. Denn er muß sich geweigert haben, zum Marktlohn (oder darunter) zu arbeiten. Damit ist jeder heutige Arbeitslose ein freiwilliger Arbeitsloser. Für die Gleichgewichts-Ökonomen ist deshalb Vollbeschäftigung erreicht, wenn Löhne und Gehälter weder steigen noch fallen. In der Bundesrepublik herrscht nach der heute weltweit führenden Wirtschaftsideologie nahezu Vollbeschäftigung. Für derartige Erkenntnisse hat man auch schon den Nobelpreis bekommen (Hayek, Friedman).

Widerstand gegen die radikalen Auswirkungen eines freien Marktes wehrt Milton Friedman lakonisch ab: »In einer Befehlswirtschaft richten sich Neid und Unzufriedenheit gegen die Herrschenden. In einer freien Marktwirtschaft richten sie sich gegen den Markt.«[19] Daß es den Versuch geben könnte, einen Weg dazwischen zu beschreiten, hält er für ein Hirngespinst. In jeder Gesellschaft herrsche Unzufriedenheit über die Einkommensverteilung. Die Frage ist nur: wieviel? Und wieviel Unzufriedenheit ist erträglich, wieviel eingebildet? Warum errechnet sich bei den Monetaristen Zufriedenheit und Erfolg nur am Geld? Vielleicht hätte – was Friedman offenbar für undenkbar hält – Cassius Clay ja auch geboxt, wenn er weniger Geld bekommen hätte, weil ihm der Ruhm und sportliche Ehre Werte waren, die ein Monetarist nicht auf seiner Bilanz vorgesehen hat? Van Gogh oder andere Künstler wären nach Friedmans Kriterien offenbar erfolglose Menschen, weil ihre Güter zu Lebzeiten keinen Tauschpartner fanden, jedenfalls keinen lukrativen. Und dennoch könnten gerade diese auf eine gewisse Weise das freieste Leben geführt haben, das man sich vorstellen kann – auch wenn oder gerade weil kein Markt ihnen vorschrieb, was sie zu produzieren haben, um »erfolgreich« zu sein. Vielleicht hätte ein Spezialist wie Red Adair auch ohne Bezahlung eine brennende Ölquelle gelöscht, einfach weil ihm das Ziel, Menschenleben zu retten, auch ein Wert ist? Die Prediger des »freien« Marktes aber kennen nur einen Maßstab für Erfolg. Arbeite hart und spare, dann wirst du reich und glücklich. Doch nicht alle Menschen wollen sich diesen Vorstellungen beugen.

Und so erklärt sich schließlich, warum bei den Antreibern der Glaube vorherrscht, hinter jedem Arbeitnehmer müßte ein Aufpasser mit einer Peitsche stehen. Insbesondere die neuen Ökonomieschulen zeigen ein extremes Mißtrauen gegenüber den abhängig Beschäftigten. Es wird verständlich, warum nicht wenige Politiker und Wirtschaftskapitäne eine Mißbrauchsdiskussion angezettelt haben, die uns sagen soll, daß die meisten Wohlfahrtsempfänger eigentlich gar nicht arbeiten wollen. Durch weitere Kürzungen der Sozialleistungen als Peitsche soll die Motivation der »Millionen Faulenzer« gehoben werden.

Alle zur Zeit gängigen Theorien haben nach Lester C. Thurow nur eine Funktion, nämlich »den Erwerbstätigen Angst zu machen und sie auf diese Weise zu niedrigen Reallohnforderungen zu zwingen«. Allerdings »weiß niemand bisher, wieviel Arbeitslosigkeit erforderlich ist, um eine hinreichend große Angst zu erzeugen«,[20] schrieb der Ökonomieprofessor vom Massachusetts Institut of Technology 1984. Ein Blick nach Europa, speziell in die Bundesrepublik, könnte ihm zeigen, daß die Grenze hier erreicht ist.

3. Messias Markt: Eine Sekte erobert die Welt

Seit Adam Smith und F. A. Hayek hat sich einiges geändert in der Welt der Wirtschaft. Kapital und Unternehmen agieren heute nicht mehr nur in ihrem Land, sondern weltweit. Der Hände Arbeit wird immer weniger gebraucht. Deshalb nutzt es auch wenig, das Wachstum von Wirtschaft und Wohlstand der US-Bürger im 19. Jahrhundert (unter Aussparung der Sklaven) oder Hongkongs im 20. Jahrhundert als Beweis für das Funktionieren eines freien Marktes anzuführen, aus dem sich der Staat heraushielt. An der Schwelle zum 21. Jahrhundert ist eine immer kleiner werdende Welt aus dem Gleichgewicht geraten. Das Kapital kann heute frei über die Landesgrenzen transferiert werden und sucht sich, tatsächlich wie von unsichtbarer Hand geleitet, die günstigsten Bedingungen, um sich zu vermehren. Im günstigsten Falle also beschäftigen Adam Smiths Wohlstand bringende Unternehmer heute billige Kinder und Frauen in Dritte-Welt-Ländern, in denen Umweltprobleme noch nicht als solche erkannt werden. Doch den Wohlstand der Nationen hebt diese Praxis nicht.

Smiths Theorie funktionierte immer nur da, wo die Lohnunterschiede nicht bedeutend waren. Natürlich können wir warten, bis sich die Löhne weltweit angeglichen haben werden, aber wer möchte die Verantwortung übernehmen für die gewaltigen Folgen einer solchen unkontrollierten Umwälzung? Für die Opfer von Straßenschlachten zwischen deutschen Bauarbeitern, die weder Miete noch Brot bezahlen können, und ihren ausgebeuteten Kollegen aus Osteuropa, die für ein paar Mark arbeiten und dafür in Containern hausen. Solche sozialen Konflikte werden weltweit wachsen, wenn der Staat nicht mehr unternimmt als ausreichend Polizei zu stellen, die dazwischen geht. Adam Smith konnte die Globalisierung und deren Folgen noch nicht absehen. Milton Friedman schon.

Mag sein, daß die Globalisierung auch Chancen birgt, vielleicht sogar Chancen auf eine gerechtere Welt (Gerechtigkeit interessiert allerdings Marktradikale nicht) mit angemessenen Löhnen auch für die Ausgebeuteten der Entwicklungsländer. Aber selbst dann werden Übergangslösungen nötig sein. Die Monetaristen und radikalen Marktliberalen haben bisher keine angeboten. Für sie sind Störungen vorübergehende Erscheinungen. Unterdessen erfreuen sich skrupellose Profiteure der Gunst der Stunde, schüren und nutzen die Angst der Abhängigen. Dem Wohlstand der Nationen ist zudem kaum zuträglich, daß Gewinne heute nicht mehr in Form von Investitionen angelegt werden, sondern als Kapital. Und vielleicht ist diese Erkenntnis das grundlegende Problem, auch in Deutschland: Daß es zu wenige Unternehmer gibt und zu viele Kapitalanleger.

Außerdem gibt es in Deutschland inzwischen zu viele, die nicht mehr »Wohlstand für alle« als gemeinsames Ziel akzeptieren, sondern nur noch egoistisch den eigenen Kontostand mehren wollen. In einer veränderten Umwelt akzeptieren die maßgeblichen Wirtschaftsführer und wirtschaftsliberale Politiker heute den Staat als Schiedsrichter und ausgleichende Instanz nicht mehr. Löhne und Gehälter, Brotpreise und Mieten, alles soll der Markt von selbst regulieren.

Gebt Löhne und Preise frei, locken die Prediger des Laissez-faire längst auch in Deutschland, beseitigt alle »Marktunvollkommenheiten«, und alles wird gut. Jeder findet Arbeit, weil er nur seine Forderungen am Gleichgewichtslohn zu orientieren braucht, der Markt wird geräumt. Lester C. Thurow meint, daß dieses simple Denkschema »einer Religion verdächtig ähnelt«.[21] Zu Recht, denn wohin sich die Löhne bei einem Überangebot an Arbeitskräften entwickeln würden, ist klar. Unklar ist dagegen, wo das Ende wäre? Auf dem Bau bei sieben Mark die Stunde, um gegen die Konkurrenz aus Portugal oder England bestehen zu können? Hätten Löhne von drei Mark die deutsche Textil- oder die Lederindustrie retten können? Mit welchen Folgen für diejenigen, die ihre Miete bezahlen wollen und gerne auch etwas zu Essen haben?

Die Entwicklung fällt hinter die Zeit von Ludwig Erhard zurück, die unsichtbare Hand des Marktes nutzt eine neue, internationale Freiheit. Statt steigender Einkommen bei sinkenden Preisen hat sich die Entwicklung für die Bundesrepublik heute umgekehrt: sinkende Einkommen bei steigenden Preisen. Der freie Markt macht's, und jeder kann erkennen: sozial ist er nicht, und den Wohlstand der Massen hebt er ebenso wenig. Freiheit bringt der Freihandel nur wenigen, nämlich den Unternehmen, die ihren Produktionsstandort verlagern können. Unter den Bedingungen des globalen Wettbewerbs liegt die soziale Marktwirtschaft im Koma, solange die Politik für deren Bestand keine klaren Rahmenbedingungen durchsetzt. Natürlich fehlt es an einer weltpolitischen Instanz, die dies tun könnte. Aber es fehlt, das zeigt nicht nur Maastricht, offenbar auch der Wille, einen sozialpolitischen Konsens überhaupt zu suchen. Die Bonner Regierungskoalition scheint sich längst den vermeintlichen Sachzwängen gebeugt zu haben und sogar dazu zu neigen, die letzten lebenserhaltenden Maßnahmen einzustellen.

Alles dem Markt. Bund wie Kommunen verkaufen deshalb das Tafelsilber. »Bahn, Post, Landesbanken heute. Schulen, Universitäten, Gefängnisse morgen.« Horst Afheldt spottet weiter: »Wird man übermorgen entdecken, daß auch das Steuereintreiben privatisiert viel effektiver wird, und Provinzen an internationale ›Steuereintreiber-Gesellschaften‹ vermieten oder verkaufen? Warum nicht auch Armee und Polizei privat, effektiv, initiativfreudig, lean organisieren? Weg mit Industriepolitik! Es lebe die Privatinitiative.«[22] Das Ende der Geschichte könnte bald alles andere als erfreulich daher kommen: Eine kleine Gruppe von Industriellen beherrscht und besitzt die

Wirtschaft. Das gut bezahlte Militär sichert diese Verhältnisse mit rigorosen Mitteln ab. Horst Afheldt nennt als Beispiel Haiti und resümiert: »Kommt es zu diesem Desaster, dann hat der versprochene Weg in die Moderne endgültig zurück ins Mittelalter geführt.«[23] Selbst Milton Friedmans Hoffnung auf eine Welt, »in der habgierige Menschen ihren Mitmenschen am wenigsten Schaden zufügen können«, wäre dahin. Einer seiner häufig zitierten Glaubenssätze zum Kapitalismus, gefallen in einem Interview mit dem *Playboy*, wäre dann ebenfalls auf den Prüfstand zu stellen: »Nehmen Sie den reichsten Kapitalisten der Welt; seine Macht über Sie und mich ist lächerlich – verglichen mit der Macht, die ein Breschnew in Rußland hat.«[24]

4. Wohin führt uns die neue, alte Schule?

Auch die »Konterrevolution« der Monetaristen ist für einige Ökonomen inzwischen wie zuvor Keynes' Versuch im Sande verlaufen. »Keine der beiden Gruppen konnte eine adäquate Erklärung der makroökonomischen Probleme der letzten Jahre, Arbeitslosigkeit und/oder Inflation, finden oder entsprechende Vorschläge für die Politik machen.«[25] Und so erweist sich die Ökonomie als eine Wissenschaft, die wie andere auch noch viel zu ergründen hat. Inzwischen aber gilt, gerade wegen des Scheiterns so vieler Theorien, das Wort Lester Thurows: »Wenn die Politiker etwas glauben wollen, werden sie immer einen Ökonomen finden, der ihre Überzeugungen bestätigt.«[26] Deshalb bedient sich die Politik aus den Lehrbüchern wie aus einem Steinbruch. In den achtziger Jahren galten in Deutschland als wissenschaftlich abgesicherte Maßnahmen zur Belebung der Wirtschaft: Löhne runter, Sozialausgaben runter, Steuern (für hohe Einkommen) runter, Staat raus aus dem Wirtschaftsgeschehen. Wohin aber der Neoliberalismus die

Lohnabhängigen führt, haben die Beispiele USA und England gezeigt: 40 Prozent aller Teilzeitbeschäftigten der EU – nicht alle von ihnen Freiwillige – leben heute in England. Gut jeder Dritte verdient gemessen am europäischen Standard einen menschenunwürdigen Mindestlohn. 500 Mark im Monat für Büroangestellte, 1,30 Mark pro Stunde für eine Friseurin – das sei auf der Insel durchaus nicht ungewöhnlich. Die Zahl der Sozialhilfeempfänger – sie fallen aus der geschönten Arbeitslosenstatistik heraus – stieg von 1979 bis 1989 von 4,6 auf 7 Millionen. Das auch sind die Folgen der neoliberalen Wirtschaftspolitik der »Eisernen Lady«, Margaret Thatcher.[27] Die *Spiegel*-Redakteure Hans-Peter Martin und Harald Schumann urteilen: »Kein anderes der großen EU-Länder hat so niedrige Einkommen, ein so heruntergekommenes Bildungssystem und eine so weitgehende Polarisierung in Arm und Reich wie Großbritannien. Das qualifiziert das Land besser für den Status eines 51. Bundesstaates der USA als für die Europäische Union, wo nach wie vor die Mehrheit der Wähler und Politiker den sozialen Ausgleich wenigstens sucht.«[28]

In den USA predigte Ronald Reagan während seiner Amtszeit von 1981 bis 1988 einen radikalen Wirtschaftsliberalismus: Abbau der sozialen Leistungen und der Wohnungsförderung bei gleichzeitiger Unterstützung derer, für die Reichtum, ja hemmungslose Selbstbereicherung ein (oder das) Lebensziel darstellt. Freiheit scheint für ihn geradezu das Gegenteil von Demokratie gewesen zu sein, zumindest insofern, als der Schutz des einzelnen über die Ansprüche der Gesellschaft gestellt wurde. Gemessen an den Parametern der Wirtschaftsideologen hatte diese Politik des Eigensinns Erfolg: Die Wachstumskurve zeigte steil nach oben, die Inflation wurde eingedämmt. Das Wort John F. Kennedys, daß wirtschaftliches Wachstum automatisch soziale Gerechtigkeit schaffe, daß die Flut gleichzeitig alle Boote emporhebe, schien sich zu bewahrheiten.

Heute ist klar: Die Flut hob nur die Yachten nach oben, zahlreiche Nußschalen gingen unter. Entgegen der in der Bundesrepublik verbreiteten Legende vom »Jobwunder« machte Robert B. Reich klar, daß zwischen 1975 und 1990 keines der 500 größten Industrieunternehmen, die von Reagans Politik am meisten profitierten, auch nur einen einzigen Arbeitsplatz geschaffen hätten. Der Anteil der im zivilen Sektor tätigen Arbeitnehmer fiel von 17 auf weniger als zehn Prozent.[29] Die Arbeitsplätze bei den US-Wirtschaftsgiganten entstanden allerdings durch Reagans gigantisches Aufrüstungsprogramm inklusive SDI, das er auf der Basis eines riesigen kreditfinanzierten Deficit-spending auflegte, was die Anhänger des Neoliberalismus beim Musterschüler in Deutschland stets schamhaft verschweigen.

Neben den staatlichen Schulden nahm die Zahl der Obdachlosen nicht nur in New York rapide zu. Nach einer Zeit des Entsetzens folgte Gleichgültigkeit: »Nachdem die Stadtbewohner jahrelang auf den Bahnhöfen Hürdenläufe über menschliche Körper veranstalten mußten und auf der Straße angebettelt wurden, sind viele vom Mitleid zu Verachtung übergegangen und lassen sich von dem Elend vor ihren Augen nicht mehr erschüttern«, schrieb *Time*. George Gilder besorgte den Reagan-Anhängern mit seinem Buch ideologisches Futter: Die Reichen seien die größten Wohltäter der Gesellschaft, schrieb er, denn deren Wohlstand sickere bis zu den Ärmsten durch. »Um Erfolg zu haben, brauchen die Armen am allermeisten den Stachel ihrer Armut.«[30]

Nichts, fast nichts ist durchgesickert: In den zwölf Jahren bis 1989 kamen 60 Prozent der amerikanischen Nettoeinkommen einem Prozent der Bevölkerung, den reichsten Familien (mehr als 310.000 Dollar Einkommen pro Jahr) zugute. Weitere 34 Prozent fielen auf die 20 Prozent der zweiten Einkommensgruppe. Hinunter zum Rest, fast 80 Prozent der Bevölkerung, drang gerade noch ein Prozent des nationalen Einkommenszuwachses. 2,5 Millionen Amerikaner nahmen Ende der achtziger Jahre ebensoviel Geld ein wie die 100 Millionen Landsleute am unteren Ende der Einkommenskala.[31]

Der australische Philosoph Peter Singer, der mehrere Jahre in den USA lebte, rechnete nach, welche Mißwirtschaft der Reagan-Ära zugrunde lag. Acht Milliarden Dollar gab die Regierung Reagan am Ende ihrer Dienstzeit noch für Wohnungsförderung aus, unter Carter waren es 32 Milliarden gewesen. Die Senkung des Spitzensatzes bei der Bundes-Einkommensteuer auf 24 Prozent kostete den Staat 82 Milliarden Dollar. »Eine Gesellschaft«, empört sich Singer, »die lieber den ganz Reichen Steuern erläßt, als den Armen und Obdachlosen zu helfen, ist keine Gemeinschaft in irgendeinem vernünftigen Sinne mehr.«[32]

Weitere 10,5 Millionen neue Jobs entstanden zwar, nachdem Bill Clinton das Ruder übernommen hatte. Das »Jobwunder« hat allerdings etliche Schönheitsfehler: Die Arbeitslosenstatistik ist manipuliert, weil neben den offiziell gemeldeten sieben Millionen Jobsuchern fast noch einmal so viele die Suche längst aufgegeben haben, außerdem arbeiten rund 4,5 Millionen US-Bürger unfreiwillig in Teilzeitjobs.[33] Fast alle dieser neuen Stellen gehören zu den sogenannten McJobs im Dienstleistungsbereich, wo es zwischen fünf und sieben Dollar Lohn pro Stunde gibt. Der größte Arbeitgeber in den USA ist heute ein Zeitarbeitsunternehmen, das Teilzeitkräfte vermittelt. Die Auslieferung der Sportartikelfirma Nike etwa – die Schuhe und Klamotten selbst werden längst ohne Ausnahme im Ausland produziert – beschäftigt 120 fest angestellte Mitarbeiter, von denen jeder mit Zusatzleistungen 13 Dollar in der Stunde kostet. Ihnen zur Seite gestellt sind je nach Bedarf 60 bis 255 Zeitangestellte, für die Nike an das Zeitarbeitsunternehmen Norell Services acht Dollar fünfzig pro Arbeitsstunde überweist. Zwei Dollar behält Norell für seine Vermittlung, den Arbeitern bleiben sechseinhalb Dollar – bei gleicher Arbeit also die Hälfte des Lohnes der Festangestellten. Die Firmen ersparen sich darüber hinaus Nebenkosten wie Pensionen, Kranken- und Urlaubsgeld.[34]

Das Modell Amerika, inzwischen längst von namhaften Ökonomen im Land selbst bekämpft, hat alles andere als eine Zukunft. Jedenfalls nicht für diejenigen, die auf einen Arbeitsplatz angewiesen sind. Statt eines gesicherten Arbeitsplatzes finden sich zahlreiche Amerikaner auf den Stand von Tagelöhnern zurückversetzt. Zur Angst vor dem Morgen kommt noch eine reduzierte Bezahlung hinzu: Das reale Einkommen von 60 Prozent der US-Bürger ist gesunken. Wer keine Führungsposition bekleidet, nicht freiberuflich oder im Staatsdienst arbeitet – 75 Millionen Beschäftigte –, hat heute in den USA einen niedrigeren Reallohn als 1966. Durchschnittlich verdienten 1995 Beschäftigte ohne Leitungsfunktion 258 Dollar die Woche, damals rund 380 Mark. Am meisten betroffen ist das untere Fünftel, das seit Reagan durchschnittlich ein Sechstel des früheren Einkommens verlor. Einen ebenso großen Zuwachs genießt das obere Fünftel. Ein Prozent der Bevölkerung besitzt heute fast ein Drittel aller Privatvermögen, die »unteren 90 Prozent« besitzen ebensoviel.[35]

Wie heute auch in der Bundesrepublik zu beobachten, unterblieben durch die Privatisierung der Gewinne Investitionen. »Würde die US-Wirtschaft mehr in die Standortverbesserung investieren und die Qualifikation ihrer Beschäftigten stetig verbessern«, schrieb Edward N. Luttwak, »müßte sie ihre Wettbewerbsfähigkeit nicht dadurch erhalten, daß sie den Wert der Arbeit drückt.«[36]

Der Harvard-Professor Michael Sandel meint, Reagan sei auch daran gescheitert, daß seine politische Durchsetzungskraft auf der Koalition zweier konservativer Strömungen beruht habe: Die dargestellte neoliberale und individualistische

Strömung einer Laissez-faire-Marktwirtschaft einerseits und eine traditionalistische, kommunale, religiöse und moralisierende Strömung andererseits. »Beide Richtungen konnten auf Dauer nicht zusammengehen«, resümiert Walter Reese-Schäfer, Politologe an der Universität Halle-Wittenberg.[37] Auch die Bonner Regierungskoalition bestand seit 1982 aus diesen beiden Richtungen.

Und sie plagt sich heute mit dem gleichen Widerspruch: Politiker klagen darüber, daß unsere Kinder immer mehr verwahrlosen und gewalttätiger werden. Gleichzeitig führt ihre neoliberale Politik dazu, daß bis in Familien des früheren Mittelstandes hinein beide Elternteile arbeiten müssen (nicht wollen), um die Familie über die Runden zu bringen. Einer Theorie zu huldigen, die auf Eigennutz und Egoismus aufbaut, aber den Verfall von Werten zu beklagen und mehr Gemeinsinn einzuklagen, kann nur als Heuchelei bezeichnet werden. Die mangelnde Freiheit des Wirtschaftsbürgers zu beklagen, aber dem Lauschangriff zuzustimmen, kommt einer abstrusen liberalen Logik gleich.

Doch die Zahl der Nachdenklichen nimmt zu. Und ihre Stimmen, die sich gegen einen ungezügelten Freihandel wenden, werden lauter. »Mehr Handel bringt mehr von den Problemen, von denen die Welt weniger haben möchte: Gefährdung der Umwelt und wachsende Unterschiede zwischen Arm und Reich sowohl innerhalb als zwischen den Staaten.«[38] Dabei haben die steigenden Gewinne der Unternehmen in den letzten Jahren keinesfalls steigende Investitionen gebracht, und auch die Gleichung, zurückhaltende Löhne seien gleichbedeutend mit sinkender Arbeitslosigkeit, ist nicht aufgegangen.[39]

Auch die aufwärtsstrebenden Vorzeigestaaten gerieten jüngst in Turbulenzen: Mexiko geht es nach der vom IWF verordneten Deregulierung und Marktöffnung schlechter als zuvor. Die »Globalisierungsfalle« ist zugeschnappt. Hans-Peter

Martin und Harald Schumann urteilen deshalb: »Der Freihandel bedeutet lediglich die Durchsetzung des Rechts des Stärkeren – nicht nur in Mittelamerika.«[40]

Zahlreiche Lobreden auf die asiatischen Tigerstaaten sollen unsere bewundernden Blicke auf die dortigen Wachstumsraten richten. Ein Aufschwung, so wurde angedeutet, den auch wir haben könnten, entfesselten wir nur endlich die Wirtschaft. Zuletzt sahen wir dort Smog und dichte Rauchschwaden, die eine gnadenlose Ausbeutung der Natur verursachte. Was wir nicht sahen war freier Handel, der angeblich für den beispiellosen Aufschwung gesorgt hatte. »Massive staatliche Interventionen auf allen Ebenen des Wirtschaftsgeschehens« schützen in China oder Indonesien die einheimische Industrie, wo es nötig ist. Dagegen werden Exporte durch Subventionen und Steuervorteile gestützt. Die Wechselkurse der eigenen Währungen werden durch Notenbankverkäufe künstlich niedrig gehalten. »Die gleichen Konzernstrategen, die in den USA oder Deutschland jede Einmischung des Staates in ihre Anlageentscheidungen brüsk zurückweisen, unterwerfen bereitwillig milliardenschwere Investitionen in Asien den Auflagen staatlicher Bürokraten, die ohne jede Scheu ihre Arbeit als zentrale Wirtschaftsplanung bezeichnen. Die Gewinne, die bei zweistelligen Wachstumsraten winken, schieben alle ideologischen Vorbehalte beiseite.«[41]

Zu Hause ist dagegen längst Schluß mit einem Wachstum, das auch Arbeitsplätze schafft. Den Konstruktionsfehler der Marktwirtschaft hat Horst Afheldt auch für Nicht-Ökonomen verständlich beschrieben: Das einst von Marktwirtschaftlern prognostizierte Wachstum der Wirtschaft eines Industrielandes wie der Bundesrepublik kann nicht auf Dauer steigende Zuwachsraten aufweisen. Solche »Unsinnsprognosen« aber hatten die Sachverständigen für die Zeit nach 1960 vorausgesagt. Das Sozialprodukt der Bundesrepublik zeigte vielmehr von 1950 bis 1990 ein lineares Wachstum, nahm also in absoluten

Zahlen jährlich in etwa um die gleiche Summe zu. Weil aber ein Plus von zehn Mark zwar bei hundert Mark noch ein vergleichsweise großer Betrag sind, bei tausend aber schon weniger, bei einer Million dagegen so gut wie gar nicht mehr ins Gewicht fällt, kann Afheldt konstatieren: »Und damit haben wir schon einen Faktor der Misere: Lineares Wachstum kommt auf Dauer praktisch von selbst zum Erliegen.«[42] Während das Wachstum der Wirtschaft 1950 noch zwölf Prozent betrug, 1960 immerhin noch 5,5, sind die Sachverständigen heute schon froh, wenn sie noch Zuwächse ankündigen dürfen, die über einem Prozent liegen.

Dabei unberücksichtigt bleibt, daß die Kreditaufnahme des Staates zum Sozialprodukt beiträgt. Zieht man diese von der Gesamtsumme ab, so stellt sich heraus, daß das Wachstum des deutschen BSP immer geringer geworden ist: Von 38 Milliarden Mark in den sechziger Jahren bis auf 2,5 Milliarden 1990. Auf das Wachstum des Sozialprodukts zu hoffen, um die Probleme lösen zu könne, sei »Augenwischerei«[43].

Muß man sich angesichts der Folgen und des Versagens der neoliberalen Rezepte nicht fragen, ob statt zuviel nicht zuwenig staatlich reguliert worden ist? Nikolaus Piper stellte in der *Zeit* die Frage: »Der Kapitalismus ist, dank Laissez-faire, dynamischer geworden. Aber er löst tiefe Verunsicherung aus: Der Staat privatisiert nicht nur seine Unternehmen, sondern auch immer mehr die Lebensrisiken seiner Bürger. Die sehen sich dem Wandel schutzlos ausgeliefert. Könnte es sein, daß die kapitalistische Revolution von den Menschen zuviel verlangt?«[44]

5. Was der grenzenlose Markt mit Dianas Tod zu tun hat

Wohin die schranken- und hemmungslose Marktwirtschaft führt, dafür gibt es auch in der Bundesrepublik inzwischen zahlreiche Beispiele, die eigentlich abschrecken müßten. In den achtziger Jahren machten sich liberale Politiker und deren Kollegen von der Union daran, die deutsche Fernsehlandschaft zu »deregulieren«. Privatsender sollten Lizenzen bekommen, damit der Kapitalismus endlich auch in den Medien Einzug halten möge. Gleichzeitig sollte damit ein Gegenpol zum angeblichen »Rotfunk« der öffentlich-rechtlichen Sender gesetzt werden. Inzwischen ist von einem »Kanzlersender« ebenso die Rede wie von einem »Kanzler-Medienmogul«. Aber auch wirtschaftlich hat sich vieles verändert: Daß Fernsehsender, deren erster Gedanke dem Profit gelten muß, andere Sendungen favorisieren würden als die öffentlich-rechtlichen, das war vorherzusehen. Und es kam, wie es kommen mußte. Selbst die Geburtshelfer der Privaten klagen heute über rohe Gewalt und zuviel Sex im Fernsehen, und manch einer erkennt wohl, daß da Geister gerufen wurden, die man nun nicht mehr los wird.

Als dieses Buch geschrieben wurde, starb Lady Di. Ein paar Fotoreporter, Paparazzi genannt, waren ihr auf Motorrädern gefolgt. Der Fahrer – er war offenbar angetrunken – machte beim Versuch, die Paparazzi abzuhängen, einen Fehler. Er verlor die Gewalt über sein Fahrzeug, und dieses prallte mit hoher Geschwindigkeit gegen einen Pfeiler.

Was das mit freier Marktwirtschaft zu tun hat? Nun, Zeitschriften mit Fotos von Di und deren Liebhaber verkauften sich prächtig, weil ein Interesse dafür vorhanden war. Deshalb stiegen, ganz nach der liberalen Theorie, die Preise für solche Fotos. Folglich war Diana auch eine wachsende Zahl von Fotografen auf den Fersen, die sie letztlich vielleicht sogar in den Tod gejagt haben.

Prinzessin Di war das, was man eine öffentliche Person nennt. Die Rechte der Fotografen darauf, ihren Beruf ausüben zu können, dürfte ihnen kaum ein Wirtschaftsliberaler absprechen wollen, sofern sie sich an die Gesetze halten. Vor der Tür eines Restaurants auf Lady Di zu warten und ihr auf Motorrädern hinterherzufahren, verletzte sicher kein Gesetz. Jedenfalls nicht im juristischen Sinne. Moralische oder ethische Gründe für eine Einschränkung diese Marktes dürfen dagegen alle Menschen diskutieren und fordern – mit Ausnahme der Verbreiter der neuen wirtschaftsliberalen Heilslehren.

Lady Di ist nicht das einzige Opfer, das die Ideologen des menschlichen Egoismus verursachen. Auch Millionen unbekannter Menschen werden Opfer dieser neuen Wirtschaftsreligion, die im Namen der Freiheit verbreitet wird.

III. Arbeitslose bekämpfen oder die Arbeitslosigkeit?

»Berlin – Zehntausende aufgebrachte Arbeitslose lieferten sich gestern eine Straßenschlacht mit der Polizei. Es gab zahlreiche Verletzte. Die Polizei ging mit Schlagstöcken und Tränengas gegen die Randalierer vor, die Autos umstürzten und in Brand steckten. Grund für die Ausschreitungen: Das Amt hatte seine Türen geschlossen, weil die Mitarbeiter nicht mehr mit dem Stempeln der Arbeitslosenausweise nachgekommen waren. Die Arbeitslosen fürchteten, nun ihren Anspruch auf Unterstützung zu verlieren.«

So könnte eine Zeitungsmeldung des Jahres 1998 beginnen, müßten sich Arbeitslose noch immer zweimal die Woche beim Arbeitsamt melden, wie dies zum Ende der Weimarer Republik der Fall gewesen war. Längst hätte der Innenminister selbst etwas gegen die hohen Arbeitslosenzahlen unternehmen und Zehntausende neue Rekruten für schnelle Eingreiftruppen einstellen müssen. Aber auch ohne solche Szenarien: die Stimmung auf dem Arbeitsmarkt ist explosiv. Zumal zunehmend der Eindruck gewonnen werden kann, die Regierung in Bonn bekämpfe lieber die Arbeitslosen denn die Arbeitslosigkeit. 1,5 Millionen bei den Arbeitsämtern gemeldete Menschen sind inzwischen länger als ein Jahr ohne Beschäftigung, durchschnittlich hoffen die viereinhalb Millionen seit mehr als 30 Wochen. In Ostdeutschland sind offiziell 18,3 Prozent ohne Job, 11,4 Prozent bundesweit. Mehr als eine halbe Million junger Menschen unter 25 Jahren hat keine berufliche Perspektive.

Heribert Prantl stellte in der *Süddeutschen Zeitung* zu Recht einen Zusammenhang zur Jugendkriminalität her. Sie sei hausgemacht. »Wer über Jugendkriminalität spricht, stößt unweigerlich auf das größte Versagen deutscher Politik: auf die Massenarbeitslosigkeit. Noch nie bestand die Gefahr, daß ein großer Teil der jungen Generation der unteren Bevölkerungsschicht in die Kriminalität abgleitet. Heute besteht sie.«[45]

Als die neue sozialistische Regierung in Frankreich unmittelbar nach dem Wahlsieg 350.000 Jobs für Jugendliche und zehn Milliarden Mark für einen Fünf-Jahres-Plan versprach, erntete sie aus Bonn heftige Kritik. Man sorgte sich um die Erfüllung der Verschuldungskriterien von Maastricht.

Besserung ist von der Politik nicht zu erwarten. Auch Gerhard Schröder (SPD) hat das Ziel der Vollbeschäftigung längst aufgegeben. Er spricht bereits davon, in »spätestens 15 Jahren« habe »nur noch die Hälfte aller abhängig Beschäftigten einen arbeits- und sozialrechtlich abgesicherten Vollzeitarbeitsplatz«.[46] Die am Wegrand haben noch etwas weniger zu erwarten.

Als würden diese Jugendlichen und die anderen alle freiwillig auf der Straße stehen, regte Arbeitgeberpräsident Dieter Hundt an, künftig die Bezugsdauer des Arbeitslosengeldes auf zwölf Monate zu beschränken und die Sozialhilfesätze einzufrieren.[47] Weder die Bundesregierung noch Schröder äußerten sich zu diesem Vorschlag.

Karl Marx hatte es vorausgesehen: Eines Tages, prophezeite der viel Gescholtene, werde die Maschine den Menschen ersetzen. Jede technische Erfindung werde die Teilung der Arbeit verfeinern, »die die Operationen der Arbeiter schon mehr und mehr in mechanische verwandelt, so daß auf einen bestimmten Punkt der Mechanismus an ihre Stelle treten kann. (...) Es erscheint hier also direkt die bestimmte Arbeitsweise übertragen von dem Arbeiter auf das Kapital in der Form der Maschine, und durch diese Transposition sein eigenes Arbeitsvermögen entwertet. Daher der Kampf der Arbeiter gegen die Maschinerie. Was Tätigkeit des lebendigen Arbeiters war, wird Tätigkeit der Maschine.«[48]

Was für Marx eine Bedrohung war, erschien dem deutsch-amerikanischen Soziologen Herbert Marcuse (1898-1979) als Chance: »Da die Dauer des Arbeitstages an sich einer der entscheidenden Faktoren für die Unterdrückung des Lustprinzips durch das Realitätsprinzip darstellt, ist die Verkürzung der Arbeitszeit (...) die erste Vorbedingung der Freiheit.«[49]

Ist das »Ende der Arbeit« (Jeremy Rifkin) Bedrohung oder Chance? Es sieht fast so aus, als werde der alte Marx noch einmal Recht behalten. Er kannte seine Pappenheimer, und die Unternehmerschaft scheint sich in ihren Zielen und Begehrlichkeiten auch an der Schwelle zum neuen Jahrtausend nicht geändert zu haben. Zunächst, darauf deutet alles hin, wird es sicher mehr Arbeitslose geben statt mehr Freizeit für diejenigen, die eine Beschäftigung besitzen. Ob später die Arbeitszeiten auf dreißig oder gar weniger Stunden fallen werden, muß abgewartet werden. Zur Zeit jedenfalls wollen sich weder Unternehmer noch Ökonomietheoretiker darauf einlassen – jedenfalls nicht in Deutschland. Während der ehemalige französische Ministerpräsident François Mitterrand sich ebenfalls für kürzere Arbeitszeiten ausgesprochen hatte, preschte der Präsident des Deutschen Industrie- und Handelstages, Hans-Peter Stihl, in eine andere Richtung vor: »Wenn wir jetzt die Möglichkeit sehen, mit einem Großteil der Belegschaft ohne zusätzliche Lohnerhöhung die 40-Stunden-Woche einzuführen, dann würde Deutschland seine Konkurrenzfähigkeit und damit die Chance für neue Arbeitsplätze wesentlich verbessern.« Mit Stihl traten der wirtschaftspolitische Sprecher der FDP, Paul Friedhoff, und der hessische CDU-Fraktionschef Roland Koch in die Pedale. Forum war die *Bild am Sonntag*.[50] Auch der oberste Arbeitgeber des Bundes, Innenminister Manfred Kanther, soll nach dem Willen einiger Politiker aus FDP und CDU seine 760.000 Bundesbeamten wieder 40 statt 38,5 Stunden pro Woche arbeiten lassen.[51]

Der Skihersteller Völkl nahm die Aufforderung an und drohte seinen Beschäftigten damit, den Betrieb zu verlegen, falls sie nicht wieder 40 Stunden zu arbeiten bereit seien – selbstverständlich für das gleiche Geld. Außerdem verlangte das Werk nach Angaben der Gewerkschaft Holz und Kunststoff den Verzicht auf Lohnerhöhungen für die nächsten fünf Jahre. In den zwei zurückliegenden Jahren wurden bei Völkl 155 Mitarbeiter entlassen.[52]

Die Verlängerung der Arbeitszeiten ist Unsinn. Denn es führt kein Weg an der Erkenntnis vorbei, daß die Arbeit immer knapper wird. Jedenfalls die Art von Arbeit, die Maschinen übernehmen können. Darüber sollten wir uns eigentlich freuen. Weil aber die vorhandene Arbeit nicht auf diejenigen verteilt wird, die arbeiten wollen, können sich Millionen von Menschen nicht freuen, denn sie sind vollständig aus dem Produktionsprozeß gedrängt worden. Denn von den Erträgen, die heute eine Maschine an der Stelle eines Menschen schafft, haben die Ausgesperrten nichts. Sie bezahlen lediglich den Preis des Fortschritts. Gerecht ist das nicht. Bei der gegenwärtigen Stagnation der Löhne bekommen weder die Beschäftigten noch die Arbeitslosen von dem Gewinnanteil etwas ab, den die Maschinen erwirtschaften.

Die Rechnung müßte doch für jeden Grundschüler – mithin auch für Herrn Stihl – nachvollziehbar sein, sofern er ein bißchen auch volkswirtschaftlich denkt, also nicht nur an seinen eigenen Vorteil, sondern im Sinne des zur Zeit überall eingeforderten Gemeinsinns an die gesamte Gesellschaft. Übernehmen modernere und leistungsfähigere Maschinen die Arbeit von Menschen, ist es logisch, daß weniger Menschen an der Produktion des Sozialprodukts beteiligt sind. Die Maschinen haben ihren Anteil erhöht, der Mensch wurde dagegen ersetzt. Abzulesen ist dies an den Arbeitslosenzahlen, die mithin keine Überraschung darstellen, sondern sich zwangsläufig vergrößern.

1. Neue Jobs für Millionen? Bonn will's nicht hören

Der milde Februar des Jahres 1997 änderte nichts: 4.671.908 Menschen waren in der Bundesrepublik arbeitslos gemeldet, davon 1,3 Millionen länger als ein Jahr. 12,2 Prozent der erwachsenen erwerbsfähigen Bevölkerung. Jeder achte. Mindestens weitere drei Millionen waren in diesem Jahr vorübergehend ohne Job. Das bedeutet: Beinahe jeder fünfte deutsche Arbeitnehmer war 1997 mehr oder weniger lang von Arbeitslosigkeit betroffen! Vor 65 Jahren reichte einmal die Zahl von sechs Millionen Deutschen ohne berufliche Perspektive aus, um einen verhängnisvollen Machtwechsel möglich zu machen.

»Diese ungünstige Entwicklung ist keineswegs zwangsläufig«, behauptet Gerd Zika von der Bundesanstalt für Arbeit (BfA) in Nürnberg. Zika veröffentlichte im Sommer 1996 mit seinen Kollegen am Institut für Arbeitsmarkt- und Berufsforschung »Strategien für mehr Beschäftigung«. Die Überraschung: Zwei Millionen Arbeitslose weniger könnten wir allein in den alten Bundesländern haben, wenn ein Maßnahmenbündel beschlossen würde, das die Forscher detailliert darstellten. Man hätte Fotos eines erfreuten Kanzlers am Wolfgangsee erwartet, würde er doch mit den Hinweisen der BfA vielleicht doch noch sein Versprechen erfüllen können, die Arbeitslosenzahlen zu halbieren – wenn auch erst bis zum Jahr 2005. »Dies erscheint durchaus realisierbar und zugleich mit Preisstabilität, höherem Wirtschaftswachstum und zufriedenstellender Zahlungsbilanz vereinbar«, schrieben drei optimistische Autoren ganz oben in ihren Bericht. Doch man vernahm kein Wort, weder vom Wolfgangsee noch aus der Bonner Zentrale. Die Bundesregierung beachtete die Arbeit der BfA-Experten nicht.

Woran könnte es gelegen haben? Vielleicht daran, daß als erste und wichtigste Maßnahme die »Verringerung der durchschnittlichen Jahresarbeitszeit« genannt wurde. Um 40 Prozent sollten die Überstunden reduziert, die Teilzeitquote um 5,2 auf 24,2 Prozent angehoben werden. An der Empfehlung einer »längerfristig zurückhaltenden Tarifpolitik bei den Löhnen« wird sich in der Koalition niemand gestört haben. Der Anstieg sollte so angesetzt werden, daß er »zunächst hinter dem Produktivitätsfortschritt zurückbleibt und diesen auch später nicht überschreitet«. Bis zum Jahr 2000 sollten sich die Arbeitnehmer mit dem bloßen Inflationsausgleich zufrieden geben. Die Sozialversicherungsbeiträge sollten ebenfalls gesenkt werden – um je einen Punkt in den Jahren 1997, 1999 und 2000. Die Vermögensteuer fiele nach dem Szenario ganz weg (was inzwischen der Fall ist), dafür erhöhte sich die Mineralölsteuer in drei Stufen bis 2001 um jeweils 20 Pfennig, die Mehrwertsteuer 2001 um ein Prozent. Wichtig seien außerdem »vertrauensbildende Beschlüsse zur Konsolidierung des Staatshaushalts«, die aber wegen ihrer die Kaufkraft mindernden Effekte erst verzögert in Kraft treten sollten. Genau dem aber stand das größte Problem entgegen, die Kriterien von Maastricht zur Einführung des Euro erforderten 1997 eine restriktive Haushaltspolitik. Nicht nur die zehn Milliarden Mark, die das Maßnahmenbündel bis zum Jahr 2000 erforderlich gemacht hätte, fehlten dem Finanzminister. Die ebenso verzweifelte wie erfolglose Konsolidierungspolitik dämpfte die Nachfrage und wäre, so die BfA-Forscher, »bestenfalls durch ausgeprägte psychologische Effekte wie die Weckung optimistischer Erwartungen (zu) überspielen«. Aber wer sollte in dieser Regierung noch in der Lage sein, optimistische Erwartungen zu wecken? Die Schlußbemerkung der BfA-Experten lautete: »Zum raschen, deutlichen Abbau der Arbeitslosigkeit und der gleichzeitigen Erreichung der übrigen wirtschaftspolitischen Ziele einschließlich der Maastricht-Verschuldungs-Kriterien in einer überschaubaren Frist bedarf es eines mittelfristig angelegten Strategiebündels, das von Staat und Tarifparteien gemeinsam getragen wird und allen Wirtschaftsakteuren Vertrauen in den Erfolg und damit in die Zukunft vermittelt.«[53]

Aus dem Beschäftigungspakt wurde wieder einmal nichts. Bonn wollte nichts davon wissen.

2. Wie die Wirtschaft trotz Rekordgewinnen Arbeitsplätze zerstört

»Keinerlei strategischen Nutzen« auf den internationalen Finanzmärkten sahen Analysten und Unternehmensberater, als am 18. Juli 1997 das Gerücht von einer Fusion der Bayerischen Hypotheken- und Wechselbank mit der Vereinsbank durchsickerte. Auch war kein Druck ersichtlich, der durch schlechte Ergebnisse eine der beiden neuen Partner zu einer Fusion hätte genötigt haben können: die Hypo hatte das vergangene Jahr mit einem Plus von 2,5 Milliarden Mark abgeschlossen, die Vereinsbank konnte 2,34 Milliarden Mark Gewinn vorweisen. Warum also die Fusion?

Die Aktionäre der Hypo, so drang durch, sollten für je sechs Hypo-Aktien je eine Allianz-Aktie aus dem Fundus der Vereinsbank bekommen. Zum Kurs vom 18. Juli bekam also ein Hypo-Aktionär eine Aktie des Versicherers im Wert von 450,50 Mark gegen sechs seiner Hypo-Papiere, die 58,50 mal sechs, also 351 Mark wert waren. Ein gutes Geschäft. Ein noch besseres für die Vereinsbank, die mit diesem Trick kräftig Steuern gespart haben soll. Hätte die BV ihre Allianz-Beteiligung direkt verkauft und die stillen Reserven offenbart, wären bis zu fünf Milliarden Mark Steuern fällig gewesen. Für die Angestellten dagegen ist die Fusion mit Ängsten verbunden. Da beide Banken ein dichtes Geschäftsstellennetz haben, ist mit einer Reduzierung der Filialen und damit der Angestellten zu rechnen. Hypo-Chef Martini wollte beruhigen: Es werde keine Entlassungen geben, nur die natürliche Fluktuation. 3.000 Mitarbeiter würden die beiden Banken schon heute jährlich verlassen. Der allergrößte Teil der existierenden Arbeitsplätze werde erhalten.[54] Eine typische Milchmädchenrechnung. Denn wenn »natürliche« Abgänge nicht ersetzt werden, so reduziert sich – nicht sofort, aber in der Zukunft – die Zahl der Angestellten, die Zahl der Arbeitslosen erhöht sich.

Die Gewerkschaften reagierten, indem sie Streiks und harte Verhandlungen ankündigten. Wie immer. Es ist wie bei Fahrradrennen: Einer vom »Team Deutsche Unternehmer« tritt in die Pedale, und das »Team Arbeitnehmer« muß einen seiner Fahrer hinterherschicken, der den Ausreißer wieder einzufangen versucht. Doch dieses permanente Hinterherjagen macht müde, es zermürbt.

Zwischen Entlassungen und Rationalisierungen, Unternehmensgewinnen und Aktienkursen gibt es eine Relation. Um konkurrenzfähig bleiben zu können, so heißt es, reduzieren selbst Firmen mit Milliardengewinnen ihren Personalbestand immer weiter.

Per »Lean production« werden unrentable Teile der Produktion ausgelagert (outsourcing), also an Fremdfirmen vergeben. Betriebswirtschaftlich und für die Rendite mag dies ja Sinn machen, aber die Pflichten einer Volkswirtschaft gegenüber werden dabei vergessen. Als habe Miss Twiggy dem neuen Unternehmensmodell Pate gestanden, unterliegen die Manager einem weltweiten Schlankheitswahn.

Der *Rheinische Merkur* veröffentlichte eine Liste von 25 deutschen Großunternehmen, die allesamt zum Teil drastisch inländische Beschäftigte abbauten.

Stellenabbau bei Großunternehmen

Unternehmen	Beschäftigte 1992	1995	Prognose 1996
Deutsche Post*	370.000	320.000	weiterer Abbau
Deutsche Bahn*	398.398	312.646	300.000
Daimler Benz*	302.464	246.000	218.000[1]
Deutsche Telekom*	230.000	215.000	200.000
Siemens	249.000	211.000	208.000
Veba	108.077	102.198	k.A.
Volkswagen*	118.587	100.698	93.000
Ruhrkohle	116.300	99.500	101.000
Thyssen	120.511	96.815	weiterer Abbau
Bosch-Gruppe	107.300	90.100	weiterer Abbau
Mannesmann	97.703	81.322	weiterer Abbau
Bayer	74.400	68.600	weiterer Abbau
Hoechst	85.767	65.762	65.000
BASF	78.946	63.715[2]	leichter Abbau
Karstadt*	65.500	57.700	k.A
Lufthansa	53.725	50.497	k.A.
Krupp*	72.297	49.112	46.600
Deutsche Bank	46.696	41.090	39.500
ABB	39.800	33.000	31.000
Allianz*[3]	27.807	26.555	25.750
Continental*	22.154	20.163	leichter Abbau
Metallgesellschaft*[4]	50.371	18.571	gleichbleibend
Alcatel SEL	22.665	17.065	15.000[5]
Klöckner Werke*	17.701	9.598[6]	9.000
Grundig*	12.900	5.900	4.200

1 ohne veräußerten AEG-Geschäftsbereich, incl. Dornier, Schätzung
2 ohne Kali + Salz GmbH
3 ohne Lebensversicherung
4 nach Verkauf von Buderus, Kolbenschmidt, Korf, Metall Mining, Schenkering Montan und B.U.S.
5 Schätzung
6 ohne veräußerte Stahlunternehmen
* Beschäftigte in der AG[55]

»Die Börse applaudiert bei solchen Zahlen«, merkt das Blatt an. »Wenn Massenentlassungen einst eine Schande waren, so werden sie heute zunehmend als Ausweis der Durchsetzungsqualität des Managements gehandelt.«[56] Auch Herbert Ehrenberg beklagt eine Erosion des Pflichtgefühls bei den deutschen Unternehmern. »Groß geworden ist die deutsche Wirtschaft mit einer gewachsenen Unternehmenskultur, die zwar nicht rundum von so herausragenden Persönlichkeiten wie Gottlieb Daimler und Werner von Siemens geprägt war. Doch soziale Verantwortung zu tragen, war deutschen Unternehmern nicht fremd.« Ein »Stückchen Renaissance alter deutscher Unternehmenskultur statt der eilfertigen Übernahme angelsächsischer Schlagworte und Methoden würde dem Standort Deutschland gut bekommen«. Abschließend zitiert der Ex-Minister noch François Auque, den Finanzchef der staatlichen Aérospatiale, der nach der Sanierung des französischen Luft- und Raumfahrtkonzerns erklärt hatte: »Wir sind nicht börsennotiert und haben es daher nicht nötig, unseren Aktienkurs mit der Bekanntgabe von Stellenstreichungen nach oben zu treiben.«[57]

In der Zeit des »jobless growth«, des Wachstums ohne Arbeitsplätze, freuen sich die Lohnabhängigen schon über kleine Lichtblicke. Hier ist einer: Die Daimler-Benz AG hat im Sommer 1997 die Einstellung von 3.000 neuen Mitarbeitern angekündigt, die meisten, wie es hieß, im Inland. Im ersten Halbjahr 1997 hatte der Konzern den Betriebsgewinn verdoppelt. Rekord! Der Halbjahresumsatz nahm um 14 Prozent zu. Rekord! 336.000 PKW wurden abgesetzt. Rekord! Selbst die Töchter Dasa, AEG und Debis trugen zum positiven Ergebnis bei. Daimler-Chef Jürgen Schrempp lobte den Erfolg der neuen Produkte sowie die höhere Effizienz innerhalb des Unternehmens. Sein Finanzchef Manfred Gentz war immerhin so ehrlich zuzugeben, daß es die Schwäche der Mark war, die einen zusätzlichen Umsatz von einer Milliarde Mark eingebracht habe. Durch das positive Ergebnis beabsichtigte der Konzern, 3.000 neue Mitarbeiter einzustellen, erstmals nach jahrelangem Stellenabbau also ein Prozent Stellenzuwachs. 290.000 Mitarbeiter hat der Konzern heute, im Jahr 1991 waren es noch 380.000.[58]

Trotz des aktuellen Booms hat die deutsche Automobilindustrie insgesamt maximal 7.000 neue Mitarbeiter eingestellt. Das Auftragsplus wird mit Sonderschichten oder Zeitverträgen aufgefangen. Seit 1992 wurden rund 100.000 Arbeitsplätze abgebaut, 662.000 verblieben.[59]

3. Und sie bewegen sich doch? Runter mit den Arbeitszeiten

Der US-Journalist Jeremy Rifkin sieht die Welt gegenwärtig in einer »Dritten Industriellen Revolution«. Sie könne mit einem guten oder einem schlechten Ergebnis enden, sie könne die Welt befreien oder erschüttern. Zur Zeit sieht vieles danach aus, als wollten die Eliten den Produktionszuwachs für sich vereinnahmen. Der Arbeitsmarkt hat bereits begonnen, sich in zwei Lager zu spalten: eine »kosmopolitische Elite von ›Symbolanalytikern‹ – in deren Händen die Entwicklung neuer Technologien und die Kontrolle über die Produktionsfaktoren liegen wird – und eine immer breiter werdende Schicht von Dauerarbeitslosen, die nur geringe Aussicht auf eine sinnvolle Beschäftigung in der neuen High-Tech-Wirtschaft haben«.[60] Bei den gegenwärtigen Forderungen aus Politik und Wirtschaft – nicht nur in Deutschland, sondern weltweit – sieht es danach aus, als wolle es der herrschende Teil der Menschheit darauf ankommen lassen, die Folgen dieser Umwälzung abzuwarten.

Bei einem schrumpfenden Arbeitsangebot gibt es zwei Möglichkeiten, mit dieser Tatsache fertig zu werden: Entweder es arbeiten weniger Menschen oder alle arbeiten ein bißchen weniger. Die Neoliberalen wollen alles dem Markt überlassen. Bei steigenden Arbeitslosenzahlen fielen die Löhne. Dadurch würden wieder mehr Menschen eingestellt, die Arbeitslosenzahlen sich von selbst reduzieren. Derzeit aber sieht es eher so aus, als würden in der Tendenz alle Arbeiter durch Maschinen ersetzt. Fabriken ohne Menschen erscheinen als realistische Zukunftsvision. Rifkin nennt sie »naiv« und »dumm«. »In einer neuen, postindustriellen Zeit an einem alten und überholten ökonomischen Paradigma festzuhalten, könne sich als katastrophal für die Weltwirtschaft und für die Zivilisation des 21. Jahrhunderts erweisen.«[61]

Wirtschaftsliberale kolportieren eine ganz andere Teilung der Arbeitswelt: In einer Argumentationskette hatte Friedrich A. Hayek unterstellt, es habe »niemals eine schlimmere oder grausamere Ausbeutung der einen Klasse durch die andere gegeben als die der schwächeren und weniger glücklichen Angehörigen eines Produktionszweiges durch die, die fest im Sattel sitzen.« Hayek sieht also eine Gegnerschaft zwischen Arbeitsplatz»besitzern« und solchen, die keinen Job haben. Die ersten verteidigen diesen Besitzstand gegen den Zugriff der anderen. Es gehe nicht darum, erklärte Hayek, daß die Bevorzugten ihre Stellungen aufgeben müßten, »sondern allein darum, daß sie sich an dem allgemeinen Mißgeschick dadurch beteiligen, daß sie eine gewisse Einkommensminderung auf sich nehmen, oder oft lediglich dadurch, daß sie auf einen Teil der möglichen Einkommenssteigerung verzichten« – und die vorhandene Arbeit teilen.[62]

Daß es auch die Weigerung der sonst so Hayek-freundlichen Unternehmer sein könnte, die Arbeitszeitverkürzungen verbunden mit Lohnminderungen verhinderte, hielt der Ökonom offensichtlich für unmöglich. Noch heute wehren sich die meisten Betriebe in der Bundesrepublik gegen eine gerechtere Verteilung der knapper werdenden Arbeit. Warum eigentlich?

Lange Jahre hörten die neuen Wirtschaftsdarwinisten nicht auf ihren alten Vordenker – jedenfalls nicht in punkto Arbeitsverteilung. Dann zeigte das Beispiel Volkswagen, daß Arbeitszeitverkürzung Stellen erhalten kann. Darüber hinaus sollen in den kommenden Jahren jährlich rund 2.000 Beschäftigte in Altersteilzeit geschickt werden, damit 1.000 Auszubildende übernommen werden können. Zwischen dem 55. und 60. Lebensjahr können die Arbeitnehmer ihre Arbeitszeit halbieren – zweieinhalb Jahre arbeiten sie voll, dann scheiden sie aus. Das Werk erhöht den gesetzlich vorgeschriebenen Altersteilzeitlohn von 70 auf 85 Prozent des früheren Nettolohnes, außerdem die Rentenbeiträge von 90 auf 100 Prozent. Die 18prozentigen Einbußen bei der späteren Rente werden zur Hälfte ausgeglichen. VW entstehen Kosten von rund 150.000 Mark pro Altersteilzeitarbeiter.[63] Damit und mit einer Einmalzahlung von 500 Mark für alle Beschäftigten beteiligte Volkswagen seine Mitarbeiter am Erfolg der letzten Jahre.

Horst Afheldt sieht allerdings in der Verkürzung von Arbeitszeiten ohne Lohnausgleich allenfalls eine »begleitende Maßnahme«. Denn der positiven Seite der Bilanz stünden zahlreiche Minusposten entgegen: 20 Prozent weniger Lohn, so Afheldt, hätten die VW-Arbeiter zu verdauen, die durch Teilzeitarbeit und Vorruhestand wegfallen. Macht 2,2 Milliarden Mark. Wegen der Progression macht das netto zwar etwas weniger aus, aber dem Finanzminister fehle nun dieses Geld. Auch die Sozialversicherung verliere. Und schließlich fehlten der Volkswirtschaft diese 2,2 Milliarden Mark als Nachfrage. Fände das VW-Modell Nachfolger, »kann dieser Nachfragemangel schnell auf 20 oder mehr Milliarden steigen und so die Rezession und mit ihr die Arbeitslosigkeit noch einmal verschärfen«.[64]

Diese Rechnung ist nicht ganz korrekt. Denn die fehlenden 2,2 Milliarden Mark wären ohnehin weggefallen, wenn VW die angekündigten Entlassungen vorgenommen hätte. Weil aber die vorhandene Arbeit auf mehr Köpfe verteilt wurde, bleiben der Bundesanstalt für Arbeit in Nürnberg – reduziert um die Vorruheständler – zusätzliche Arbeitslose erspart. Eine insgesamt sicher positive Bilanz.

Was in Wolfsburg geht, müßte doch bei gutem Willen auf andere Bereiche übertragbar sein, dachten sich im September 1997 auch die südwestdeutschen Metaller. Immerhin hatten zehn Branchen für 1,8 Millionen Arbeitnehmer eine solche Altersteilzeitregelung in die Tarifverträge aufgenommen. Doch das Bonner Gesetz, das diesen zugrundeliegt, hat einen Haken: Wegen der gerade in den letzten Beitragsjahren reduzierten Rentenbeiträge droht ein Rentenverlust von bis zu 18 Prozent. Und das bis zum Lebensende. Diesen Preis wollen nicht viele der Rentner in spe bezahlen. Nach einem Jahr lagen gerade 4.500 Anträge vor. Nach einer Schlichtungsrunde vereinbarten die Metalltarifpartner: Die Betriebe müssen selbst verhandeln, ob die Regelung in Frage kommt. Die Aussicht auf jüngere und damit billigere Leute könnte dabei helfen. Auch sonst können die Arbeitgeber nicht meckern: Der Lohn für die Teilzeitler wurde auf 82 statt 85 Prozent festgelegt, die Halbierung des Urlaubs- und Weihnachtsgeldes während der Arbeitsphase bzw. der Verzicht darauf in der Ruhephase vereinbart. Die Bundesanstalt für Arbeit fördert das Projekt 1998 mit 65 Millionen Mark. Die stellvertretende DGB-Vorsitzende Ursula Engelen-Kefer meinte, die Vereinbarung habe gezeigt, daß die Tarifpartner eher in der Lage seien, etwas für den Arbeitsmarkt zu tun als die Politik.[65]

In der Tat. Denn beim größten deutschen Arbeitgeber, dem öffentlichen Dienst, könnte ein erheblich größerer Effekt erreicht werden. Mehr als acht Millionen Arbeitnehmer immerhin arbeiten im staatlichen oder aber im halböffentlichen Auftrag, beispielsweise bei den Kirchen und Wohlfahrtsverbänden. Herbert Ehrenberg regte für den öffentlichen Dienst 4/5-Stellen bei einer netto zumutbaren Einkommensminderung ab dem 50. Lebensjahr an.[66]

Doch nicht nur die Alten sollen weniger arbeiten. Herbert Mai, Vorsitzender der Gewerkschaft ÖTV, forderte im Frühling 1997 Arbeitszeitverkürzungen für alle – ohne vollen Lohnausgleich. Würde gleichzeitig vereinbart, keine Überstunden mehr zu leisten, wäre das tatsächlich ein solidarisches Verhalten der Lohnabhängigen mit denen, die ohne Job sind. Im April folgte IG-Metall-Chef Klaus Zwickel mit konkreten Zahlen: 32 Stunden, vier Tage die Woche sollten die deutschen Metaller künftig noch arbeiten, sein Vorstoß sah einen gestaffelten Lohnausgleich für die unteren Lohngruppen vor. Wer allerdings niemanden neu einstelle, müsse vollen Lohnausgleich leisten. Schließlich müsse von den Beschäftigten die gleiche Arbeit in kürzerer Zeit geleistet werden.[67]

Damit bei reduzierten Arbeitszeiten nicht die bisherigen Beschäftigten Überstunden leisten, statt neuen Kolleginnen und Kollegen Platz zu machen, wäre eine Änderung des Arbeitszeitgesetzes sinnvoll. Darin könnte festgelegt werden, daß die Lohnnebenkosten für die ersten 32 Stunden niedriger zu sein haben als für die darüber hinaus geleisteten. Damit wäre die Arbeitszeit innerhalb der Regel billiger als die Überstunden. Während die bekannten Hardliner der Wirtschaft Zwickels Vorstoß vehement ablehnten (Dieter Hundt: »Etwas Dümmeres können wir nicht tun.«), beurteilte Handwerkspräsident Dieter Philipp die Anregung als »interessant und verhandlungsfähig«. Philipp erklärte: »Wir sind bereit, neue Arbeitszeitmodelle konstruktiv aufzugreifen, wenn wir auf der anderen Seite sehen, daß dies nicht gleich wieder mit weiteren finanziellen Lasten verbunden ist.« Auch Sachsens Wirtschaftsminister Kajo Schommer (CDU) und der stellvertretende Vorsitzende der Christlich-Demokratischen Arbeitnehmerschaft (CDA) Hermann-Josef Arentz begrüßten den Vorschlag als richtigen Ansatz.[68]

Auch wenn man über die Höhe des Lohnausgleichs streiten wird, bleibt wahr: Ob »die Deutschen« mehr oder weniger arbeiten als die anderen, ist für die Diskussion um Arbeitszeitverkürzungen unerheblich. Wichtig ist, daß die Arbeit getan wird, und das wird sie. Und häufig besser, ist zu vermuten, denn wer kürzer arbeitet, arbeitet besser, konzentrierter, effektiver. Höchste Zeit, daß das Potential derer, die ebenfalls an der Produktion beteiligt sein wollen, integriert wird. Höchste Zeit, daß ein Metallfacharbeiter seine Ausbildung wieder in einer Fabrik einbringt statt Straßen zu kehren. Das geht nur über eine weitere Verteilung der Arbeit auf mehr Köpfe, wobei klar ist, daß Ungelernte nicht einen Facharbeitsplatz besetzen können. Aber hier liegt (noch) ein Vorteil des Standortes Deutschland, der endlich genutzt werden sollte: Die solide Ausbildung eines großen Teils der Bevölkerung, auch des zur Zeit arbeitslosen Teils. Dieses Kapital einer breit und gut ausgebildeten Bevölkerung muß genutzt werden statt es zinslos auf der Straße liegen zu lassen. Daß in der Bundesrepublik Mitte der achtziger Jahre die Zahl der Beschäftigten zunahm, war in erster Linie der Verkürzung der Arbeitszeiten zu danken.

Die Niederlande haben die Zahl der Teilzeitbeschäftigten von 21,2 Prozent im Jahr 1984 innerhalb von zehn Jahren auf 36,4 Prozent gesteigert und dabei ihre Arbeitslosenquote von 9,4 auf 7,0 Prozent senken können. Damit diejenigen, die ihren Arbeitsplatz mit anderen teilen, nicht später durch niedrigere Renten für ihren jetzigen Solidarakt bezahlen müssen, hat Oskar Lafontaine (SPD) vorgeschlagen, sie von der Arbeitslosenversicherung zu befreien und die Beiträge statt dessen zur Aufbesserung von deren Renten zu nutzen.[69]

Weitere Möglichkeiten, die vorhandene Arbeit auf mehr Schultern zu verteilen, bestehen in Job-sharing, Elternurlaub oder Sabbatjahren. »Die meisten dieser Formen haben auch andere gesellschaftliche Vorteile neben ihrer Beschäftigungswirkung: mehr Zeit für Familie oder gesellschaftliche Aktivität, eine gleichmäßigere Verteilung der Hausarbeit und der Zeit für die Erziehung der Kinder, eine Ausweitung der Kenntnisse, eine Erweiterung der kulturellen Aktivitäten, mehr Kreativität usw.«[70]

Daß die Fraktion der Deregulierer und Wachstumsgläubigen den Wald vor lauter Bäumen nicht mehr sieht, mag ein Bericht der *Frankfurter Allgemeinen Zeitung* zeigen. 5,3 Millionen Teilzeitarbeiter gab es nach deren Recherchen 1995, 16,3 Prozent der Erwerbstätigen. 89 Prozent davon waren Frauen. Von der Teilzeitarbeit, so urteilt die *FAZ*, solle man sich keine Wunder erwarten. Das Arbeitsvolumen bleibe unverändert, »die Beschäftigung würde also nicht wachsen, sondern nur auf mehr Schultern verteilt.«[71]

4. Heute bezahlt Kollege Computer

Bei der Finanzierung der Arbeitslosenversicherung hätte längst umgedacht werden müssen. Heute wird ein Unternehmer belohnt, der Stellen abbaut und statt dessen Maschinen einsetzt. Für die Maschine bezahlt der Unternehmer nichts in die Kassen, aus denen diejenigen über Wasser gehalten werden, die über Bord gekippt worden sind. Die Arbeitslosen werden also ausschließlich von den Kollegen getragen, die in Lohn und Brot sind, sowie von den arbeitsintensiven Unternehmen. Doppelte Einspareffekte haben dagegen die Unternehmer, die wachsende Arbeitslosenheere durch grenzen- und hemmungslose Rationalisierung schaffen. Die Beiträge für die Bundesanstalt für Arbeit nur an Arbeit zu binden, ist deshalb überkommen. Eine

Orientierung am Verursacherprinzip ist nötig und damit eine stärkere Beteiligung der kapitalintensiven und eine Entlastung der arbeitsintensiven Wirtschaftszweige am Beitragsaufkommen. Herbert Ehrenberg empfiehlt deshalb, die Bruttowertschöpfung des Unternehmens als Bezugsgröße einzusetzen, weil sie die tatsächliche wirtschaftliche Bedeutung und Leistungsfähigkeit wiedergebe. Als Ehrenberg eine solche Umstellung 1978 einforderte, wurde die Diskussion mit dem Schlagwort »Maschinensteuer« zu Tode geprügelt. Sein einprägsamer Satz hat nichts an Gültigkeit verloren: »Wenn immer mehr Arbeitnehmer durch den Kollegen Computer ersetzt werden, dann müssen wir dafür sorgen, daß der Kollege Computer in Zukunft auch einen Teil der Sozialversicherungsbeiträge zahlt.«[72]

5. Sich totsparen oder investieren?

Neue Ausfuhrrekorde meldete die deutsche Industrie 1997 fast jeden Monat. Die industriellen Auftragseingänge seien im Vergleich zum Vorjahr um mehr als zehn Prozent gewachsen, berichtete die *Neue Zürcher Zeitung*, »weil die Auslandsorders um nicht weniger als 22,0% in die Höhe gegangen sind«. Doch das Inland steuerte zum Aufschwung lediglich 3,7 Prozent bei. Wer die Investitionsgüter allein betrachtete, sah eine erschütternde Differenz: Plus 21,8 Prozent mehr Aufträge aus dem Ausland, dagegen Minus 8,0 im Inland.[73] Die Autoindustrie stand so gut da wie lange nicht mehr, jubelte die *Süddeutsche Zeitung*. Doch fünf Prozent plus im Auslandsgeschäft stand auch in dieser Sparte ein ebenso großer Rückgang im Inland entgegen. Schuld daran sei »die Unsicherheit über die künftige wirtschaftliche Entwicklung«. Von der Inlandsflaute noch am wenigsten betroffen waren die Produzenten der Luxusautos Mercedes Benz und BMW.[74]

Arbeitslose und sozial Schwache hatten also nichts vom Konjunkturaufschwung. In Deutschland setzte sich deshalb die Diskussion um weitere Kürzungen im Sozialbereich fort. Das klügste Argument dagegen hatte längst Herbert Ehrenberg ausgesprochen: »Waigel vergißt: Jede staatliche Ausgabe ist die Einnahme eines anderen. Auch Sozialhilfe geht über Aldi wieder in den Wirtschaftskreislauf ein.«[75] Damit ist einprägsam darauf hingewiesen, daß die deutsche Wirtschaft zwar auch vom Export lebt, dies aber eben nur zu einem Teil. Wie auch der Zuwachs 1997 gezeigt hat, bringt ein Boom beim Export keinesfalls sofort mehr Menschen einen Job. Es gibt auch eine Binnenwirtschaft, und diese liegt am Boden. Der Einzelhandel klagt über fünf Jahre ohne Umsatzplus, 1997 sogar über ein Minus von ein bis zwei Prozent. Auch das kostet Arbeitsplätze – 30.000 allein 1997, mehr als 3.000 Geschäfte mußten aufgegeben.[76]

Waigel, so fuhr Ehrenberg fort, »spart doch seit Jahren, aber die Defizite werden immer größer. Die Unternehmensgewinne steigen, aber niemand investiert.« Ein Wunder ist das für den ehemaligen Minister nicht. »Den Unternehmen Steuern zu erlassen, hat erst dann einen Sinn, wenn zuerst die Nachfrage angekurbelt worden ist. Niemand produziert auf Vorrat. So dumme Unternehmer haben wir nicht.«

Aber Politiker möglicherweise, die nichts aus historischen Erfahrungen lernen. Was nämlich beim Bürger Waigel richtig wäre, hätte er unter Einkommensverlust zu leiden, muß beim Finanzminister Waigel schlimme Folgen haben. »Sparen kurbelt keine Wirtschaft an«, erklärt Ehrenberg. Erfahrungen wurden mit einer solch phantasielosen Sparpolitik schon einmal gesammelt: »Vieles im Verhalten der Bundesregierung stimmt mit dem Brünings und von Papens überein. Das Standortsicherungsgesetz und das Sparpaket vom 13. September 1996 könnten aus den Notverordnungen des Jahres 1932 abgeschrieben sein«, schimpft Ehrenberg. »Lohnverzicht forderte damals auch Brüning, und die Reichsbank entschied sich wie heute die Bundesbank für eine der Situation völlig unangemessene restriktive Kreditpolitik.«[77]

Die heutigen Probleme – Arbeitslosigkeit und mangelndes Wachstum – rühren nicht von zu hohen Löhnen, sondern es mangelt an ausreichender Nachfrage im Inland. Und die hat nicht damit zu tun, daß die Menschen zu viel verdienen, sondern zu wenig. Als mit dem Dollarkurs 1997 auch die Exporte und damit das Bruttoinlandsprodukt im ersten Halbjahr um 2,9 Prozent gestiegen waren, jubelte der Wirtschaftsminister über einen ersehnten Konjunkturaufschwung. Der Chefvolkswirt der Deutschen Bank spuckte ihm jedoch in die Suppe: »Ich verstehe nicht, woher die Bundesregierung ihren Optimismus über die angebliche Belebung der Inlandskonjunktur hernimmt«, rügte Norbert Walter. Es gebe keinen Anlaß zur Hurra-Stimmung. Es sei nicht absehbar, daß »der Funke von der boomenden Exportwirtschaft auf die Inlandskonjunktur überspringt«. Weder von den ausbleibenden Investitionsausgaben des Staates noch vom Bau und schon gar nicht vom privaten Verbrauch seien belebende Impulse zu erwarten.

Tiefgreifende strukturelle Reformen seien nötig, aber hierbei, meinte Walter zurückhaltend, sei die Bundesregierung »nicht besonders mutig«.[78]

Angebracht wäre das gute alte Defizit spending. Das Deutsche Institut für Wirtschaftsforschung (DIW) forderte zur Belebung des Arbeitsmarktes öffentliche Investitionen von 15 bis 20 Milliarden Mark.[79] Bei den Firmenchefs fehlt das, was ihnen ursprünglich ihren Namen gab: sie müssen etwas unternehmen. Heiner Flassbeck vom Deutschen Institut für Wirtschaftsforschung fordert Investitionen. Sie seien der Schlüssel zum Erfolg. Nur wer investiere könne Erfolg haben. »Ob Wachstum und Struktur dabei verbessert werden, weiß man erst im nachhinein.« Die Illusion der Unternehmer, die darauf setzten, daß es weiter nach vorne geht, die etwas verbessern wollten, das sei es, was die Marktwirtschaft überlegen mache. In diesem System sei die Hoffnung ein wichtiger Antrieb, und diese machten diejenigen kaputt, die tiefe Einschnitte sowie die Rückkehr zum Lohnniveau der fünfziger Jahre predigten. »Das Ende der Illusionen ist das Ende der unternehmerischen Wirtschaft überhaupt.«[80]

Trotz aller Schwüre, man wolle Arbeitsplätze schaffen, unternehmen die Unternehmen nichts. Nur Italien weist 1997 innerhalb der EU einen so niedrigen Zuwachs bei den Bruttoanlageinvestitionen auf wie die Bundesrepublik. 1996, als diese Investitionen sogar um ein halbes Prozent zurückgingen, waren Deutschlands Unternehmer sogar alleiniges Schlußlicht.[81] Hollands Aufschwung hat sich keinesfalls wegen niedrigerer Abgaben entwickelt, wie immer wieder kolportiert wird. Im Gegenteil: Die Abgabenquote liegt in Holland bei 47 Prozent, in Deutschland bei 41. Die Ursachen liegen in einer Teilzeitoffensive einschließlich vorzeitiger Pensionierungen und wohl am meisten in einer realen Abwertung des Gulden. Schweden bezahlt noch immer einheitlich 75 Prozent für Arbeitslose, Rentner und Krankengeldbezieher. Die Abgabenquote liegt bei 53 Prozent. Dennoch verweigern sich die schwedischen Unternehmer nicht den Investitionen: 10,6 bzw. sechs Prozent Zuwachs bei den Bruttoanlageninvestitionen in den Jahren 1995/96.[82]

Nachdem *Der Spiegel* monatelang amerikanische Verhältnisse eingefordert hatte, Hollands Teilzeitarbeiter gefeiert und für mehr Mut zum Markt geworben hatte, ließen die Hamburger wieder einmal ihren Bestsellerautor Harald Schumann an die Feder. Der stellte die längst berechtigte Frage: »Wie arm sollen die Leute werden?« Wer lesen konnte, mußte sehen: Auch in der Bundesrepublik wurden inzwischen Millionen Stellen umgewandelt in Jobs für (Schein)Selbständige, die bei gleicher Arbeit wie früher als Festangestellte nun weniger verdienen. Nicht nur das – den Sozialkassen entgehen jährlich Milliarden Mark. Hinzu kommen immer mehr sozialversicherungsfreie 620-Mark-Jobs, mit denen sich »Deutschlands Unternehmer inzwischen ein Millionenheer von Kurzzeitarbeitern zugelegt« haben – die Rede ist von bis zu sechs Millionen solcher Billigarbeitsplätzen. Jedem siebten Beschäftigten reicht der Lohn aus einem Job heute nicht mehr aus, er verdient im Nebenjob dazu, was neue Verdrängungseffekte schafft. Die Arbeit wird deshalb bei niedrigeren Löhnen nicht mehr, sondern das Angebot an Arbeitskräften. Die Billigjobber seien oft schlecht ausgebildet, weshalb die US-Unternehmen auf dem Weltmarkt oft nicht wettbewerbsfähig seien. Außer einigen High-Tech-Produkten, Computern, Flugzeugen und Spielfilmen habe die USA »dem Rest der Welt nicht viel zu bieten«.[83]

Offiziell sind in den USA nur sieben Millionen Menschen arbeitslos (5,2 Prozent). Weitere sechs Millionen werden aber von der Statistik allein aus dem Grund nicht erfaßt, weil sie nicht nachweisen konnten, in den letzten sieben Tagen aktiv Arbeit gesucht zu haben. Dazu kommt ein Heer von Schwarzmarktarbeitern, Aussteigern und Jugendlichen ohne Ausbildung, die ökonomisch inaktiv seien.

Das »Jobwunder« der USA gibt es auch in Deutschland. Zu bewundern ist es nicht. Vier Millionen Menschen arbeiten inzwischen »geringfügig«, weitere 1,4 Millionen bessern durch solche Arbeit bis zu 14 Stunden pro Woche mit einer Entlohnung von maximal 620 Mark monatlich (Ostdeutschland 520 Mark) ihr ansonsten karges Einkommen auf, mehr als zehnmal so viele wie 1988. Nur rund 400.000 dieser Billigjobber sind arbeitslos gemeldet. Weder die Beschäftigten noch die Arbeitgeber entrichten Sozialbeiträge. Jeder achte Job ist damit heute sozialversicherungsfrei. Nebenjobs statt Arbeitsplätze – schon um diesen Effekt einzudämmern, sollten alle diese Beschäftigungen der Sozialabgabe unterworfen werden, auch wenn der Finanzminister unterm Strich nicht viel davon hat.

Den größten Teil dieser Billigarbeit erledigen Frauen, der Anteil der Männer steigt aber an. Sie sitzen hinter den Supermarktkassen, stehen hinter Kneipentresen, verkaufen Klamotten in einer Boutique. Die deutsche Dienstleistungsoffensive hat also längst begonnen, ihre Folgen werden sichtbar. Nun geniert sich auch das führende Wochenblatt der Republik für seine früheren Aufrufe zu mehr »Flexibilität«. Die hohe Arbeitslosigkeit habe zum Einsatz ganzer Heere von »Tagelöhnern« geführt, reguläre Arbeitsplätze seien vielerorts abgeschafft worden. »Willkommen in der schönen neuen Arbeitswelt der deregulierten Marktwirtschaft«, spottet Schumann. »Mit Scheinselbständigen und Honorarkräften auf Abruf, mit sozialversicherungsfreien Teilzeitkräften und Austritt aus den Tarifverbänden verabschieden sich viele deutsche Unternehmer und Manager Schritt für Schritt vom Sozialstaat und der Sozialpartnerschaft alten Stils – ganz im Sinne der Reformvorstellungen neoliberaler Verbandsfunktionäre und Politiker.«[84]

Doch auch letztere haben sich den scheinbaren Zwängen untergeordnet. Seit das Wort gilt, auch die »Deutschland AG« stehe in einem weltweiten Wettbewerb mit den anderen Staaten, wird auch diese nach Managementkriterien von sozialem Ballast befreit.

IV. Darwin oder Gerechtigkeit: Den Sozialstaat aufgeben?

Nach neunwöchigen Streiks fühlten sich einige Berliner Baubetriebe im Frühjahr 1997 als große Sieger: Die Fachgemeinschaft Bau, entstanden nach Austritten zahlreicher Betriebe aus den zentralen Verbänden Berlin/Brandenburgs, Thüringens und Mecklenburg-Vorpommerns hatte einige Haustarifverträge und damit die Auflösung des Flächentarifvertrags durchgesetzt. Die darin festgeschriebenen Löhne wurden nicht erhöht. Doch das genügt den Dissidenten, 1.300 Firmen mit 20.000 Beschäftigten, nicht. Hauptgeschäftsführer Burkhard Wedel kündigte an, man strebe in den nächsten Verhandlungen Lohnsenkungen an – »um mindestens 20 Prozent«.[85]

Massenhaft traten Firmen mehrerer Branchen Mitte der neunziger Jahre aus den Unternehmerverbänden aus. Als im Juni 1996 sogar Bauindustrie- und Baugewerbeverbände ihren Abschied von der Bundesvereinigung der Deutschen Arbeitgeberverbände (BDA) ankündigten, falls diese einen Mindestlohn für ausländische Bauarbeiter ablehnen würde, schien sich das Unternehmerlager zu spalten. Kleinere Firmen sahen ihre Existenz bedroht. Im Streit um die Lohnfortzahlung im Krankheitsfall, der mit einem vorübergehenden Sieg der Gewerkschaften endete, kam es zu einer neuen Austrittswelle beim Arbeitgeberverband Gesamtmetall. Doch all diese Auflösungserscheinungen sind kein Grund zur Freude für die abhängig Beschäftigten, jedenfalls nicht für diejenigen, in deren Firmen nun freihändig verhandelt wird.

Denn diese setzten sich über gültige Tarifverträge hinweg. Da wurden, wie etwa beim Zündkerzenhersteller Beru, 37

Stunden gearbeitet, aber nur 35 bezahlt. Die Motorenfirma Dietz im schwäbischen Dettingen verschob die 35-Stunden-Woche einfach um 15 Monate.[86] Zahlreiche Betriebsvereinbarungen mit verängstigten Betriebsräten und Beschäftigten wurden abgeschlossen, die Flächentarifverträge einfach negiert.

Das Trumpf-As, das die Unternehmer bei jeder Runde aus dem Ärmel zogen, hieß: Wenn ihr nicht mitzieht, verlagern wir den Betrieb ins Ausland. Die Drohung zeigte oft genug Wirkung, auch wenn sie in der Regel heiße Luft war. Denn Unternehmen verlagern ihre Produktion mitnichten wegen zu hoher Löhne. Porsche hat einen Teil seiner Produktion nach Finnland verlegt, weil dort eine hohe Nachfrage nach dem neuen Modell »Boxter« entstanden war. Nachfrage – unsere regierenden Angebotstheoretiker behaupten stets das Gegenteil – hat in diesem Fall im Norden Europas also Arbeitsplätze geschaffen. Für die Verlagerung von Produktion sind die Löhne nur interessant, wenn der zukünftige Standort nahe am bisherigen liegt – wie etwa ein ungarisches Motorenwerk, das für Audi die Motoren um 150 Mark billiger zu produzieren in der Lage ist. Über Nacht können die Teile per Bahn nach Deutschland geschafft werden. Das Audi-Werk auf den Philippinen dagegen bedient weder den deutschen Markt, noch zieht es Arbeitsplätze von ihm ab. Vielmehr soll dort ein neuer Markt erschlossen werden.

Welchen Vorsprung deutsche Facharbeiter ihrem Unternehmen bieten können, durften die Audi-Manager direkt vor Ort erkennen. Schritt für Schritt müssen die Arbeiter dort den Produktionsprozeß erlernen. Zunächst mußte dieser darauf beschränkt bleiben, daß im neuen Werk die Reifen aufgezogen und Batterien eingebaut wurden. In Malaysia sind die Arbeiter inzwischen in der Lage, die aus Deutschland gelieferten Einzelteile zu einem Auto zusammenzubauen. Auch BMW hatte im Ausland unerwartete Schwierigkeiten. In den USA (!) konnte die Produktion nur langsam hochgefahren werden, weil die Qualität nicht stimmte. »BMW hatte die Probleme unterschätzt, in einem neuen Land mit Mitarbeitern, die zumeist über keine Erfahrung in der Autoindustrie verfügten, ein völlig neues Produkt in einem neuen Werk zu fertigen«, urteilte die *Süddeutsche Zeitung*. Dennoch müssen deutsche Automobilbauer ins Ausland gehen, wenn sie dort eine Rolle spielen wollen. Auf Kosten der einheimischen Beschäftigung muß das jedoch nicht unbedingt gehen. Für drei neue Arbeitsplätze im Ausland, so heißt es in der Branche, entsteht ein neuer im Inland – durch Zulieferung von Bauteilen oder in den Entwicklungsabteilungen.[87]

Im mecklenburgischen Neustadt-Glewe eröffnete im September 1997 die erste chinesische Fabrik Deutschlands, die Norddeutsche Bleistiftfabrik (NBF). 17 Millionen Mark sollen die Chinesen investiert haben, 2,5 Millionen Mark gab die Landesregierung dazu. Schon hofft man rund um Schwerin, der Standort könne zum deutschen »Chinazentrum« werden. Die NBF, so hofft Handelsbank-Hauptgeschäftsführer Klaus-Michael Rothe, sei »wie ein Sandkorn in einer Auster: daraus kann eine Perle werden.« Doch warum sollten Chinesen und vielleicht auch Koreaner ihre Produktion nach Norddeutschland verlagern? Wegen der niedrigen Löhne, bei 11,50 Mark noch immer weit höher als in China selbst, werden die Investoren der China First Pencil nicht gekommen sein. Auch der Markt ist in Deutschland zu. Vielmehr, so mutmaßt die Wirtschaftswoche, wolle sich die Firma mit dem Kürzel NBF schmücken. Deutsche Markenprodukte hätten in diesem Markt den besten Ruf.[88] Einen guten Ruf haben auch andere Markenprodukte, unter anderem wegen der gut ausgebildeten und arbeitenden Fachkräfte.

Wirksamer als die Drohung mit Verlagerung ist die Drohung mit dem heimischen Arbeitslosenheer: Es warten genug andere auf Arbeit. Einem kleinen Arbeitslosen-Ersatzheer konnte schon Franz Josef Strauß etwas abgewinnen, weil die Leute dann lieber und bereitwilliger arbeiteten, ließ er verlauten. In der neuen deutschen Unternehmer-Anarchie ersetzt der Darwinismus den Sozialstaat, im neuen Wirtschaftsparadies des sozialpolitischen Naturzustandes regiert wieder das Recht des Stärkeren. Selbst das Bündnis für Arbeit, an dem sich Politiker und Tarifpartner monatelang aufgerieben hatten, kündigte Gesamtmetall-Hauptgeschäftsführer Werner Stumpfe auf. Und das, obwohl der DGB mit dem »Bündnis für Arbeit *und* Standortsicherung« (!) fast das gesamte Programm der neoliberalen Koalition Kohl-Rexrodt mit abzusegnen bereit gewesen war: Staatsquote und Sozialausgaben runter, Arbeitszeiten flexibilisieren, mehr befristete Beschäftigung, Arbeitslosenhilfe kürzen und natürlich erneut »moderate Lohnabschlüsse«.

Gelegentlich gibt es auch noch unabhängige Stimmen in den deutschen Tageszeitungen, die sich dem Meinungs-mainstream widersetzen. »Eine Reduktion der direkten Arbeitskosten ist aus vielen Gründen weder realistisch noch erstrebenswert«, schrieb *Der Tagesspiegel*: »Sie würde in Anbetracht von mehr als einer Milliarde Menschen, die bereit sind, für weniger als drei Dollar pro Tag zu arbeiten, auch niemals unser Problem lösen.«[89]

Eher würden neue Probleme aufgerissen. Lester C. Thurow hatte schon 1984 gewarnt: »Man sollte nicht leichtfertig mit der Idee spielen, die Lohnstruktur einfach zusammenbrechen zu lassen, ohne zu wissen, was in einer Gesellschaft nach der Zerstörung der impliziten Verträge passiert, auf denen die Wirtschaftssubjekte ihr Leben und ihre Bereitschaft zur Teilnahme am Wirtschaftsleben aufgebaut haben.«[90] In den USA wuchsen die sozialen Probleme, die Kriminalität in den Armenvierteln nahm zu. Jeremy Rifkin kündigt bereits »latente

Bürgerkriege« im »postmarktwirtschaftlichen Zeitalter«[91] an. Und dann wird sich die Sehnsucht der Marktliberalen endlich erfüllen, der Staat wird sich auf seine Wächterfunktion beschränken. Beschränken müssen, denn die Mittel sind knapp: »Der Staat wird seine wenigen Mittel nicht für die Wohlfahrt und für Arbeitsbeschaffungsprogramme, sondern für die Aufrüstung der Polizei und für neue Gefängnisse ausgeben.«[92]

In den deutschen Firmenresidenzen werden solche Stimmen, anders als in den USA heute, noch immer nicht gehört. Kaum war 1994 der Bundeskanzler bestätigt, da wechselte die Troika der Wirtschaftskapitäne das Hemd. Das Wahlkampfgerede vom Aufschwung ersetzten die Arbeitgeber, sonst keinesfalls immer einig, durch gemeinsame Angriffe auf den »Wohlfahrtstaat«. In einer Denkschrift propagierte Klaus Murmann, damals Präsident der BDA, den »Umbau des Sozialstaats«: Löhne runter, Rente runter, Lohnfortzahlung für Kranke reduzieren, mehr Eigenbeteiligung bei Arztbesuchen und vor allem eine deutliche Senkung der Lohnnebenkosten. Der damalige BDI-Präsident Tyll Necker erinnerte die Union an ihre Wahlversprechen – Senkung der Unternehmensteuern, Privatisierung und Deregulierung. Und der Chef des Deutschen Industrie- und Handelstages (DIHT), Hans-Peter Stihl, mahnte die Gewerkschaften, die endlich umdenken müßten. Der Standort Deutschland, wurde immer wieder kolportiert, sei in Gefahr. Allein Norbert Blüm ließ sich aus der Ministerriege vernehmen. Er nannte die Unternehmersprecher »Maulhelden«.[93] Schließlich gäbe es Tarifverträge zu beachten, meinte der Minister.

Doch der Dauerbeschuß des Sozialstaates zeigt inzwischen durchschlagenden Erfolg: Die Ziele von Kabinett und Kapital haben sich durch pausenlose Wiederholungen in den Köpfen festgesetzt; die Medien beten die Litanei willfährig mit herunter. Die Lohnabhängigen scheinen sich in ihr Schicksal fügen zu wollen, und die Bundesregierung predigt: Sparen, sparen, sparen.

1. Die Legende von den hohen Löhnen

16 Wochen lang hatten die Metallarbeiter in Schleswig-Holstein im Winter 1956/57 für eine Absicherung im Krankheitsfall gestreikt, bis 1970 sicherten Gesetzgeber und Tarifpartner in mehreren Schritten den Anspruch. Diesen Sozialpakt wollten die Unternehmer schleifen. Ihr Ansinnen begründeten die Arbeitgeber mit zunehmenden Krankenständen, also mit dem Argument, die deutschen Arbeitnehmer machten zu häufig blau. Die Zahlen sprechen eine andere Sprache: 1982 war jeder Arbeitnehmer im Schnitt 17 Tage krank, 1993 rund 15.[94] Die Zahl der Krankmeldungen ging schon nach der Drohung mit Kürzung der Löhne weiter zurück. Die Unternehmer triumphierten. Doch es könnte andere Gründe dafür geben, daß die Deutschen sich seltener krank melden: Aus Angst vor dem Verlust des Arbeitsplatzes schleppen sich heute kranke Menschen in die Fabriken und an die Schreibtische. »Nicht die Gesunden mißbrauchen das Sozialsystem, sondern der Druck der Krise führt zum Mißbrauch der Kranken.«[95]

Auch mit anderen Zahlen wird Schindluder getrieben. Wie vor 20 Jahren auch kosten heute alle Sozialleistungen zusammen knapp 34 Prozent des Bruttosozialprodukts. Diese müssen allerdings wegen der vielen Arbeitslosen von immer weniger Beitragszahlern aufgebracht werden. Deshalb steigen die Zahlungen der Beschäftigten, was nur verändert werden könnte, wenn auch die Erträge aus Vermögen oder die Einkommen der Beamten und Selbständigen zur Finanzierung der Sozialkassen herangezogen werden. In Westdeutschland lag die Sozialquote 1982 bei 33,3 Prozent des Sozialprodukts, 1991 bei 28,9 Prozent und damit so niedrig wie 1973, einem Jahr mit annähernder Vollbeschäftigung. Durch die hohe Zahl der Sozialleistungsempfänger im Osten (70 Prozent) stieg die Quote inzwischen auf 34 Prozent und damit kaum höher als vor 15

Jahren. Das zeigt deutlich, wie sehr die Sozialleistungen zusammengestrichen wurden.[96] Gleichzeitig ist das Ansteigen der individuellen Sozialbeiträge der Tatsache geschuldet, daß den Solidarkassen versicherungsfremde Leistungen im Wert von rund 90 Milliarden Mark aufgehalst wurden. Eine Senkung der Beiträge zur Arbeitslosenversicherung um ein Drittel würde dagegen nur 23 Milliarden Mark kosten.[97]

Obwohl das alles längst bekannt und anerkannt ist, setzen Politiker und Unternehmer ihren Beschuß von Sozialsystem und Tarifverträgen fort. Dabei stellt sich die Frage zwangsläufig: Wie weit sollen die Löhne in der Bundesrepublik sinken? Und zu welchem Zweck? Denn niemals kann der deutsche Stundenlohn so weit herabgesetzt werden, daß er mit dem in den Nachbarländern Polen oder Tschechien oder gar mit dem in asiatischen Ländern konkurrieren könnte. Lohnsenkungen werden also allenfalls die Gewinnspanne des Unternehmens vergrößern, an der Wettbewerbssituation aber wenig ändern. Lohnsenkungen, wie sie sich die deutschen Arbeiter möglicherweise aus Angst vor dem Verlust ihres Arbeitsplatzes abringen ließen, haben dagegen so gut wie keine Wirkung auf die Absatzchancen eines Produkts. Bei rund 30 Prozent, die die Lohnkosten an den gesamten Herstellungskosten eines PKW ausmachen, würden zehn Prozent Lohnverzicht also drei Prozent der Gesamtkosten ausmachen. Ein Automobil könnte dann statt für 19.990 für 19.390 Mark angeboten werden. Ob das Scharen von Käufern anzieht? In Deutschland sicher nicht, denn dort wird bald niemand mehr genug Geld verdienen, um überhaupt noch ein Auto kaufen zu können.

Schon orakeln Beobachter, eines Tages könnten in den deutschen Städten Arbeits- und Verdienstbedingungen auftreten, die denen der illegalen chinesischen oder afrikanischen Textilarbeiter in Paris oder New York gleichen. Dies sei allerdings »so lange keine politische Alternative, wie die Bundesrepublik sich noch als Sozialstaat versteht«.[98]

Doch die Manager nehmen zur Zeit alles, was sie kriegen können. Norbert Blüm schaut in den letzten Jahren immer treuherziger und ungläubiger durch seine Brille. Offenbar hat er nicht mit einer derartigen zerstörerischen Energie der Unternehmer gerechnet. Wie sein Vorgänger Herbert Ehrenberg nachweist, scheut die Industrie nicht einmal davor zurück, mit unlauteren Mitteln große Propagandaerfolge zu erzielen. Ehrenberg fand in zahlreichen Zeitungen eine Grafik, die den Titel »Die Karriere der Lohnnebenkosten« trug. Auf den ersten Blick bekommen die Leserinnen und Leser den Eindruck, für je 100 Mark Lohn müßten die Arbeitgeber noch einmal 80,20 Mark an zusätzlichen Kosten – eben Lohnnebenkosten – bezahlen. Ehrenberg recherchierte, daß die Zahlen für diese Grafik auf eine Broschüre des Instituts der deutschen Wirtschaft, ansässig in Köln, zurückgehen. 1995 hatte das Institut unter dem Titel »Kosten, die keiner kennt« geschrieben:

»Jeder Arbeitnehmer bezieht neben dem Entgelt, das er für geleistete Arbeit erhält (Direktlohn), einen ›zweiten Lohn‹. Er besteht aus den gesetzlichen, tariflichen und betrieblichen Sozialleistungen des Betriebs (Personalzusatzkosten). Direktlohn + Personalzusatzkosten zusammen bilden die Arbeitskosten oder Personalkosten des Betriebes. Das heißt: Eine Arbeitskraft, die für ihre Arbeitsleistung 44 500 DM im Jahr erhält, kostet den Betrieb alles in allem 80 200 DM. Das heißt weiter: Auf jeden 100-DM-Schein, den Sie für Ihre Arbeitsleistung bekommen, legte die Firma 1994 weitere 80,20 DM an Personalzusatzkosten drauf.«

Eine »merkwürdige Rechnung«, befand Ehrenberg, denn hier sind Weihnachts- und Urlaubsgeld, Gratifikationen, vermögenswirksame Leistungen und andere Sonderzahlungen zu Personalzusatzkosten mutiert. Als Bestandteil der Tarifverträge aber gehören all diese Zahlungen zum Lohn. Hätte es diese Vereinbarungen bei den Tarifverhandlungen nicht gegeben, hätte sich das in größeren Lohnerhöhungen niedergeschlagen. Bei einer anständigen Berechnung der Lohnnebenkosten, die die oben genannten Positionen korrekt den Löhnen zuordnet, kommt man auf Lohnzusatzkosten von weniger als 30 Prozent des Jahreseinkommens. Ehrenberg: »Das ist öffentliche Irreführung.«[99]

Genauso irreführend sind die Zahlen des Bundesverbandes der Deutschen Industrie zu den Stundenlöhnen. Mit 45,52 Mark erscheinen diese in einer Statistik als Spitzenwert. Die USA liegt mit durchschnittlich 25,18 Mark weit darunter, ebenso Japan mit 35,48 Mark und alle großen Länder der EU.[100] Die Daten des Instituts für Wirtschaftsforschung (ifo) vom Mai 1996 verraten über die Lohnkosten ganz anderes. Die Münchner Forscher empfehlen, in die Berechnung der Arbeitskosten auch die Produktivität jeder Stunde Arbeit einzubeziehen. Wenn ein Arbeiter zwar doppelt soviel kostet, wie sein Kollege in einem anderen Land, er aber mehr als doppelt soviel leistet, dann ergibt dies unter dem Strich noch immer einen Standortvorteil. Nach dieser Berechnung sind die Lohnstückkosten in Deutschland die niedrigsten im internationalen Vergleich, den höchsten der Welt hat Japan. Betrachtet man die langfristige Entwicklung, sind die Zahlen seit 1980 für Deutschland außerdem am günstigsten. »Die schlechtesten Werte erreichen mit dem Vereinigten Königreich und den USA zwei Länder, die üblicherweise als wenig lohnkostenintensiv klassifiziert werden«.[101]

Auch das DIW kam zu dem Ergebnis, daß »Westdeutschland von den internen Produktionsbedingungen her praktisch immer günstiger abgeschnitten hat als der Durchschnitt der anderen Länder«.[102] Weil ein deutscher Arbeiter in einer Stunde mehr Wert schafft als viele seiner Kollegen in anderen Ländern, sind auch vergleichsweise lange Urlaubszeiten und kurze Arbeitszeiten gerechtfertigt und vertretbar.

Lohnstückkosten
(Relation Lohnkosten zu Wirtschaftsleistung in Prozent)

Land	1993	1995
Japan	67,7	66,7
USA	66,1	66,3
Großbritannien	66,7	65,5
Frankreich	64,5	62,3
Deutschland	60,5	57,9

Quelle: ifo-Institut

Erst der Vergleich nach Umrechnung in eine einheitliche Währung läßt aber eigentlich qualifizierte Aussagen zu. Der Diplomvolkswirt Stefan Hauf hat dies unternommen und den US-Dollar als Leitwährung verwendet. Und hier sah es für die Bundesrepublik bis 1995 nicht mehr so gut aus: Schweden wies wegen der Abwertung der Krone gegenüber dem Dollar den geringsten Zuwachs auf (0,8 Prozent von 1979 bis 1995; – 4,6 % von 1990 bis 1995). Japan hatte demnach in der ersten Hälfte der neunziger Jahre eine Verteuerung um 10,9 Prozent zu verkraften, Deutschland bei einer dauernd unter Aufwertungsdruck stehenden Mark um 5,6 Prozent. Dies dürfte sich allerdings 1996 und 1997 entspannt haben. Alle anderen EU-Länder hatten in diesen fünf Jahren niedrigere Zuwächse der Lohnstückkosten, ebenso die USA mit 1,4 Prozent. »Inzwischen kann festgehalten werden«, so Hauf, »daß internationale Lohnstückkostenvergleiche in vielen Fällen von den Wechselkursänderungen dominiert werden.« Das treffe auch auf Deutschland zu. So ist zu bilanzieren, daß »nicht auf einen Wettbewerbsnachteil Deutschlands bei den Arbeitseinkommen geschlossen werden kann«.[103]

Auch das DIW stellte eindeutig fest, daß die Lohnkosten in Westdeutschland sich stets am gesamtwirtschaftlichen Produktivitätsfortschritt orientiert hätten, ganz im Gegensatz zu den meisten Konkurrenten. Der Vergleich mit 18 anderen Industrieländern ergab, daß seit 1973 der Index der Lohnkosten pro Arbeitnehmer im Ausland von 100 auf 553 gestiegen ist, in Deutschland dagegen nur auf 285. »Die Lohnkosten nahmen also im Ausland fast doppelt so stark zu wie im Inland.« Auch der Produktivitätsindex zeigt für Deutschland überdurchschnittliches Wachstum: 139 zu 144. Die Lohnstückkosten haben sich somit im Ausland von 100 auf 399 erhöht, in Deutschland dagegen nur auf 198. Auch wenn man die Aufwertung der Mark seit Aufhebung des Systems von Bretton Woods um 84 Prozent berücksichtigt, die einer Verbesserung der Wettbewerbsfähigkeit entgegenwirkte, bleibt ein um zehn Prozent geringeres Ansteigen der deutschen Lohnstückkosten im Vergleich zum Ausland. Dieser Trend, so das DIW, »spricht für eine generell maßvolle Lohnpolitik in Westdeutschland«.[104]

Als gäbe es keine Erkenntnisse dieser Art, wiederholen Bundesregierung und Arbeitgeber seit Jahren die Litanei von den hohen Löhnen. Und alle glauben daran. Sogar der gern bemühte Vergleich mit den USA fällt für die Bundesrepublik seit 1995 ausgesprochen positiv aus: Die Löhne sind dort weit weniger hinter der Produktivität zurückgeblieben.

Dagegen hätte sich die durch moderate Lohnzuwächse bedingte Steigerung der Unternehmensgewinne in Deutschland nach der Theorie der Angebotsstrategen positiv auf den Arbeitsmarkt auswirken müssen. Doch statt dessen haben die Arbeitslosenzahlen weiter zugenommen. Von einer strukturellen Arbeitslosigkeit könne daher keine Rede sein, meint das DIW, zumindest nicht in Westdeutschland. »Mindestens die Hälfte der hier registrierten Arbeitslosen ist demnach im Zuge einer langanhaltenden Belebung der Investitionstätigkeit wieder zu beschäftigen.« Wie schon Anfang der achtziger Jahre werde erneut viel Zeit durch eine falsche Wirtschaftspolitik und durch die »Abarbeitung langer Listen von Placebo-Maßnahmen« verloren. Die jetzt noch konjunkturbedingt Arbeitslosen könnten, wenn es nicht bald zu einer Wende komme, an Motivation und Qualifikation verlieren, die Arbeitslosigkeit sich verfestigen. »So schafft die wirtschaftspolitische Umsetzung einer ungeeigneten Theorie am Ende den Zustand, den sie fälschlicherweise von Anfang an vorausgesetzt hat.«[105]

Das DIW stellte außerdem fest, »daß es ein generelles Strukturproblem, wie es in der Öffentlichkeit diskutiert wird, nicht gibt. Wer in hohem Maße auf offenen Märkten erfolgreich ist, sobald eine Überbewertung seiner eigenen Währung zurückgeführt worden ist, muß die Globalisierung nicht fürchten.«[106] Selbst ein langsames Tempo des Strukturwandels wäre nur dann ein Problem, wenn die Lohnzuwächse über den Produktivitätszuwächsen lägen, was zu Inflation führen würde, in Deutschland aber nicht der Fall sei.

Die Überbewertung der deutschen Währung wurde 1993 zurückgeführt. Ein weiterer Standortvorteil Deutschlands ist die hohe Zahl bestens ausgebildeter Facharbeiter. In Großbritannien waren 1993 rund 43 Prozent der Arbeitskräfte gering qualifiziert, in den Niederlanden 16, in Dänemark sowie Deutschland nur 13. Es besteht mithin kein Grund, den Kopf in den Sand zu stecken. Im Gegenteil: »Für ein technologisch hochentwickeltes Land ist es keineswegs sinnvoll, seinen Platz an der Spitze der Lohnskala zu räumen und zu versuchen, durch Lohnsenkung den Wettbewerbsdruck der aufholenden Länder zu vermindern. Man verlöre mit einer solchen defensiven Reaktion die Möglichkeit, temporäre Monopolgewinne aus innovativen Produkten und Produktionsverfahren zu erzielen, die vorwiegend bei technologisch anspruchsvollen Produkten anfallen. Dann käme es früher oder später zu sinkender Produktivität und sinkenden Löhnen. Dadurch würde der Wettbewerbsdruck aber nicht vermindert, da auch die anderen Plätze in der Lohnhierarchie besetzt sind. Ein Land konkurriert dann mit einem niedrigeren Lohnniveau auf anderen Produktmärkten, der Wettbewerb wäre aber nicht weniger scharf.«[107]

2. Das Gejammer vom bedrohten Standort

»Wer heute nicht tragfähige Modelle globalen Managements entwickelt und umsetzt, wer sich nicht auf die Globalisierung der Wirtschaft vorbereitet, wird morgen kaum noch eine bedeutende Rolle auf den Weltmärkten spielen können. Dies gilt zunächst einmal für die großen Konzerne, dann aber auch für die mittelständische Zulieferindustrie.«[108] Der Präsident von ABB Europe, Eberhard von Koerber, erkennt das Wachstum des Welthandels bisher lediglich innerhalb der Triadeblöcke. Eine wirkliche Globalisierung werde erst die Zukunft bringen. Dennoch sieht Klaus Macharzina, Lehrstuhl für Unternehmensführung, Organisation und Personalwesen an der Universität Hohenheim, bereits heute »eine sinkende Bedeutung Europas als Außenwirtschaftspartner Asiens«. Diese Entwicklung gehe »mit einer deutlichen Verschiebung des globalen Handelszentrums von der atlantischen hin zur pazifischen Region einher«. Er empfiehlt deshalb Direktinvestitionen in den Wachstumsregionen selbst.

Deutsche Unternehmer erhöhen, zunächst noch vergleichsweise vorsichtig, ihr Engagement im Ausland. Dieselben Unternehmer wollen mit diesem Befund beweisen, daß der deutsche Standort in seiner Attraktivität nachläßt. Alles andere entspricht der Wahrheit: Wer der Globalisierung das Wort redet, muß auch betrachten, daß ein »global player« seine Produktion zu den Märkten hin verlagern muß und wird. Wer in den USA oder Asien verkaufen möchte, verringert möglicherweise nicht nur die Lohnkosten, wenn er vor Ort produziert, sondern auch Lager-, Transport- und Kommunikationskosten, vermeidet Wechselkursrisiken, umgeht unter Umständen Handelsschranken und kann schneller und adäquater auf sich verändernde Wünsche des Publikums reagieren. Wenn deutsche Unternehmen im Ausland investieren, stärken sie die deutsche Ökonomie. »Auslandsinvestitionen stärken die Position inländischer Unternehmen im härter werdenden Wettbewerb auf globalen Märkten und sichern damit im Inland Forschung und Entwicklung (FuE), Produktion und Arbeitsplätze. Sie sind Investitionen in die inländische Zukunft.« Im Vergleich zu Japan oder den USA unternehmen Deutsche im Ausland nicht zuviel, sondern noch zuwenig. »Will man im Triaden-Wettbewerb bestehen, müssen deutsche Unternehmen die USA und Südostasien in erheblich größerem Maße zu Produktionsstandorten machen. Nur wer dort präsent ist, hat langfristig Chancen im globalen Wettbewerb.«[109]

Die deutschen Großunternehmen und die Multis mit deutscher Führung verdienen bestens, Gewinne und Aktienkurse steigen seit Jahren. Gleichzeitig schwoll in den neunziger Jahren eine hysterische Diskussion um den angeblich bedrohten Standort Deutschland an, die nur eines bezwecken sollte: Die Unternehmen, deren Rahmenbedingungen ohnehin günstig sind, noch weiter zu entlasten. Wer die Rechnung dafür zu bezahlen hätte, war ebenfalls ausgemacht: Die anderen, also wir alle, die wir die Gewinne dieser Unternehmen durch unsere Arbeit erwirtschaften. Ergebnis dieser Diskussionen ist folgendes: Ein Standort wird schlechtgeredet.

Oskar Lafontaine kann die Klagen vom Niedergang des Standorts Deutschland nicht mehr hören. Es sei doch eine »Kleinfritzchenökonomie« zu glauben, Sinn einer Volkswirtschaft sei es, ständig eine hohe positive Handelsbilanz zu erwirtschaften. Das außenwirtschaftliche Gleichgewicht als Grundlage der Weltwirtschaft werde im Zeitalter der Standortdiskussion vergessen. Und gerade mit den schärfsten Konkurrenten sieht die Bilanz gar nicht so schlecht aus, wie gern geklagt wird: »DM-mäßig«, so Lafontaine, verkaufe Deutschland mehr Autos nach Japan als umgekehrt. Die Handelsbilanz mit den asiatischen Tigern sei positiv.[110]

Indikatoren der Angebotsbedingungen der Unternehmen (in Prozent)

Jahr	Gewinn-Erlös-Relation	Kapitalrendite	Arbeitslosenquote	Steuerbelastung der Gewinne
1978	2,54	9,4	72,9	23,7
1987	4,13	9,0	72,6	16,3
1996	ca. 6,0	10,4 (1995)	71,1	12,3

Quelle: Sachverständigengutachten 1996/97[111]

Anke Fuchs, stellvertretende Fraktionsvorsitzende der SPD, hatte schon im April 1996 darauf hingewiesen: »Die eigentlichen Probleme werden ignoriert, und es ist der SPD bisher nicht gelungen, sie in das öffentliche Bewußtsein zu bringen.«[112] Das gilt bis heute. Deshalb noch einmal die Punkte, die Fuchs als die »wirklichen Probleme« bezeichnet hatte:

- Nicht die Lohnkosten erscheinen ihr als Problem, sondern die Wechselkurse. Alle Produktivitätsvorteile der deutschen Wirtschaft seien durch die regelmäßigen Aufwertungen der Mark verlorengegangen.
- Die nationalen Lohnerhöhungen nannte Fuchs »geradezu lächerlich«. Wenn man Lohnsteuer und Sozialversicherungsbeiträge abziehe, verdienten die Arbeiter in Luxemburg, Frankreich oder anderen Ländern erheblich mehr. Längst übe der deutsche Arbeitnehmer real einen Kaufkraftverzicht und leiste damit seinen Beitrag zu einem Bündnis für Arbeit.

- Multinationale Unternehmen hätten erhebliche Gelegenheiten, ihre Gewinne ins steuerfreundlichere Ausland zu transferieren. Aber auch die mittleren Unternehmen, die ihr Geld im Land versteuern müßten, hätten keinen Grund zur Klage. Im Gegensatz zu anderen Ländern werde die Aktie in der Bundesrepublik nicht mehr doppelt besteuert, Unternehmensgewinne unterlägen einer deutlich geringeren Körperschafts- und Einkommensbesteuerung als andere Einkunftsarten, Betriebsvermögen genieße bei der Erbschafts- und Vermögensteuer erhebliche Privilegien in Bezug auf Freibeträge und Bewertung.[113]

Der unnötige und verantwortungslose Krieg der Standorte setzt sich dennoch fort. Eine Spirale dreht sich, die abwärts führt. Verlieren werden am Ende alle Seiten. Sinkende Löhne und Steuern, die Unternehmen aus dem Ausland anlocken sollen, führen zu weniger Geld in den Taschen der Beschäftigten und damit zu weniger Binnennachfrage. Rezessionen sind unvermeidbar, die Arbeitslosenzahlen werden weiter steigen, ebenso die Staatsverschuldung. In der Folge ist der Staat nicht mehr in der Lage, seinen öffentlichen Verpflichtungen nachzukommen. Wenn kein Geld in der Kasse ist, können weder Straßen erhalten oder gar gebaut werden, noch Bibliotheken oder Schwimmbäder, Kultureinrichtungen, Kindergärten . . . Denn bei der Diskussion wird meist unterschlagen, daß die hohen Steuerlasten für eine außerordentlich gute Infrastruktur und sehr gut ausgebildete Arbeitnehmer sorgen, was wiederum den Unternehmen zugute kommt und als Standortvorteil zu Buche schlägt.

Horst Afheldt hat ein Bild entwickelt, das uns deutlich macht, warum es keinen Sinn macht, wenn alle sich nach der Decke strecken: »Das entspricht der Zehenspitzen-Gesellschaft der siebziger Jahre. Wer sich in einer Menge auf die Zehenspitzen stellt, wird besser gesehen. Wenn sich jedoch alle auf die Zehenspitzen stellen, wird niemand besser gesehen, es ist aber für alle ungleich anstrengender. Heute starten wir von der Zehenspitzen-Gesellschaft in die Hochhüpf-Gesellschaft. Aus Angst, auf dem Müll der Arbeitslosigkeit zu landen, hüpfen alle Leute ununterbrochen hoch. Das kann keine Gesellschaft ewig durchhalten.«[114]

3. Standortnachteil Managergehälter

Zwei Schlagzeilen des Sommers 1997 aus der Tageszeitung *Die Welt*: »Millionen Haushalte überschuldet« (15.7.1997), »Reiche werden immer reicher« (31.7.1997). 241 Milliarden Mark haben die Deutschen 1996 an Geldvermögen zugelegt, insgesamt sind es jetzt fünf Billionen Mark. 135.000 Mark hat nach Berechnungen des Deutschen Instituts für Wirtschaftsforschung jeder auf der hohen Kante – macht 5.800 Mark jährliches Einkommen daraus – durchschnittlich. Während die Nettolöhne um 2,2 Prozent zulegten, machte das Plus bei den entnommenen Gewinnen und Vermögenseinkommen 6,3 Prozent aus. Seit 1991 sind die Kapitaleinkommen um fast zwei Fünftel gestiegen, die Löhne um ein Zehntel. Das DIW diagnostiziert eine zunehmende Schieflage in der Einkommensverteilung. Bei den jährlichen Einkünften aus Vermögen stehen die Selbständigen mit durchschnittlich 20.100 Mark an der Spitze, auch die Bauern schneiden mit 10.600 Mark nicht schlecht ab. Pensionäre freuen sich immerhin noch über ein Zubrot von 7.300 Mark. Bei Arbeitern (3.100 Mark) und Arbeitslosen (1.100 Mark) könnte der Finanzminister dagegen nicht viel abholen.[115]

Gleichzeitig standen private Haushalte mit 400 Milliarden Mark in der Kreide, bei Immobilienkrediten darüber hinaus noch einmal mit 1,2 Billionen. Pro Bürger machte das 1996 statistisch gesehen 18.400 Mark. Verteilt auf die zwei Millionen tatsächlich verschuldeten Haushalte – eine Steigerung um 25 Prozent innerhalb eines Jahres – sieht diese Zahl viel dramatischer aus. Nahezu 650.000 Bundesbürger können ihren Verpflichtungen nicht oder nur eingeschränkt nachkommen. Die Schuldnerberatungsstellen sind überlastet.[116]

Der Anteil der Arbeit an der deutschen Wertschöpfung betrug 1995 nur noch 68,2 Prozent, 1975 waren es noch 75,2[117] und 1982 immerhin 72,5 Prozent.[118] Im Vergleich zum Wachstum des Bruttosozialprodukts blieben die Nettoeinkommen zwischen 1980 und 1992 zurück. Die Einkommen der Unternehmer dagegen überstiegen das BIP-Wachstum erheblich. Um knapp 90 Prozent legte das BIP zu, die Nettolöhne dagegen nur um 61 Prozent, die Nettoeinkommen aus Unternehmenstätigkeit und Vermögen dagegen um 142 Prozent.[119] Real allerdings ist bei den Löhnen seit 1980 ein Minus zu verzeichnen.[120] 1978 schufen Löhne und Gehälter noch 54 Prozent des verfügbaren Einkommens, der Rest entfiel je zur Hälfte auf Zinseinkünfte und Gewinnentnahmen sowie Renten und Sozialleistungen. Heute machen die Gehälter nur noch 45 Prozent aus, ein Drittel dagegen schon die Erträge aus Zinsen und Unternehmensgewinnen.[121]

Man kann es drehen und wenden, wie man will: Die Reichen werden auch in der Bundesrepublik immer reicher, die Armen immer ärmer. 23 der hundert reichsten Menschen der Welt sind Deutsche, aus dem übrigen EU-Raum oder aus Japan stammen je elf. Die 23 Deutschen besaßen 1994 zusammen deutlich mehr als 100 Milliarden Mark.[122] Die oberen zehn Prozent der Einkommensbezieher besitzen in der Bundesrepublik etwa 50 Prozent des Vermögens, die untere Hälfte nur 2,5 Prozent. Solche Zahlenspiele ließen sich beliebig fortsetzen, aber sie führten immer zum gleichen Ergebnis: »Die Vermögensverteilung der Bundesrepublik nähert sich der eines Entwicklungslandes.«[123]

Herbert Ehrenberg hat in einem verdienstvollen Buch »die große Standortlüge« entlarvt. Seit 15 Jahren bereits müssen die abhängig Beschäftigten Kürzungen ihrer Lohnzuwächse, ja sogar der Reallöhne hinnehmen. Daß das auch Einschränkungen beim Konsum und damit eine nachlassende oder rückläufige Nachfrage im Inland erzeugt, ist leicht nachvollziehbar. Wer nicht weiß, ob er im kommenden Jahr wieder so viel verdient wie im laufenden, ja, ob er überhaupt noch einen Arbeitsplatz haben wird, der kauft nicht auf Pump und verschiebt größere Investitionen lieber noch einmal. Vielleicht für immer. Seit Jahren gehen ganz folgerichtig die Umsätze im Einzelhandel zurück. Die deutsche Autoindustrie meldet ihre Umsatzsteigerungen im Ausland, nicht in der Republik. Ein Haus zu bauen trauen sich immer weniger. Denn eine vernünftige Lebensplanung ist den Menschen, die nicht wissen, wohin sie der Arbeitsmarkt morgen verschiebt, heute nicht mehr möglich.

Von den hohen Löhnen haben die glücklichen Arbeitsplatzbesitzer in Deutschland übrigens weniger als ihre Nachbarn: Die britische Unternehmensberatung Sedgwick Noble Lowndes hat errechnet, daß den Deutschen von einem Stundenlohn weniger übrig bleibt als den Luxemburgern, Österreichern, Iren, Briten, Belgiern und Spaniern in Europa. Auch die US-Amerikaner und die Japaner behalten mehr in der Tasche.[124]

Am meisten aber verdienen diejenigen, die jeden möglichen Arbeitsplatz streichen und bei den Löhnen um jeden Pfennig geizen: die Top-Manager. Allen anderen Europäern voran die Deutschen. Bei Unternehmen zwischen 100 und 500 Millionen Mark Umsatz, so errechnete die Kienbaum-Vergütungsberatung, dürfen sie sich über Jahresgehälter zwischen 390.000 und 525.000 Mark freuen. Ein Standortnachteil, der die Lohnstückkosten anhebt.[125]

Bruttogehälter von Geschäftsführern in Unternehmen mit 100 bis 500 Millionen Mark Umsatz (jährliches Grundgehalt inklusive Tantiemen oder Boni in TDM)

Deutschland	482
Österreich	437
Dänemark	404
Frankreich	398
Italien	396
Schweiz	329
Großbritannien	318
Spanien	285
Irland	274
Niederlande	266
Belgien	229

4. WAS IST EIN SOZIALER STAAT?

Die Manager der »Deutschland AG« haben sich auf den »Wettlauf der Besessenen«[126] eingelassen. Wie ein Unternehmen das andere, so will auch jeder Staat heute den anderen überrunden. Als hätten sie Scheuklappen angelegt, huldigen Kapital und Kabinett heute dem Fetisch Standort. Kein Blick geht nach rechts oder links, wie 100-Meter-Läufer starren die Sprinter auf die Bahn, die vor ihnen liegt, und man kann nur hoffen, daß sie rechtzeitig abbremsen, bevor sie gegen die Tribünenmauer rasen. Die Kosten nicht nur der Löhne, sie müßten runter, heißt es. Das ganze Sozialsystem wird überrannt.

Und tatsächlich scheinen die Bagger an diesem Flöz am produktivsten zu arbeiten. Das soziale Netz sei zu dicht, wird seit Jahren geklagt. Ein einfacher Arbeiter, so das populistische Argument, könne sich heute auf die faule Haut legen, ohne nennenswerte Einbußen bei seinen verfügbaren Geldmitteln zu haben. Die Sozialhilfe reiche an die niedrigen Lohngruppen heran. Das ist in Einzelfällen zutreffend. Allerdings liegt es nicht daran, daß die Sozialhilfe zu hoch angesetzt wäre, sondern die Löhne seit 1980 real nicht mehr gestiegen sind. Die Sozialhilfe aber, die sich an den Lebenshaltungskosten orientiert, hat sich wegen steigender Mieten, Lebensmittel- und Bahnpreisen, Wasser- und Heizkosten stetig erhöht. Der Schritt, der einer Senkung der Sozialhilfe folgen würde, ist heute schon klar: Runter mit den Löhnen. Dann wäre wieder die Sozialhilfe im Vergleich zu den Löhnen zu hoch. Eine weitere Spirale nach unten.

Horst Afheldt spricht schon heute vom »ehemaligen Sozialstaat«.[127] Er fordert mit dem Grundgesetz eine Sozialstaatlichkeit, die keinesfalls verlange, daß Reiche immer reicher, Arme immer ärmer werden, sondern abnehmende wirtschaftliche Ungleichheit. Gebe die Wirtschaftspolitik das nicht mehr her, müsse »nicht das Ziel Sozialstaat, sondern das Mittel Wirtschaftspolitik geändert werden«.[128] Hätte der Kanzler nicht Norbert Blüm an seiner Seite, kein Kabinettsmitglied dieser Regierung hätte dem Propagandafeldzug der Konzernzentralen ein Wort entgegengesetzt. Der Minister für Arbeit und Sozialordnung warnte die »neuen sozialpolitischen Rambos, die glauben, sie können Tabula rasa machen«.[129] Ein bißchen Sozialstaat sollte es denn doch noch sein.

Aber was ist ein sozialer Staat? Wenn jeder Mensch eine Wohnung hat, alle, die wollen, Bildung und eine Arbeit, und wenn für Krankheit und Alter vorgesorgt wird? Vielleicht. Jedenfalls ist das der verbliebene Rest eines schönen Traums. Doch heute sind die Grundlagen für ein würdiges Leben in Frage gestellt. Heute hat es gerade der Frontstaat Bundesrepublik nicht mehr nötig, den Brüdern im sozialistischen Osten zu zeigen, wie schön und angenehm es sich doch im Kapitalismus leben läßt. Im Gegenteil: In die Reformstaaten Osteuropas bringen auch deutsche Firmen zwar Arbeitsplätze, aber sie zeigen auch, daß sie nicht der Weihnachtsmann sind, sondern daß Profite im Kapitalismus tatsächlich auf Kosten der Beschäftigten gemacht werden. Das Sozialstaatsgebot würden die heutigen Verfassungsväter nicht mehr im Grundgesetz festschreiben, weil sie sehen, daß die aktuelle und sicher fortbestehende Konkurrenz um Arbeit die Jobsuchenden erpreßbar macht.

Jetzt gelten andere Regeln – die des Stärkeren. Über die Aufgaben des Staates scheint mittlerweile ein hoher Grad an Verwirrung zu herrschen. Als wäre die »Deutschland AG« eine Firma, wird das Land einer Effizienz-Überprüfung nach der anderen unterworfen. Daß in Behörden ineffizient gearbeitet wird, ist nicht der alleinige Grund, warum vom »Sanierungsfall Deutschland« gesprochen wird.[130]

Die permanente Diskussion suggeriert, daß die Ausgaben des Staates auf allen Ebenen nach Ertrag und Nutzen beurteilt werden könnten. Der bisherige Konsens, daß ein Staat auch Wohlfahrtsaufgaben hat, wird – ganz entsprechend der neoliberalen Ideologie – allmählich untergraben. Daß im Kapitalismus die Reichen die Armen ausbeuteten, ist für Milton Friedman – wir kommen nicht an ihm vorbei – ein »Mythos«. »Nichts könnte weiter von der Wahrheit entfernt sein«, behauptet er in »Chancen, die ich meine«. Das Gegenteil sei der Fall: »Wo auch immer der Mechanismus des freien Marktes wirksam werden konnte, wo auch immer etwas existiert hat, das der Chancengleichheit nahekommt, war es dem Durchschnittsbürger möglich, einen nie zuvor erträumten Lebensstandard zu erreichen.«[131] Trotz oder wegen der regulierenden staatlichen Eingriffe, ist man geneigt zu fragen, die an allen möglichen Stellen des Buches beklagt werden? Und in der Tat mag es dem Durchschnittsbürger im Kapitalismus, solange er nicht selber aussortiert wird, selbst dann noch gut zu gehen, wenn fünf, sechs, sieben, acht Millionen Menschen auf der Straße stehen. Trotz oder wegen der Sozialhilfe, die ein abhängig Beschäftigter aus seinen Steuern finanzieren muß, damit die Ausgegrenzten sich noch an die Regeln halten?

Friedmans Theorie hat sich auch in der Bundesrepublik durchgesetzt. Der Erosion des Sozialgedankens in den Köpfen des Volkes folgte die Umsetzung in der Praxis. Was mußten die Lohnabhängigen in den letzten 15 Jahren alles über sich ergehen lassen: Das Kurzarbeitergeld und die Lohnfortzahlung im Krankheitsfall wurden gekappt, ebenso das Übergangsgeld für Maßnahmen der beruflichen Rehabilitation. Ganz weggefallen ist inzwischen das Schlechtwettergeld, und wer arbeitslos wurde, bekommt heute statt 68 nur noch 67, ohne Kinder gar nur noch 60 Prozent des Nettolohnes. Arbeitslosenhilfe wurde von 58 auf 57 Prozent gekürzt, ohne Kinder auf 56 und schließlich auf 53 Prozent. Die Bemessungsgrundlage wird jedes Jahr um drei Prozent gekürzt, was die 1,5 Millionen Langzeitarbeitslosen trifft. Mehr als drei Viertel der Arbeitslosen im Westen erhalten weniger als 1.800 Mark Arbeitslosengeld, drei Viertel der Empfänger von Arbeitslosenhilfe sogar weniger als 1.200. Im Osten sieht's noch schlimmer aus: Nur fünf Prozent der Arbeitslosen kommen auf mehr als 1.800 Mark, 57,2 Prozent erhalten weniger als 1.200 Mark. 92 Prozent der Empfänger von Arbeitslosenhilfe hatten weniger als 1.200 Mark monatlich zur Verfügung.[132] Rentner zahlen heute Krankenversicherungsbeiträge, die Krankenkassen übernehmen immer weniger Leistungen, und das (ohnehin auf 70 Prozent gekürzte) Krankengeld wird längst um Beiträge zu Renten- und Arbeitslosenversicherung gekürzt (den Arbeitgeberanteil bezahlen die Krankenkassen!). Die Beiträge zu den Sozialkassen betragen bei Normalverdienern inzwischen 41 Prozent. 1980 reichten den Trägern noch 32 Prozent zur Versorgung der Rentner, Arbeitslosen und Kranken. »Alle Sparpakete«, urteilt deshalb Herbert Ehrenberg, »waren sozial ungerecht und hemmten das Wachstum.«[133]

Entlastet wurden die Unternehmer. Ertrags- und Vermögenssteuern wurden gesenkt, Abschreibungsmöglichkeiten erleichtert. Es folgten Senkungen der Gewerbesteuer, der betrieblichen Vermögensteuer und schließlich der Körperschaftsteuer. Sogar einen Feiertag bekamen sie geschenkt, der Buß- und Bettag ist jetzt Arbeitstag im Ausgleich für die Pflegeversicherung. Trotz dieses Liftingprogrammes für die Unternehmen blieb der Erfolg aus. Rekordverschuldung des Staates, Rekordarbeitslosigkeit. Um 89,4 Prozent wuchs zwischen 1980 und 1992 das Bruttosozialprodukt, die Nettolohn- und Gehaltssumme dagegen nur um 61,3 Prozent. Einkommen und Vermögen aus Unternehmertätigkeit nahmen dagegen um 142 Prozent zu. In den darauffolgenden vier Jahren wuchs das Bruttosozialprodukt um 13,2 Prozent, die Löhne und Gehälter um 7,5 brutto bzw. 4,3 Prozent netto, das Einkommen aus Unternehmertätigkeit dagegen um 22,7 (brutto) bzw. 30,7 Prozent netto. Gleichzeitig waren 1,6 Millionen Menschen weniger in Arbeit, die Zahl der Arbeitslosen stieg um rund eine Million plus 700.000 Vorruheständler. Die Arbeitnehmer haben demnach ihren Beitrag längst geleistet, während die versprochenen Arbeitsplätze ausblieben. Die Folgen lassen sich an den Defiziten in den Sozialkassen ablesen. Ehrenberg schließt deshalb zu Recht: »Nicht der Sozialstaat ist zu teuer, sondern die Arbeitslosigkeit.«[134]

5. Ist die Rente sicher?

Die Deutschen sterben aus, doch bevor es so weit kommt, müssen sie eine noch weit größere Angst ertragen: die Renten sinken. Wer soll den Alten ihren Lebensabend finanzieren, wenn keine Jungen da sind, die Beiträge zahlen? Diese Frage stellt nicht nur Norbert Blüm. 14 Millionen Menschen weniger wird die Bundesrepublik im Jahr 2030 haben, wenn die Entwicklung sich fortsetzt. Also Beiträge rauf, Renten runter? Wer 45 Jahre lang eingezahlt hat, der könnte im Ruhestand weniger Rente erhalten als der Bedarfssatz der Sozialhilfe für ein Ehepaar – falls Bonn seine Reform wie geplant umsetzt. Sollen wir vielleicht doch das ganze System abschaffen und durch private Vorsorge ersetzen, wie etwa Meinhard Miegel vom Bonner Institut für Wirtschaft und Gesellschaft predigt und worüber sich Versicherungslobbyisten wie Otto Graf Lambsdorff freuen würden? Heiner Geisler (CDU) ruft: »Ausländer rein!« und fordert eine durch Gesetze geregelte kontrollierte Einwanderung.[135] Aber bitte nur die Qualifizierten, denn schließlich wollen wir nicht zusätzliche Kostgänger in unserer Festung haben.

Alles unnötig, meint Horst Afheldt: Man müsse nur zwei, drei Generationen überstehen, dann sei das Gleichgewicht zwischen Alt und Jung wieder hergestellt. Darüber hinaus wäre Deutschland mit 14 Millionen Menschen weniger endlich nicht mehr so dicht bevölkert und in seiner Einwohnerzahl Polen oder Frankreich vergleichbar. Heute stünden 39 Millionen Menschen in Deutschland außerhalb des Arbeitsprozesses. 37 Millionen seien erwerbstätig. Ohne Einwanderung oder Babyboom wären im Jahr 2030 von den 65 Millionen in Deutschland lebenden Menschen 24 Millionen über 60, elf Millionen unter 20. 35 Millionen Menschen stünden demnach außerhalb des Arbeitsprozesses. Rund 30 Millionen werden im Erwerbsalter sein. Heute müssen also 37 Millionen Menschen 42,5 Millionen Nichterwerbstätige unterhalten, 2030 werden es nach dieser Rechnung 30 Millionen Menschen sein, die für 35 Millionen mit arbeiten. In beiden Fällen sei das Verhältnis 1: 1,15, versichert Afheldt. Reiche diese Zahl von Arbeitstätigen nicht aus, könne man immer noch die Pensionsgrenze anheben. Die Rechnung hat allerdings einen Haken: Bei weiterer Verdrängung von Arbeit durch Maschinen kann das derzeitige Beitragssystem die Mittel für die Renten tatsächlich nicht mehr beibringen. »Das Rentenproblem«, resümiert Afheldt, »ist ... nur die Folge der falschen Beitragserhebung und nicht der Überalterung der Bevölkerung.«[136]

6. Der Ausweg aus der Misere: Bürgergeld für alle

Bismarck ist schuld! Nein, die Sozialisten waren's natürlich gewesen, die den Eisernen dazu trieben, die Sozialversicherung einzuführen. Heute haben wir den Salat: Die Sozialsysteme sind todkrank. Der Monetarist und Prediger des Laissez-faire, Milton Friedman, wer sonst, sprach aus, was heutige Sozialabbaupolitiker in unruhigen Nächten möglicherweise träumen: »Die meisten gegenwärtigen Wohlfahrtsprogramme hätten nie eingeführt werden sollen.« Für ihn ist die Sozialversicherung das »Irreführendste, was Sie sich vorstellen können«. Nicht nur sei die Sozialversicherung in einer Marktwirtschaft kontraproduktiv. Darüber hinaus, so argumentiert Friedman mit dem ihm eigenen Zynismus, sei die Freiheit der Wohlfahrtsabhängigen »schrecklich beschränkt«. Ihr ganzes Leben sei durch die Wohlfahrtshelfer vollständig kontrolliert.[137] Armenfreund Friedman schüttet das Kind mit dem Bade aus. Denn die Kontrollen wurden ja eingeführt von mißtrauischen Leuten, die laut über den Mißbrauch von Sozialleistungen klagen. Deshalb ist die Freiheit der Sozialhilfeempfänger eingeschränkt, nicht wegen des Bestehens von Sozialhilfeeinrichtungen.

Mit den sich verändernden Produktionsbedingungen muß auch die Bundesrepublik umdenken, will sie ihrem Anspruch als »demokratischer und sozialer Bundesstaat« – immerhin als Grundrecht festgeschrieben – gerecht werden. Dabei hat sich das alte Sozialsystem durchaus bewährt. Heute aber belasten nicht nur zu viele Arbeitslose die geplagte Bundesanstalt für Arbeit, sondern auch zu viele Sozialhilfeempfänger die Kommunen. Und bei zu vielen Alten werden die Jüngeren vielleicht tatsächlich eine sichere Rente nicht garantieren können. Und dann noch die ganze Bürokratie! Unternehmer und Lohnabhängige klagen über steigende Abgaben, die Bonner Politik über leere Kassen. Doch der große Wurf bei der Reform der Sozialsysteme ist bis heute nicht gelungen. Stets ist der Stein den Reformern auf die Zehen gefallen. Dabei existieren durchaus seriöse Alternativen zum derzeitigen hoch differenzierten und komplizierten Sozialsystem. Ausgerechnet Milton Friedman, der staatliche Sozialversicherungen eigentlich ablehnt, erfand aus einem Zwang zum Kompromiß heraus eine vielversprechende Lösung: die negative Einkommensteuer. Wer über ein Grundeinkommen hinaus verdient, soll einen Teil des Einkommens behalten dürfen. Wenn ein Sozialhilfeampfänger nichts von seinem Einkommen behalten dürfe, werde einem das die Jobsuche vergällen, meint Friedman. »Tabula rasa« könne man ja leider nicht machen, da sich das ganze Sozialsystem wegen der über Jahrzehnte erworbenen Rechte nicht mit einem Schlag beseitigen lasse. Mit Einführung seiner Idee aber sollten die Sozialversicherungen langsam aufgelöst werden. So sollen die Bürger dazu gebracht werden, sich Schritt für Schritt selbst um ihre Vorsorge zu kümmern.[138]

Friedmans »große Lösung« wird in Deutschland heute immer mal wieder unter dem Stichwort Grundeinkommen diskutiert. Die Idee ist einfach: Jedem Bürger wird ein monatliches Einkommen vom Staat garantiert, sagen wir der Einfachheit

halber eintausend Mark. Das würde alle Arten von Sozialversicherung ersetzen und damit auch einen großen Teil des riesigen Beamtenapparates der Sozialversicherung überflüssig machen. Wer kein eigenes Einkommen hat, erhält diesen Satz aus den Steuereinnahmen des Landes. Von jeder Mark, die unser Musterfall dazu verdient, muß er die Hälfte ans Finanzamt oder Sozialamt abliefern. Heute wird einem Sozialhilfeempfänger fast jede zuverdiente Mark von der Sozialhilfe wieder abgezogen. Wer nach dem vorgeschlagenen Modell 500 Mark hinzu verdient, dem stehen nicht nur 1.000, sondern 1.250 Mark zur Verfügung. Wer 2.000 Mark verdient, der steht auf eigenen Beinen. Jede weitere verdiente Mark wird positiv versteuert.
Die Fragen drängen sich sofort auf: Ist das denn bezahlbar? Werden nicht künftig alle Faulenzer dieser Republik sich kollektiv in die Freizeitparks zurückziehen? Und was kostet das den ohnehin schon verschuldeten Staat? Aber auch: Könnte es nicht sein, daß die Löhne ins Rutschen kommen, weil die Unternehmer ihre regulären, fair bezahlten Arbeiter entlassen und die steuerfreien »Sozial«arbeiter zu niedrigen Löhnen einstellen. Das Deutsche Institut für Wirtschaftsforschung hat Kosten von 65 bis 173 Milliarden Mark errechnet, die das Wuppertal Institut für Klima, Umwelt, Energie im Zusammenhang mit einer ökologischen Steuerreform ausgleichen möchte. Sogar von möglichen Einsparungen für die Staatsfinanzen ist die Rede. Experimente in den USA hätten gezeigt, daß eine solche Grundsicherung nicht zu einem massiven Rückzug vom Arbeitsmarkt führte.[139] Rudolf Scharping (SPD) rechnet allenfalls mit einer Mehrbelastung von 1,5 Milliarden Mark, die durch Einsparungen in der Bürokratie aufzufangen sei. Für die soziale Grundsicherung »anstelle des Nebeneinanders von kleiner Rente, Sozialhilfe, Kleiderzuschuß, Wohngeld, Heizungsbeihilfe und anderem« seien dreißig verschiedene Behörden zuständig. »Der heutige unwürdige und teure Wust von Bürokratie muß

verschwinden.«[140] Die Richtung scheint damit zu stimmen, aber es wäre angesichts der großen Differenz bei den Schätzungen der Kosten angebracht, noch einmal nachzurechnen. Vielleicht kann die SPD ja einmal an ihren Versprechungen gemessen werden. In den USA fiel Friedmans Idee durch. Weder Nixons Familienhilfeplan noch McGoverns Demogrant-Plan fanden Zuspruch, obwohl die Experimente unterm Strich tatsächlich positive Ergebnisse gebracht hatten: Bei Familien mit einem Ernährer hatte die Maßnahme lediglich einen geringen Effekt auf die Leistungsbereitschaft. Nichtarbeitende Sozialhilfeempfänger dagegen zeigten deutlich mehr Motivation. Trotz dieser ermutigenden Ergebnisse aus einem Jahrzehnt Forschung war die Idee einer negativen Einkommensteuer in den USA mit Ronald Reagans Präsidentschaft und dessen »Spar«politik vollends erledigt.[141]

Eine 1994 von der deutschen Regierung eingesetzte Expertenkommission sieht das Bürgergeld nur dann als sinnvoll an, wenn gleichzeitig die Tarifverträge nach unten geöffnet werden. Nur mit niedriger Entlohnung könnten auch gering Qualifizierte wieder in den Arbeitsmarkt integriert werden.[142]

Was das eine mit dem anderen zu tun hat, bleibt das Geheimnis der Experten. Aber ihre Botschaft wurde gern aufgenommen. Unter dem Stichwort »Kombilohn« verkauft der aktuelle Präsident des BDA, Dieter Hundt, diese Idee immer wirksamer. Sogar *Der Spiegel* glaubt inzwischen, »auf diese Weise könnten neue Arbeitsplätze entstehen und Langzeitarbeitslose wieder ins Berufsleben integriert werden«. Die Löhne, so heißt es euphemistisch, müßten »stärker nach unten aufgefächert werden«. Niemand warnt inzwischen mehr, daß Hundts Kombilohn – der kein Bürgergeld, sondern eine Unternehmersubvention darstellt – als dauerhafte Lohnsubvention mißbraucht werden könnte. Der Blick ist von einem Dienstleistungsboom vernebelt, der durch Billigjobs erwartet wird. Bis zu sieben Millionen Arbeitsplätze sollen so entstehen.[143] Hätte man nicht das Beispiel der USA vor Augen, man wäre geneigt zu sagen: Laßt sie doch den Beweis antreten.

7. Gerechtigkeit? Die Christenunion und das Kirchenwort

Ungleichheiten sind nach John Rawl's »Theorie der Gerechtigkeit« nur dann gerechtfertigt, wenn sie die Aussichten der am wenigsten begünstigten oder am meisten benachteiligten Menschen oder sozialen Gruppen verbessern. In der Bundesrepublik galt diese Maxime in den ersten Jahrzehnten ihres Bestehens unausgesprochen. Die Schornsteine rauchten, die Fabrikherren strichen satte Gewinne ein, aber die Arbeiter verbesserten ihren Lebensstandard ebenfalls. Alle waren zufrieden. Rawls' herausragender Vertragsentwurf soll jedem Menschen maximale Freiheitsrechte bei dennoch vorhandener ökonomischer Gerechtigkeit sichern. An den Beginn seiner Abhandlung setzte Rawls einen programmatischen Satz: »Die Gerechtigkeit ist die erste Tugend sozialer Institutionen, so wie die Wahrheit bei Gedankensystemen.« Zwei Grundsätze der Gerechtigkeit hatte er formuliert: Jedermann müsse »gleiche Rechte auf das umfangreiche System aller Grundfreiheiten haben, das mit dem gleichen System für alle anderen verträglich ist«, zweitens seien soziale und wirtschaftliche Ungleichheiten so zu gestalten, »daß (a) vernünftigerweise zu erwarten ist, daß sie zu jedermanns Vorteil dienen, und (b) sie mit Positionen und Ämtern verbunden sind, die jedem offenstehen«.[144] Ungleichheiten sind nach Rawls nur dann gerechtfertigt, wenn sie auch die Aussichten der am wenigsten begünstigten oder am meisten benachteiligten Menschen oder sozialen Gruppen verbessern.[145]

Die Standort-Ideologie und die Zwänge des wieder erstarkten Liberalismus haben das Gesellschaftsziel der Gerechtigkeit aus der Diskussion vertrieben. Weil mit der Wirtschaft Gerechtigkeit heute nicht mehr zu machen ist, haben sich die Theoretiker des Sozialgedankens in den privaten Bereich zurückgezogen. Die Nachbarschaft soll bei den Kommunitariern richten, was zuvor abgerissen worden ist. In Deutschland aber erhielt Rawls jüngst überraschend neue Fürsprecher und das ausgerechnet bei den Kirchen.

In einem gemeinsamen Wort griffen die beiden Staatskirchen Rawl's Suche nach Gerechtigkeit auf. Doch nicht einmal sie vermochten die Neoliberalen und die Christen in der Union zur Umkehr zu bewegen. In einem gemeinsamen Wort »Für eine Zukunft in Solidarität und Gerechtigkeit« erklärten der Rat der Evangelischen Kirche in Deutschland und die Katholische Bischofskonferenz am 28. Februar 1997: »Manche würden der regulativen Idee der Gerechtigkeit gern den Abschied geben. Sie glauben fälschlich, ein Ausgleich der Interessen stelle sich in der freien Marktwirtschaft von selbst ein.« Das gemeinsame Kirchenwort hält an dem fest, was fünf Jahrzehnte erfolgreich praktiziert worden sei: die Soziale Marktwirtschaft. Ihre tragenden Säulen seien die Freiheit des Marktes und der soziale Ausgleich. Heute sei »die Gefahr groß, daß die Wettbewerbsfähigkeit auf Kosten der sozialen Sicherung gestärkt werden soll«. Als »Anwalt der Vernunft« wollten die Kirchen davor warnen, »den Pfeiler der sozialen Sicherung zu untergraben«. Gefordert sei dagegen eine Erneuerung der wirtschaftlichen Ordnung zu einer »sozial, ökologisch und global verpflichteten Marktwirtschaft«. Die Kirchen warnten eindringlich: »Wer die natürlichen Grundlagen des Lebens nicht bewahrt, zieht aller wirtschaftlichen Aktivität den Boden unter den Füßen weg. (...) Die Erwartung, eine Marktwirtschaft ohne solche Verpflichtung, eine gewissermaßen adjektivlose, reine

Marktwirtschaft, könne den Herausforderungen besser gerecht werden, ist ein Irrglaube.« Ausdrücklich erklären die Kirchen, Hinweise auf die USA »werfen Fragen der sozialen Gerechtigkeit auf«. Allerdings, meinen die Kirchen, könnte es sein, »daß unter veränderten Bedingungen nicht an allen Errungenschaften der Vergangenheit in ungeschmälerter Höhe festgehalten werden könne«. Der Sozialstaat dürfe aber keinesfalls »ausgehungert« werden und so sehr »abmagern«, daß er seine Aufgabe nur noch unzureichend erfüllen könne. Bezieher hoher Einkommen dürften nicht einseitig von ihren Beiträgen zum sozialen Ausgleich entlastet werden. Das gelte auch für Vermögen. Wenn diese für unantastbar erklärt würden, »dann ist die Sozialpflichtigkeit des Eigentums in einer wichtigen Beziehung drastisch eingeschränkt oder sogar aufgehoben«. Auch Reichtum müsse »Thema der politischen Debatte sein«. Die Kirchen sprachen sich ausdrücklich für eine »breitere Vermögensstreuung« aus.

Zum vielgebrauchten und mißbrauchten Schlagwort von der Subsidiarität, der Vorfahrt für die Eigenverantwortung, mahnten die Kirchen: »Bei der Subsidiarität geht es darum, die Einzelpersonen und die untergeordneten gesellschaftlichen Ebenen zu schützen und zu unterstützen, nicht jedoch, ihnen wachsende Risiken zuzuschieben. Subsidiarität und Solidarität, Subsidiarität und Sozialstaat gehören insofern zusammen. Subsidiarität heißt: zur Eigenverantwortung befähigen. Subsidiarität heißt nicht: den einzelnen mit seiner sozialen Sicherung allein lassen«.[146]

Zwei Wochen später lobte sich der Sozialminister der Christlich-Demokratischen Union selbst: Deutschland, so freute sich ein wetterwendischer Norbert Blüm, liege beim Sozialabbau im Vergleich mit den europäischen Partnerländern an der Spitze.[147] Der »Umbau des Sozialstaats«, es war damit endlich offen gesagt, ist ein Abbau.

V. Waigels Sparwahn

Die deutsche Schuldenuhr tickt. In der Adolfsallee 22 zu Wiesbaden, in der der Bund der Steuerzahler seinen Sitz hat, zeigt sie den aktuellen Schuldenstand der Republik an, der jede Sekunde um 3.171 Mark ansteigt. Jede Stunde sind das elf Millionen Mark. Im Dezember 1995 zeigte die erste Ziffer erstmals eine Zwei, das Soll der Deutschen überstieg erstmals die Grenze von zwei Billionen Mark. Irgendwann im Jahr 1998 wird für den Bruchteil einer Sekunde 13mal die Zwei aufleuchten: 2.222.222.222.222 Mark. Rund 140 Milliarden Mark müssen Bund, Länder und Gemeinden allein an jährlichen Zinsen aufbringen, täglich fast 400 Millionen Mark. Getilgt wird damit noch nicht. Werden die Deutschen diese Schulden jemals zurückzahlen können? Wohl nicht. Adam Smith, an den die neuen Wirtschaftsliberalen in Politik und Unternehmerschaft heute wieder glauben wie an einen Messias, schrieb 1776: »Wenn die öffentliche Schuld eine bestimmte Höhe überschritten hat, so gibt es, glaube ich, kein einziges Beispiel, wo es je gelungen wäre, sie auf gerechte Weise und vollständig zurückzuzahlen. Sofern es überhaupt gelang, die Staatsfinanzen wieder einigermaßen in Ordnung zu bringen, bediente man sich stets dazu des Bankrotts, den man bisweilen auch unverhohlen zugegeben hat; und selbst dort, wo häufig Rückzahlungen nominal geleistet wurden, blieb es in Wirklichkeit ein echter Bankrott.«[148]

Ist es ein Trost, daß die USA (64,1 Prozent des BIP) und Japan (88,8) noch höher verschuldet sind als die Bundesrepublik (rund 60)? Vielleicht zeigt ein Blick auf die Ursachen der Defizite Lösungswege auf. Mit 143 Milliarden Mark mußte der Staat 1995 der Bundesanstalt für Arbeit unter die Arme greifen. Das war mehr als die Neuverschuldung in diesem Jahr (129 Milliarden Mark). Kürzt der Staat in diesem Bereich – und das tat er –, dann verstärkt er das Problem, indem die Binnennachfrage weiter geschwächt wird, was zu neuer Arbeitslosigkeit führt. Aber wie sollen die Kosten der Arbeitslosigkeit aufgefangen werden?

Der Finanzminister der Republik hat einen eisernen Sparkurs verordnet. Aber nicht alle werden gleichermaßen geschröpft. Und manchmal wird an der falschen Stelle gespart.

1. Hochschulen: mehr Markt oder mehr Grips?

»Die Universität ist im Kern verrottet.« Dieter Simon, ehemaliger Vorsitzender des Wissenschaftsrates, Direktor des Max-Planck-Instituts (MPI) für Europäische Rechtsgeschichte und Präsident der Berlin-Brandenburgischen Akademie für Wissenschaften, wiederholt seinen Befund seit Jahren. Zu fett, zu lahm, zu unproduktiv. Der Hohenheimer Rechtsgelehrte Georg Turner benutzt ebenfalls drastische Worte: Die Verweigerungshaltung der Professoren bei Reformen sei »ein pseudo-gewerkschaftliches Gehabe von Dauerfunktionären, die vorgeben, der Wissenschaft zu dienen, in Wahrheit aber Privilegien einer Kaste verteidigen«. Dabei litten die Hochschulen an Ineffizienz, Überbürokratisierung und »der großen Zahl zum Teil nicht studierfähiger Kandidaten«. Es sei an der Zeit zu erkennen, zeigt er seinen Weg aus der Misere auf, daß die Hochschulen geführt werden müssen wie ein normales Unternehmen. Denn »zuviel Mitbestimmung aller Lehrenden und Lernenden lähmt die Effizienz«.[149]

Ein neuer Mief windet sich demnach durch die ehrwürdigen Hallen deutscher Hochschulen, nachdem der von tausend Jahren in den sechziger und siebziger Jahren ausgelüftet worden zu sein schien. Es riecht nach Versorgungseinrichtung. Der Marsch durch die Institutionen scheint müde gemacht zu haben. Wohlversorgt von der »alma mater« haben die Hochschullehrer die Lust an der Lehre in Massenseminaren verloren und lassen sich immer seltener an ihren Anstalten blicken. Die Studenten hingegen wollen sie nicht mehr verlassen aus Angst vor der Arbeitslosigkeit, die draußen wartet.

Unzählige Anläufe hat es in den vergangenen Jahren gegeben, den Hochschulen Dampf zu machen. Alle blieben sie irgendwann auf der Strecke. Die fünf »Forschungspäpste« der Bundesrepublik machten 1997 ihrer Empörung über die schleichenden Verhandlungen für ein neues Hochschulrahmengesetz Luft. In der Bundesrepublik marschierten derzeit »Staat und Wirtschaft Arm in Arm in die falsche Richtung«, beklagten sie. Statt weniger Investitionen in Forschung und Bildung erfordere die Schaffung neuen Wissens, der Zwang zu intelligenter Nutzung und schneller Anwendung mehr Mittel. »Statt dessen werden sie unter dem Diktat einer alle anderen Politikfelder dominierenden Fiskalpolitik weiter verringert.« Nur mit einer tiefgreifenden Reform könne sich Deutschland, »das ein Hochlohnland ist und bleiben wird«, im Wettbewerb auf innovativen Arbeitsfeldern behaupten. Dazu bedürfe es erstklassiger Universitäten mit einer veränderten Organisationsstruktur. Dazu müsse das föderale System mehr genutzt werden. Die Länder sollten »mehr als bisher« in einen »Wettbewerb zur Schaffung der besten Schulen und Hochschulen eintreten«. Sei ein Hochschulrahmengesetz (HRG) dazu nicht machbar, dann solle man es besser ganz streichen. »Besser kein HRG als ein Gesetz, das Innovation und Wettbewerb behindert!« Die Schließung mittelmäßiger Einrichtungen und die Aufgabe unproduktiver Standorte dürfe kein Tabu sein. Politik, die Forschung und Ausbildung keine Priorität einräume, verspiele die Wettbewerbsfähigkeit des Landes. »Sie nimmt der Jugend das Vertrauen in die Zukunft und den Mut zum vorausschauenden Handeln.« Schnelle Umkehr, so die fünf, tue not.[150]

2. Unternehmen Studium: Der Kunde ist König – wenn er bezahlt

Mehr Geld vom Staat wird also gefordert, aber ansonsten soll er sich raushalten; mehr Wettbewerb soll an den Hochschulen einkehren, aber der soll sich gefälligst am Nutzen für den Standort orientieren. Eine Reform des ganzen verrotteten Bildungswesens soll also her, das Haus sofort von Grund auf renoviert werden. Nach wessen Ideologie dabei verfahren werden soll, verwundert in diesen Zeiten nicht. Erstes Gebot: Her mit dem Markt, und alles wird gut! Du sollst nicht begehren kostenlose Bildung. Wer Bildung kaufen möchte, soll dafür bezahlen. So wollen es die Bildungstechnokraten und die Effizienzfetischisten.

Natürlich sei möglich, sagte ihr Oberlehrer schamlos, »daß in einigen öffentlichen Schulen nur noch der Abschaum zurückbleibt«. Den Markt-Darwinisten ist das egal. Wenn aber der private Markt die Führung übernehme, »würde die Qualität der gesamten Ausbildung steigen, so daß sich sogar die schlechteste Schule absolut verbessern würde«. Der Wettbewerb hebe die Leistungsbereitschaft auf beiden Seiten. »Wenn man weiß«, habe ihm einmal ein Student anvertraut, »daß jede Vorlesung fünfunddreißig Dollar kostet, und man sich überlegt, was man sich alles für fünfunddreißig Dollar kaufen könnte, sieht man schon zu, daß man auch in diese Vorlesung geht.«

Geld regiert und dereguliert in den USA auch die (Hoch-) Schulwelt. Damit's richtig effektiv wird, dürfen die Gebühren natürlich nicht zu knapp sein, denn sonst kommen junge Leute nur deshalb an die Hochschulen, »weil Wohnungen und Essen subventioniert sind«.[151] Diese radikalen Ansichten stammen erneut von Milton und Rose Friedman.

Das Bildungssystem allein auf Effizienz auszurichten, ist ein fataler Irrweg. Schon heute, meint der Jugendforscher Andreas Flitner, würden die Chancen junger Menschen in der Bundesrepublik von ihrer sozialen Herkunft geprägt. Zu viele würden ausgesperrt, was »in welcher Form auch immer, auf die Gesellschaft im Ganzen zurückschlagen wird«.[152] Die Zustände an zahlreichen Großstadtschulen der Bundesrepublik sind dabei, sich denen in den Armenvierteln der USA anzugleichen.

Natürlich, so betonen auch die Friedmans, sollen alle Frauen und Männer – unabhängig von gesellschaftlicher Stellung oder Einkommen der Eltern – studieren dürfen. Dafür empfehlen sie einen Kreditfonds, ähnlich dem rückzahlpflichtigen Bafög. Und so wird – zumal mit teuren Studiengebühren – die höhere Ausbildung »eine Kapitalinvestition in ein riskantes Unternehmen, vergleichbar etwa der Investition in ein neugegründetes kleines Geschäft«.[153]

Betrachtet man die sich verschlechternden Aussichten eines heutigen Absolventen auf dem Arbeitsmarkt, die Massenseminare in überfüllten Hörsälen, den Zustand der Bibliotheken, den Zwang zum Teilzeitstudium wegen der knappen Förderung und die damit verbundene längere Studiendauer, dann könnten Studiengebühren den gewünschten Zweck erreichen: Eine wachsende Zahl von Abiturienten entscheidet sich gegen ein Studium und für eine Lehre mit den leicht vorauszusehenden Folgen für diesen Markt. Das Verhältnis von 1,84 Millionen Studenten auf 900.000 Plätze an den 335 deutschen Hochschulen, davon 84 Universitäten, würde sich entscheidend verbessern. Das Lehrstellenloch allerdings auch weiter vergrößern. Dabei studieren heute ohnehin nur 2,2

Prozent der Deutschen, die damit an drittletzter Stelle in Westeuropa stehen. Nur Großbritannien und die Schweiz haben weniger Studenten.[154]

Schon geht Baden-Württemberg mit einer Strafgebühr gegen Studenten vor, denen es an der Universität zu lange gefällt. Berlin und Baden-Württemberg haben Verwaltungsgebühren eingeführt, zahlbar bei der Einschreibung und Rückmeldung. Doch die Mittel fließen nicht den Hochschulen, sondern dem allgemeinen Haushalt zu. Wäre dem nicht so, würden die Haushaltsansätze für die Hochschulen beim nächsten Etat gekürzt. Die Front der Gegner vereint allerdings Politiker aller Parteien: Die nordrhein-westfälische Wissenschaftsministerin Anke Brunn ist dagegen, sogar der bayerische Kultusminister Hans Zehetmair will sie nicht, ebenso die Hochschulrektorenkonferenz, der Wissenschaftsrat. Auch Bundesbildungsminister Jürgen Rüttgers will keine Gebühren, nicht einmal Strafgebühren für Langzeitstudenten. Ob's an der Sorge um den Verlust von Wählerstimmen liegt? Schließlich haben sich im Wintersemester 1997/98 auch die Studenten wieder einmal lautstark zu Wort gemeldet.

Was aber wichtiger ist: Würden geringere Studentenzahlen tatsächlich der Wettbewerbsfähigkeit der Bundesrepublik nützen? Im Gegenteil, meint die bildungspolitische Sprecherin der SPD, Edelgard Bulmahn. Die wachsende Inanspruchnahme der Hochschulen sei nicht nur »erfreulicher Ausdruck des wachsenden Bildungsbewußtseins«, sondern auch »ein entscheidender Beitrag zur Sicherung des Wirtschaftsstandortes Deutschland«. Nur eine gute Aus- und Fortbildung schaffe Sicherheit, in einer sich immer schneller ändernden Welt nicht den Anschluß zu verlieren. Deshalb hat sich die SPD gegen Studiengebühren ausgesprochen, die sozial Schwächere möglicherweise von den Hochschulen fernhielten. Wer glaube, 1.000 Mark pro Semester würden den Hochschulen Mehreinnahmen von mehr als drei

Milliarden Mark bescheren, der irre. Aus sozialen Gründen müßten die meisten Studenten befreit werden, der Verwaltungsaufwand wäre enorm. Steuerminderungen würden an anderer Stelle einen weiteren Teil der Gebühr auffressen.[155]

Wie sich Studenten, von denen die Mehrzahl schon heute jobbt, um sich den Lebensunterhalt verdienen zu können, zusätzlich noch Gebühren leisten können sollen, sagt niemand. Mit Ausnahme des unerschrockenen BDI in Gestalt seines Hauptgeschäftsführers Ludolf von Wartenberg: Bei 18.000 Mark, die ein Student heute jährlich den Steuerzahler koste, seien 2.000 bis 3.000 ein »relativ kleiner« Beitrag, der heute von den meisten Studenten oder deren Eltern auch finanziert werden könne.[156] Josef Joffe, Ressortleiter Ausland bei der *Süddeutschen Zeitung*, hat den originellen Gedanken aufgegriffen und ausgebaut: »1.000 Mark pro Semester. Das ist eine halbe Woche in Antalya, das ist fünf bis sieben mal Essen gehen zu zweit«, rechnet solch ein Spitzenverdiener. »Wer also sagt, daß sich eine Familie mit mittlerem Einkommen 2.000 Mark im Jahr nicht leisten kann, der sagt gleichzeitig, daß es ihr nicht zuzumuten sei, auf eine Woche Billig-Urlaub zu verzichten.«[157]

Und die Einkommen unterhalb der mittleren? Bevor Studiengebühren eingeführt werden, müßte zunächst das Bafög- und Stipendiensystem ausgebaut werden. Während in Holland 95 Prozent der Studenten staatlich unterstützt werden, sind es in Westdeutschland nur noch zehn (neue Bundesländer: 26,7%), meldet das Deutsche Studentenwerk.[158] Auch in den USA, die gern als Vorbild präsentiert werden, ist das Stipendiensystem erheblich breiter. Zwei Drittel der Harvard-Studenten erhalten eine Unterstützung. Und bezahlen eine Studiengebühr von fast 20.000 Dollar, eine Summe, mit der ein Großteil der Familien in den USA ein ganzes Jahr lang auskommen müssen. Dafür teilen sich nur zwölf Studenten einen Professor, 97 Prozent schließen ihr Studium auch nach vier Jahren ab.[159] Der Anteil der »Armen«

allerdings ist mit dem Abbau der Stipendien von 26 auf unter 20 Prozent gefallen.[160]

3. Die neuen Eliten: schneller auf den Markt

In der Bundesrepublik unternahm das Bundesland Sachsen den ersten Vorstoß gegen die Lähmung in Bonn: Die Hochschulen sollen sich die Hälfte ihrer Schäfchen selbst auswählen dürfen. Die Fachnoten des Abiturs, Tests oder Auswahlgespräche sollen entscheiden. Wer nach sechs Semestern keine Zwischenprüfung abgeschlossen habe, solle künftig verwiesen werden. Wissenschaftsminister Hans Joachim Meyer (CDU) beklagt, daß »die Stärkung des Wettbewerbsgedankens beim Hochschulzugang tabuisiert« werde.[161]

Den Worten waren auch Taten vorangegangen: Leipzig kürzte 1996 seinen Hochschulen 775 Stellen und eröffnete im selben Jahr die erste ostdeutsche private Handelshochschule. 25 Millionen Mark stellte das Land als zinslosen Kredit bereit. Aus 500 Interessenten wählten Professoren und Manager aus der Praxis 20 für den ersten Jahrgang aus, die ein wirtschaftswissenschaftliches Grundstudium mit überdurchschnittlichem Erfolg aufweisen mußten. 250 Studenten sollen es einmal sein, wenn alle vier Jahrgänge voll sind. 12.000 Mark muß jeder von ihnen für ein Jahr berappen. Wer qualifiziert ist, aber ohne reiche Eltern, kann befreit werden. Ein ganzer Jahrgang wird das sicher nicht sein, auch wenn die besten allesamt aus ärmeren Familien stammen sollten. Schließlich muß eine private Hochschule auch ans Überleben denken. Das Studium sei »eine Eliteausbildung«, gibt Gründer und Präsident (ehrenamtlich) Ludwig Trippen unumwunden zu.[162]

Auch der SPD-Querdenker Peter Glotz will an seiner entstehenden Universität in Erfurt die Elite haben: »Wir müssen die Besten bekommen.« Auch Glotz will seinen Schäfchen Studiengebühren von 1.000 Mark pro Semester zumuten. Einen Bachelor oder den strikt praxisorientierten Master of Business Administration (MBA) will Glotz einführen und die Möglichkeit, ohne Magisterprüfung direkt zu promovieren.[163] Auch die Grünen haben sich in der Hochschulpolitik auf die Seite der Deregulierer geschlagen. Mehr Wettbewerb wollen sie durch »Studiengänge mit sechs, acht oder zwölf Semestern Dauer« anbieten. Damit könne »ein freier Markt entstehen, der durch Angebot und Nachfrage bestimmt ist«.[164]

Schneller studieren, schneller auf den Arbeitsmarkt, so soll es werden. Doch nicht nur der ehemalige Präsident des Deutschen Hochschulverbandes, Hartmut Schiedermair, befürchtet, daß mit solchen Kurzstudiengängen die Qualität der deutschen Universitäten aufgeweicht wird. Ralf Dahrendorf hat weitere Einwände: »Ich glaube nicht, daß Engländer oder Amerikaner gut ausgebildet sind, weil sie Dreijahresstudiengänge haben.« Allerdings scheint ein MBA aus Oxford hervorragende Vorschußlorbeeren mitzubringen. Dahrendorf hat beobachtet, daß der Absolvent eines dreijährigen Studiums in Oxford selbst im Vergleich mit einem Diplomvolkswirts aus Berlin in vielen Institutionen außerhalb des Öffentlichen Dienstes bevorzugt werde, »nicht zuletzt, weil er bis zu fünf Jahre jünger ist als der andere«.[165]

Statt offener Hochschulen – den Öffnungsbeschluß der siebziger Jahre bezeichnet der Präsident der Münchner Technischen Universität, Wolfgang A. Herrmann, heute als »unselig«[166] – sollen wieder Eliten geschaffen werden. Das demokratische und der Demokratie förderliche Konzept, möglichst vielen Menschen eine gute Ausbildung zu geben, wird aufgegeben. Den wenigen alles, den vielen einen immer kleiner werdenden Rest. Doch Demokratie ist nicht umsonst zu haben, sie erfordert Fähigkeiten zu Auseinandersetzung und Durchsetzung der besten Ideen von allen. Die Politik aber denkt zur Zeit in Sparkategorien.

Der Markt droht so nun auch die Hochschulen zu erobern, ganz folgerichtig, denn der weltweiten radikalen Liberalisierung entkommt kein Segment der Gesellschaft. Ein etwas pervertierter Begriff vom Markt, denn erstens sucht sich der Käufer in der Regel seinen Anbieter aus und nicht umgekehrt, und zweitens würde ein funktionierender Markt sich bemühen, der Nachfrage gerecht zu werden und anständige Studienbedingungen zu schaffen. (Das könnte er allerdings wirklich nur, wenn die Kunden seine Leistungen auch finanziell honorierten.)

Damit die Studenten wissen, wem sie ihr Geld geben und wie angesehen ihr Abschluß einmal sein wird, hat sich auch der Bundesbildungsminister ein bekanntes Rezept zu eigen gemacht: Er will mehr Wettbewerb und Leistungskontrollen einführen. Und natürlich mehr Praxisbezug. So steht's im neuen Hochschulrahmengesetz, das im Herbst 1997 doch noch vom Kabinett abgesegnet werden konnte. Nichts Neues beim Neuen.

Auch der Präsident der Hochschulrektorenkonferenz, Klaus Landfried, befürwortet solche Rankings. In den USA ist's schließlich lange Brauch, die Ranglisten werden sehr beachtet. Die Höhe der eingeworbenen Drittmittel, die Zahl der Promotionen, die Quote der Abbrecher oder der Absolventen innerhalb der Regelstudienzeit und Urteile der Studenten oder Kollegen über ihre Professoren sollen Auskunft geben, wie gut oder schlecht die hohen Ausbildungsanstalten arbeiten. »Es ist die Aufgabe von Hochschulen, ihre Leistungen und ihren Aufwand transparent zu machen«, bricht Landfried frühzeitig eventuellen Widerstand. Einer »provinziellen Bildungspolitik« will er darüber hinaus mit modernen Management-Methoden an den Hochschulen die Richtung weisen.[167]

Dennoch sind solche »Bundesligatabellen« zwiespältig. Bei den Rankings, die *Der Spiegel, Stern* oder *Forbes* und andere Zeitschriften erstellten, landete die Freie Universität zu Berlin auf den Plätzen 43, 18, 39, 11 und 23. Bonns Universität kam auf die Position 42, 3, 15, 49 und nochmals 3. George Turner warnt: »Falsch ist es, aus solchen Zahlen Aussagen über Hochschulen als Ganzes zu treffen.« Es sei nicht klar, welche Kriterien wie gewichtet werden sollen. Deshalb seien die Ergebnisse der Rangfolgen »widersprüchlich und heben sich damit auf.«[168]

Als wäre der Output einer Hochschule in konkreten (Geld-)Summen meßbar, hatte sich noch jeder, der dieses undankbare Ministeramt verwaltete, an einer derart wettbewerbsorientierten Hochschulreform abgearbeitet. Doch jetzt, da sich der Neoliberalismus auch in Deutschland endgültig auf allen Ebenen breitgemacht hat, weht das Lüftchen der Globalisierungszwänge auch unter die Talare. Rüttgers gelang es deshalb, einen breiten Konsens mit den Ländern und den meisten Standesorganisationen der Hochschulen zu finden. Sein neues Hochschulrahmengesetz ist zwar ein Kompromiß, aber er zielt in die vermeintlich richtige, in die neue Richtung.

Der Entwurf des Hochschulrahmengesetzes, am 19. August 1997 vom Minister präsentiert, sah vor: Mehr Autonomie für die Hochschulen, etwa bei der Auswahl der Studenten, feste Regelstudienzeiten sowie eine zwingende Zwischenprüfung. Während auch die Länder am Kompromiß mitwirkten, nannte der Präsident des Hochschulverbandes den Entwurf ein »armseliges Produkt«, das den Namen Hochschulreform nicht verdiene. Die Länder könnten nun mit ihren Studenten beliebig experimentieren, die Einheit der deutschen Universität zerschlagen. BDI-Chef Henkel dagegen freute sich. In »unserem pseudo-föderalen System« werde bei den Hochschulen eine »Neuordnung der Verantwortlichkeiten« angestrebt, die dem Subsidiaritätsprinzip entsprechend »möglichst nahe an den Ort des Geschehens verlagert« würde.[169] So wie sich Henkel freut, kann mit Fug und Recht gesagt werden: Wissenschaft ist heute das, was der Wirtschaft nützt.

Was der Wirtschaft nichts nützt, jedenfalls zur Zeit nicht, sind alle Fakultäten, die sich unter dem Label Geisteswissenschaften tummeln. Folgerichtig soll deshalb etwa in München der Lehrstuhl für Philosophie der Renaissance abgewickelt werden. Wer braucht das schon auf dem Weltmarkt? Auch Drittmittel wirbt solch ein Lehrstuhl kaum ein. Und welches Kriterium sonst könnte in diesen Zeiten noch für solch eine Einrichtung sprechen? Den Marktfetischisten fällt offenbar keines ein. Die eingesparten Mittel werden anderweitig dringender gebraucht, lag doch der Etatansatz für das Bundesministerium für Bildung, Wissenschaft, Forschung und Technologie 1997 erneut um 4,5 Prozent oder 700 Millionen Mark unter dem des Vorjahrs. Und auch die Länder sparen.

4. Bildungsinvestitionen: weniger als Korea

Staatsausgaben für Bildung sind Investitionen in die Zukunft. Gerade auf die geringer Verdienenden wird der Druck weiter wachsen. Verhindern kann dies nur staatlich forcierte Bildungspolitik, zu der auch Fortbildungsmaßnahmen für Arbeitslose und die Bereitschaft zum lebenslangen Lernen gehören. In der wissenschaftlichen Weiterbildung Berufstätiger könnten den Hochschulen sogar neue Aufgaben erwachsen – und damit noch mehr Studenten. Ein allgemein höheres Bildungsniveau ist weder der Demokratie noch der Gesellschaft abträglich. Was schadet es einem Taxifahrer, wenn er ein paar Fremdsprachen gelernt hat, einem Polizisten bei einem eskalierenden Einsatz, wenn er einmal ein paar Semester Psychologie oder Sozialpädagogik genossen hat? Im letzten Fall könnten sich die Kosten sogar wieder amortisieren. In Japan haben fast alle Automobilbauer Oberschulabschluß.

»Eine Kürzung der staatlichen Ausgaben im Forschungs-

und Bildungsbereich, die im wesentlichen Investitionen in die technologische Leistungsfähigkeit und in das Humankapital sind, ist daher die falsche Antwort auf die Herausforderungen der Globalisierung«, urteilt das DIW. »Dies gilt insbesondere auch deshalb, weil ein Teil des hohen Realeinkommens in den Industrieländern auf Innovationsrenten zurückzuführen ist, die verloren gehen, wenn sich das Innovationstempo im Vergleich zu den aufholenden Ländern verlangsamt.«[170]

15 Milliarden darf der Bundesbildungsminister im Jahr 1997 noch verteilen, real 15 Prozent weniger als 1982. Das sind noch ganze 3,2 Prozent des Haushalts gegenüber 4,7 zur Zeit des letzten Regierungswechsels. Ganze 150 Mark pro Jahr bringt jeder Bundesbürger noch für die Lernenden und Forschenden auf, damals waren es noch 233. Auch 1998 gehen die Bundesmittel für Bildung und Forschung real zurück. Bis zum Jahr 2001 soll der Bonner Bildungsetat weiter auf 14,36 Milliarden reduziert werden. »Unzureichende Investitionen in Bildung und Forschung«, rügt Edelgard Bulmahn, »sind Raubbau an der Zukunft der nachwachsenden Generation und stellen einen Bruch des Generationenvertrages dar.« Ohne ausreichende Finanzierung werde man die Hochschulen »nicht fit machen können für das kommende Jahrhundert«.[171]

Nur noch jede 20. Mark aus den Haushalten der Hochschulen kommt aus dem Bonner Bildungsministerium. Auch die Beiträge der Länder, der größte Teil der Finanzquelle der Hochschulen, geht zurück. Hans-Uwe Erichsen, inzwischen ausgeschiedener Präsident der Hochschulrektorenkonferenz: »Alle sich bietenden Tricks werden von den Länderfinanzministern genutzt, um den tatsächlichen Rückgang der Hochschulfinanzen zu verschleiern.«[172] Rund zwei Milliarden Mark weniger stellten Bund und Länder 1996 den Hochschulen zur Verfügung. Berlin kürzt bis zum Jahr 2003 mehr als 1.000 Stellen, Hamburg streicht jede zweite, Mecklenburg-Vorpommern zwei von drei frei werdenden Stellen. Die Chance für tabula rasa ist günstig, denn bis 2005 scheidet die Hälfte der Hochschullehrer altersbedingt aus. Japan dagegen hat angekündigt, seine Ausgaben für Forschung und Entwicklung (FuE) bis zum Jahr 2000 zu verdoppeln. Die USA sahen eine 20prozentige Steigerung vor. Statt mehr Geld bekommen die Hochschulen der Bundesrepublik mehr Wettbewerb verordnet, die neue Autonomie heißt vor allem, Mangel und Überlast zu verwalten.

4,8 bis 7,8 Prozent des BIP geben die Staaten der OECD für Bildung insgesamt (Kindergärten, Schulen, Hochschulen, Förderungsmaßnahmen und sonstiges Bildungswesen, Ausgaben der Wirtschaft und des Öffentlichen Dienstes für Lehrlingsausbildung sowie die Ausgaben der Bundesanstalt für Arbeit für die berufliche Bildung) aus, die Bundesrepublik liegt mit 5,9 Prozent oder 200 Milliarden Mark »nur am unteren Rand des Mittelfeldes«.[173]

Der Präsident der Hamburger Universität, Jürgen Lüthje, verweist darauf, daß seit 1978 der Anteil der Hochschulausgaben am Bruttoinlandsprodukt um ein Drittel gesunken sei, der Anteil an den öffentlichen Ausgaben um ein Viertel. Gleichzeitig sei die Zahl der akademischen Abschlüsse ständig gestiegen. »Zwischen wachsendem Bildungswillen und öffentlicher Bildungsfinanzierung klafft also eine immer größere Lücke.«[174]

Deutschland ist mit seinen Ausgaben für Bildung und Forschung auf den achten Platz zurückgefallen, klagt die bildungs- und forschungspolitische Sprecherin der SPD, Edelgard Bulmahn, »hinter Japan, USA, Schweden, Schweiz und neuerdings Frankreich, Finnland und gar Korea«.

Das DIW schließlich merkt an: »In Deutschland werden die Bildungsausgaben – insbesondere im Hochschulbereich – seit Beginn der achtziger Jahre nicht ausreichend erhöht, um dem größeren Ausbildungsbedarf Rechnung zu tragen.« Diese Ausgaben müßten in den nächsten Jahren »zu Lasten von strukturkonservierenden Subventionen wieder deutlich zunehmen«. Auch ein höheres Staatsdefizit sei akzeptabel, »wenn damit zusätzliche Ausgaben für FuE, Bildung, Ausbildung und Weiterbildung finanziert werden«.[175]

Der Journalist Rainer Stephan nannte in der *Süddeutschen Zeitung* einen Ausweg aus der Misere. Wenn der gesellschaftliche Anspruch an eine wissenschaftliche Bildung und die Bedürfnisse der Industrie überhaupt nicht zusammengingen, dann müsse eben ein »Sündenfall der Bildungspolitik« rückgängig gemacht werden: die »Gleichschaltung von Universitäten und Technischen Hochschulen«. Stephan fragt: »Warum sollten diese nicht offen dem Zugriff der Wirtschaft überlassen werden, in dem sie sich bereits heute dank Drittmittelförderungen und Forschungstransfer mehr oder weniger verdeckt befinden? Und warum sollten jene nicht, befreit von allem Effizienzgeschrei, wieder in Ruhe den Professoren und Studenten überlassen werden, die mit Karl Krauss offensiv dafür halten, ›daß Bildung der Inbegriff dessen ist, was man vergessen hat‹?« Der Zustrom zu den Unis würde sich, glaubt Stephan, bald in überschaubaren Grenzen halten, weil mit ihrem Studium nicht mehr viel Geld zu verdienen wäre. Die Wirtschaftshochschüler müßten sich den Interessen der Wirtschaft anpassen. Süffisant fragt Stephan zum Schluß: »Die Antwort auf die Frage, wo dann die Elite zu finden sei, könnte man getrost dem Weltgeist überlassen.«[176]

5. Ausländer raus: In der Provinz sind Deutsche unter sich

Daß das Gegenteil von offenen Hochschulen nicht geschlossene Anstalten sind, hat Bundesinnenminister Manfred Kanther offenbar nicht erkannt. Keine 100.000 ausländische Studenten haben sich an deutsche Hochschulen verirrt. Damit sind die deutschen höheren Bildungsanstalten nahezu ausländerfrei. Dem Bundesinnenminister ist das nicht genug. Ein Entwurf für neue Verwaltungsvorschriften zum Ausländerrecht vom August 1997 sah vor, daß künftig die Ausländerbehörden mitentscheiden sollen, ob ein Bewerber akademisch qualifiziert ist. Manfred Kanthers Ordnungssucht zeigt, wie wichtig Bildung und Forschung der Union wirklich sind: Ferner liefen ... Die Provinz regiert, jedenfalls im Innenministerium. Zweitstudien und Promotionen für Nicht-EU-Ausländer würden erschwert, setzten sich Kanthers fixe Ideen durch. Ein Stipendiat aus Indonesien oder einem der Tigerstaaten dürfte weder von Frau noch Kindern begleitet werden.

Das Ministerium für wirtschaftliche Zusammenarbeit, das qua Auftrag gezwungen ist, über den Tellerrand hinauszublicken, kündigte an, bei Umsetzung der Pläne Kanthers müsse es Förderungsprojekte für Studenten aus Entwicklungsländern einstellen. Der Deutsche Akademische Austauschdienst lehnte den Entwurf ab. »Wenn es neue Vorschriften gibt«, hieß es aus dem Bundesministerium für Bildung, Wissenschaft, Forschung und Technologie, »dann müssen sie liberaler werden und nicht strikter.« Daß ausländische Studenten später als Manager in ihrer Heimat wichtige Partner für die deutsche Wirtschaft werden könnten, nicht einmal so weit reicht offenbar der Horizont der Law-and-order-Politiker der Union.[177]

6. Forschung: weißer Fleck auf der Landkarte

Hans Zacher, der frühere Präsident der Max-Planck-Gesellschaft (MPG), schlug in seinen letzten Amtstagen noch einmal Alarm: Nur noch fünf bis zehn Neuanmeldungen hätten einige

Fakultäten in den naturwissenschaftlichen Kernfächern Chemie und Physik. »Das ist eine Bedrohung«, klagte er 1995 auf der Hauptversammlung seiner Einrichtung. Angesichts der Sparmaßnahmen der Regierung wagte es auch der damalige Präsident der Deutschen Forschungsgemeinschaft (DFG), Wolfgang Frühwald, nicht mehr, »jungen Menschen zu einem Studium von ›Zukunftsberufen‹ zu raten«. 45.000 Ingenieure seien arbeitslos, Tausende Biologinnen und Biologen, von denen die Besten sich Richtung Ausland orientierten. Wer aber auch in Zukunft Wissensinnovation in Produktinnovation umwandeln wolle, müsse fiskalischen Mut beweisen und »antizyklisch« handeln. Investieren jetzt, die Früchte ernten in zehn Jahren – trotz der knappen Kassen.[178] Oskar Lafontaine mahnt: »Nicht die Buchhalter und Kostensenker haben die Weltmärkte erobert, sondern die Forscher und Innovateure.«[179]

In den Zukunftstechnologien, so jene, die überall vorn dabei sein wollen, sei Deutschland längst unterklassig. Die Zahl der Patentanmeldungen stagniert, während sie in Japan oder den USA drastisch zunimmt, meldet Erich Häuser, Präsident des Deutschen Patentamtes. Die deutsche Chemieindustrie etwa ist bei der Erforschung neuer Werkstoffe und bei der Biotechnik zu spät dran. Auch in der Mikroelektronik und den Kommunikationstechnologien ist Deutschland unterrepräsentiert. Es mangelt den Managern offenbar am langen Atem, der japanische Industrielle mit ausgeprägterem strategischen Denken auszeichnet.[180] Stillstand aber ist Rückschritt, es genügt nicht, das Vorhandene zu erhalten. Die Folgen der Versäumnisse der Unternehmen tragen vor allem die Arbeitslosen, die auch entstehen, weil »es deutschen Unternehmen nicht gelang, in die neuen hochproduktiven Branchen mit starkem Wachstum einzusteigen«.[181]

Hans Zacher beklagte zudem immer wieder die Einschnürung des Freiraums der Forschung in Deutschland. Insbesondere hob Zacher auf Behinderungen in Gentechnik, bei Tierversuchen, durch den Datenschutz und den Naturschutz sowie durch technische Sicherheitsaufwendungen ab. Innerhalb der EU orientiere sich Forschungspolitik immer mehr an wissenschaftsfremden Zielen. Der industrielle Nutzen sei zunehmend gefragt, sagte Zacher auf der Hauptversammlung der MPG. »Die Forschung wird, ihrem Wesen zuwider, in immer stärkerem Maße nicht von den Erkenntnissen an sich, sondern allein vom Ergebnis her wahrgenommen und bewertet.« Die Unlust des Nachwuchses liege daran, daß die Industrieforschung im Begriff sei, aus Deutschland auszuwandern. Beim Chemie- und Pharmakonzern Hoechst in Frankfurt etwa fließen schon 60 von 100 Mark für Forschung und Entwicklung ins Ausland. 40 Prozent der Industrieforschung seien in den vergangenen drei Jahren ins Ausland verlagert worden, viele Wissenschaftsfelder in eine »Grauzone« gerutscht.[182]

Das Argument von der Auswanderung von Forschung hat einen merkwürdigen Beigeschmack, der entweder Nationalismus oder die Sorge um die eigenen Futtertröge ausdrückt. Denn Forschung, die immer teurer und deshalb für Firmen und auch einzelne Staaten zunehmend unbezahlbar wird, folgt lediglich der Produktion. In Relation zum Außenhandel sind die deutschen Direktinvestitionen im Vergleich zu den USA, Großbritannien und Frankreich sogar gering. Forschung und Entwicklung muß aber, will sie auch wirtschaftlich erfolgreich sein, im Ausland stattfinden. Erstens ist es effizienter, innerhalb eines Konzerns Kompetenzzentren für bestimmte Forschungsbereiche zu haben, als überall ein bißchen zu forschen. Zweitens müssen die Unternehmen dahin gehen, wo die Forschung am weitesten ist und am intensivsten betrieben wird. Auf einem anderen Gebiet mag Deutschland weltweites Zentrum und Spitzenreiter werden. Zu erwarten ist, daß sich die Anstrengungen deutscher Unternehmen bei ihren »Filialen« im Ausland weiter verstärken werden. Warum soll ausgerechnet diese Form der Globalisierung plötzlich bedauert werden?

Rund 8,8 Milliarden Mark gaben die Tochterunternehmen deutscher Mütter 1995 im Ausland für Forschung und Entwicklung aus, davon 95 Prozent im verarbeitenden Gewerbe. Mehr als die Hälfte davon fällt auf Chemie- und Pharmaindustrie. Bevorzugtes Forschungsland sind die USA. Siemens ist dort der deutsche Investor mit den meisten Forschungszentren (24), gefolgt von den Chemieriesen Bayer (13), BASF (12) und Hoechst (10). Die Schweiz und Großbritannien sind dort allerdings erheblich breiter vertreten. Auch in Japan forschen deutsche Unternehmen bisher wenig.

So wie deutsche Firmen ihre Entwicklungsabteilungen ins Ausland »verlagern«, so sehen US-amerikanische und japanische Firmen Deutschland noch immer als starken Forschungsstandort. Gut 3.000 Industrieunternehmen mit erheblicher ausländischer Beteiligung (mehr als 20 Prozent) – vorwiegend aus den USA und Ländern der EU – beschäftigen hier etwa eine Million Menschen. Etwa 42.500 forschen und entwickeln, wofür die Unternehmen 9,6 Milliarden Mark aufwenden – deutlich mehr als umgekehrt. Für US-Unternehmen ist die Bundesrepublik noch immer wichtigster FuE-Standort – trotz hoher Zuwachsraten in Japan.[183] So investierten die Tochterunternehmen von US-Firmen noch immer ein Viertel ihrer ausländischen FuE-Aufwendungen in Deutschland. Für EU-Länder ist die Bundesrepublik am zweitattraktivsten hinter Großbritannien.[184]

Was ausländische Investoren sehr wohl abschrecken könnte, ist eine merkwürdige Art von Diskriminierung. Unternehmen mit ausländischer Mehrheitsbeteiligung und weniger als 1.000 Beschäftigten werden nach Auswertungen des Mannheimer Innovationspanels bei der Vergabe staatlicher Förderprogramme gegenüber deutschen Firmen benachteiligt. »Sollten die Ursachen für die geringere Teilnahme ausländischer Unternehmen an ihrer Diskriminierung in der staatlichen FuE-Förderung liegen, ist diese so schnell wie möglich zu beseitigen.«[185]

Also alles in Ordnung? Mitnichten, meint Hans Zacher, denn in den Zukunftstechnologien laufe Deutschland hinterher. In der Gentechnik sei Deutschland sogar zu einem »weißen Fleck auf der internationalen Landkarte geworden«.[186]

Wäre das doch schon bei anderen Forschungsprojekten so gewesen, mag man hinzufügen. Rückblickend kann gesagt werden, daß die Konzentration auf Kernenergie nicht nur ein teurer Irrweg war, sondern daß darüber hinaus die Entwicklung alternativer Energieformen verschlafen wurde. Heute beklagen sich die Pharmaunternehmen und Politiker, vornehmlich der christlichen Parteien, daß Deutschland und Europa dabei seien, den Anschluß in der Biotechnologie zu verpassen. Gefahren sehen sie nicht.

In den Science-fiction-Filmen der Gegenwart dagegen ist der nächste (Alp-)Traum schon wahr geworden. Sie bestimmen unser Bild von diesem Bereich der Gentechnik. Der Filmkritiker Georg Seeßlen schreibt: »Das Schaffen eines künstlichen Menschen kann in unserer christlichen Kultur nichts anderes als eine Gotteslästerung sein.« Daß *Der Spiegel* auf seinem Titel zum Thema Klonen Helmut Kohl und Adolf Hitler, aber auch Claudia Schiffer abbildete, zeuge vom Widerspruch zwischen Bedrohung und Nutzen, Angst und Lust, die von der Zukunftsaussicht auf geklonte Menschen ausgehe. Beherrscht er uns oder wir ihn? In den einschlägigen Filmen, etwa Blade Runner, seien die Replikanten nicht nur Auslöser, sondern Subjekt der Tragödie. Irgendwie hat Seeßlen den Eindruck, würden immer die Falschen geklont, die Bösen. Seine Warnung: »Mit den Klons kommen, in der Regel, die Tränen.«[187]

Erfreulicherweise hat tatsächlich ein Wandel im Verantwortungsbewußtsein der deutschen Bevölkerung stattgefunden. Der Preis für diese Wachsamkeit sind langwierigere Genehmigungsverfahren und Verbote auf Forschungsfeldern, auf denen die internationale Konkurrenz bedenkenloser voranschreitet. Der Bundespräsident hat deshalb in seiner Berliner Rede die »Scheinsachverständigen mit Doktortiteln« heftig gerügt, die in Deutschland den Innovationsprozeß durch ihre Bedenken bremsten. In einem offenen Brief schlug die Vereinigung Deutscher Wissenschaftler e.V., unter ihnen der Präsident Hans-Peter Dürr, zurück: »Wollen Sie uns Wissenschaftlern ernsthaft nahelegen, unsere Bedenken in Bezug auf Kernkraft, Gentechnik und Digitalisierung zu verschweigen? Sollen wir diese und andere, in ihren Auswirkungen unabsehbaren Technologien wirklich der unglaublichen Dynamik des Marktes überlassen? Wie können Wissenschaftler überhaupt noch auf Gefahren, die mit vielen Forschungen und Entwicklungen verbunden sind, aufmerksam machen, wenn gerade den Nachdenklichen Legitimation und Reputation streitig gemacht werden und die Mittel spärlicher zufließen? Wäre es nicht ungleich verantwortlicher und im Sinne Ihrer Rede dringlicher, über alternative Ziele und Wege der Innovation – beispielsweise auf dem Energiesektor – verstärkt forschen und praktisch experimentieren zu lassen? Käme es nicht auf soziale Erneuerungen (soziale »Innovationen«) ebenso sehr an wie auf technische?« Fragen, die meist erst hinterher zu beantworten sind.

Doch schon vor der Rede von Roman Herzog hatte der bedenkenlosere Teil der Wissenschaftler Unterstützung erhalten, die den lästigen Bedenkenträgern den Wind aus den Segeln nehmen und den Deutschen wieder den Anschluß an grenzenlose Forschung verschaffen soll. Der Bundesforschungsminister half der Humangenetik in Deutschland durch ein Förderprogramm, mit dem Ziel, sie solle international wieder einen Spitzenplatz erobern. Zwei Jahre später konnte die neue Geschäftsführerin des Verbandes Forschender Arzneimittel-Hersteller und vorherige Staatssekretärin im Forschungsministerium, Cornelia Yzer, durchatmen: Seit 1995 habe sich die Zahl der Bio-Tech-Unternehmen auf 150 verdoppelt. Deutschland habe »gute Chancen im Bereich Gentechnik« und könne die »Siegerrolle« in Europa übernehmen. Dazu müsse der Produktionsstandort weiter ausgebaut werden. Mit der Verabschiedung des Gentechnik-Gesetzes könne Deutschland die »Aufholjagd in diesem Markt beginnen«.[188] Die Wahl von Ernst-Ludwig Winnacker zum Präsidenten der Deutschen Forschungsgemeinschaft (DFG), der größten staatlichen Organisation zur Förderung der Hochschulforschung, dürfte den Trend zu mehr Konzentration auf den Biotechnik-Markt verstärken: Winnacker, Gründer des Genzentrums an der Universität München, löste im Januar 1998 den keinesfalls technikfeindlichen Germanisten Wolfgang Frühwald ab.

Neun Millionen Biotechnik-Arbeitsplätze in der EU hat der deutsche »Zukunftsminister« Jürgen Rüttgers kürzlich noch vollmundig fürs kommende Jahrhundert versprochen, mit einem Umsatz von 450 Milliarden Ecu. Selbst die SPD hat inzwischen bei solchen Aussichten alle Vorbehalte der achtziger Jahre über Bord geworfen. Und auch *die tageszeitung* beklagt schon einmal die mangelnde Risikobereitschaft des deutschen Kapitalmarktes, die der Biotechnologie »das Leben schwer« mache.

Doch der Arbeitsplatzboom, der durch die Entwicklung in der Gentechnik versprochen worden war, scheint nicht zu kommen. Die Prognosen sind offenbar viel zu optimistisch: Ganze 40.000 Jobs gibt es zur Zeit in diesem Bereich in der Bundesrepublik, je zur Hälfte im öffentlichen und im industriellen Bereich. Eine Untersuchung des Basler Prognos-Instituts, in Auftrag gegeben von Rüttgers' Ministerium, bremste die Euphorie: Maximal 60.000 zusätzliche Stellen in der Biotechnologie wollten die Schweizer in Aussicht stellen. Insgesamt rechnen sie mit einem Umsatz von fünf Milliarden Mark. Die Interessenverbände, so Prognos, hätten in der Vergangenheit »eher Wunschvorstellungen in Zukunftsprojektionen als realistische Marktzahlen genannt«.

Doch selbst diese angestrebten Wachstumszahlen verhehlen, daß Gentechnik in anderen Bereichen Jobs wegrationalisiert, etwa bei der Nahrungsmittelproduktion. Weil nicht nur die Deutschen Vorbehalte gegen gentechnisch manipulierte Nahrungsmittel haben, bleibt in diesem Bereich das Wachstum (noch) schwach. Allein die Medizin setzt derzeit neue Erkenntnisse auch in marktfähige Produkte um. Auf 170 Milliarden Mark weltweit hatte die Brüsseler Lobby-Organisation Senior Advisery Group of Biotechnology (SAGB) die Umsätze durch die neue Technologie für die Jahrtausendwende angekündigt, inzwischen erwarten selbst optimistische Prognosen nur noch 30 Milliarden.

Weil nicht einmal die wirtschaftlichen Daten bei der neuen Technologie stimmen, gewinnen ethische Bedenken selbst in einer neoliberalen Forschungslandschaft wieder mehr Gewicht. Die Martin-Niemöller-Stiftung mahnt, die Menschenwürde dürfe nicht anderen Zielen wie Wohlstand oder Wirtschaft untergeordnet werden. Durch die europäische Bioethik-Konvention sei nicht einmal der Eingriff ins menschliche Erbgut ausgeschlossen worden. »Wenn der Wissenschaft und der Wirtschaft hier nicht die Grenzen der humanen Bestimmung allen menschlichen Tuns aufgezeigt werden, wird es kein Halten geben. Der Wirtschaftsstandort Deutschland hat keine humane Berechtigung, wenn er unter dem Druck innereuropäischer Konkurrenz ... die Grundwerte unserer Verfassung ... aufgibt.«

Auch der Bremer Wirtschaftswissenschaftler Ulrich Dolata empfiehlt einen »verantwortlicheren Umgang mit der Gentechnik« und mehr Öffentlichkeit. Deutschland könne es sich leisten, »auf besonders riskante Entwicklungen – wie die mit ungeklärten Folgen verbundene Freisetzung von Pflanzen – zumindest befristet zu verzichten, ohne einen dramatischen Einbruch seiner Wettbewerbsfähigkeit befürchten zu müssen«.[189]

7. Forschungsinstitute in der Effizienz-Zange

Nobelpreisträger Adolf Butenandt legte seine ganze Autorität in folgende Worte: »Um es ganz deutlich zu machen, was ich hier unter Autonomie verstehe: eine Entscheidung über Aufgabe oder Annahme von Forschungsbereichen, die im Senat unserer Gesellschaft mit qualifizierter Mehrheit zustandegekommen sind, bedarf einer Überprüfung durch andere Gremien nicht mehr.«[190]

Der Ruf nach Autonomie nutzte nichts. In Zeiten der knappen Kassen geraten auch die Großforschungseinrichtungen ins Visier der Finanzpolitik. Und so mußte der neue Präsident der MPG, Hubert Markl, gleich nach Amtsantritt die Schließung einiger Institute des Hauses ankündigen. Das Forschungszentrum für Biologie (Tübingen), das Institut für Verhaltensphysiologie, einst von Konrad Lorenz in Seewiesen bei München gegründet, und das Institut für Aeronomie (Lindau/Harz) sollten zugemacht werden. Letzteres wurde – offenbar auch wegen des Erfolgs mit dem Marsauto – lediglich verkleinert. Auch das MPI für Geschichte in Göttingen sollte geschlossen werden. Markl begründete diese Maßnahmen mit geringeren Mitteln, die in Zukunft zur Verfügung stehen würden. Für die Jahre 1997 und 1998 allerdings genehmigte das zuständige Ministerium der MPG je fünf Prozent Zuwachs.

Wissenschaftler wie der Präsident der Berlin-Brandenburgischen Akademie der Wissenschaften und ehemalige Vorsitzende des Wissenschaftsrates, Dieter Simon, äußerten deshalb den Verdacht, die MPG könnte sich in Zukunft allein auf die Naturwissenschaften konzentrieren »und sich von einem Selbstverständnis der Forschung als einer gesamtgesellschaftlichen Aufgabe verabschieden«. Gerade bei den Geisteswissenschaften zu kürzen, verringere deren ohnehin schon bescheidenen Forschungsanteil von acht Prozent weiter. Die Pläne vermittelten den Eindruck einer »Wende zur reinen Nützlichkeit der Wissenschaften«.[191] Ein Jahr später verschärfte Simon seine Klage: »Wir erleben den Rückzug des Staates aus seiner unerschütterlich geglaubten Position als Sozialstaat und Kulturstaat«, sagte er auf einem Festakt seiner Akademie. »Die Forscher an den Universitäten müssen sich in Nützlichkeitsprogramme verschiedenster Art pressen lassen.« Transfer sei wichtiger als Entwicklung, Ingenium (Erfindungskraft, Genie) habe sich auf dem Forum der Marktfähigkeit zu beweisen.[192]

Die Praxis bestätigt diesen Trend. Der BDI fordert schon lange: »Leitbilder deutscher Innovationspolitik müssen vorrangig auf am Weltmarkt verkaufbare Innovationen zielen.« Die Wissenschaft müsse »lohnende Felder« lokalisieren und dürfe nicht übersehen, »daß der Markt entscheidet, was innovativ ist« und Unternehmen »die Investitionen zu Markterfolgen führen müssen«. Forschungspolitik müsse deshalb »ihre Leitbilder letztlich von Märkten, Bedürfnissen und Unternehmen bestimmen lassen«. Das wiederum soll Konsequenzen bei der Verteilung der Forschungsmittel haben: »Die Grundfinanzierung der Institute ist konsequent an anerkannten Leistungskriterien zu orientieren.« Die Zuteilung der Mittel müsse von laufenden Vergleichen zwischen Kosten und Zielbeiträgen begleitet sein. Auch die öffentlichen Forschungseinrichtungen müßten stärker in diesen Innovationsprozeß einbezogen werden. Es braucht nicht erklärt zu werden, daß sich das Gremium, das diese Leitlinien erarbeitete, aus hochrangigen Vertretern der deutschen Spitzenunternehmen zusammensetzte. Das Gremium empfahl die Einrichtung eines Lenkungsausschusses, der dem Forschungsministerium vorschlagen solle, welche Leitprojekte gefördert werden. In irgendeiner Weise kritische, etwa Technikfolgen abschätzende Ansätze kommen in dem Papier nicht vor.[193]

Die Forderungen der Industrie an die staatlichen Forschungseinrichtungen werden in jedem Fall immer dreister. Gleichzeitig ist das eigene Engagement der großen Firmen an der Forschung gering. Am liebsten würden offenbar Firmen wie Daimler-Benz ihre eigenen Forschungsabteilungen abspecken und statt dessen die staatlichen nutzen. Forschungschef Hartmut Weule etwa empfahl als Vorsitzender einer Kommission, die 1994 die Zusammenarbeit zwischen Großforschungseinrichtungen und Industrie untersuchte: Die Zentren der Hermann von Helmholtz-Gemeinschaft Deutscher Forschungszentren (HGF) sollten ihre anwendungsorientierte Forschung innerhalb von drei Jahren von 30 auf 75 Prozent erhöhen. »Der hat sich vorgestellt, die Industrie stellt die Forschung ein, und die Großforschungseinrichtungen forschen auf ihr Geheiß«, mutmaßte der Vorsitzende der Alexander-von-Humboldt-Stiftung und frühere Präsident der MPG, Reimar Lüst.[194]

In Richtung auf mehr Marktorientierung deuten auch andere Maßnahmen: Die Bund-Länder-Kommission für Bildungsplanung setzte durch, daß künftig fünf Prozent der Mittel für die 16 Großforschungseinrichtungen unter dem Dach der HGF in einen Strategiefonds fließen, um dessen Gelder sich die Zentren dann bewerben können. Werden diese Gelder nach den neuen Effizienzkriterien vergeben, ist klar, wohin sie fließen werden.

Exemplarisch für die Umschichtung der knappen Mittel: Berlin. Der Senat kürzte den Etat zweier kritischer Institute, des Instituts für Zukunftsforschung und Technikfolgenbewertung sowie des Instituts für ökologische Wirtschaftsforschung. Beide Institute erhielten bis dahin je 220.000 Mark für die Grundversorgung und holten sich den großen Rest durch Drittmittel in Höhe von vier Millionen Mark.[195]

Auch die SPD ist auf den Hochtechnologiezug aufgesprungen. Der Europaabgeordnete Rolf Linkohr (SPD) beklagt, daß es Europa noch immer nicht geschafft habe, seine Ausgaben für Forschung und Entwicklung den Hauptkonkurrenten anzupassen. Mit Folgen: »Europa ist längst der Kontinent der mittleren, nicht mehr der Leittechnologien.« Europa habe »seine Vitalität, seine Neugierde und Risikobereitschaft gegen Ängstlichkeit und Kurzsichtigkeit eingetauscht«.[196]

Wenn alle maßgeblichen gesellschaftlichen Gruppen die Hochschulen und die anderen Forschungseinrichtungen nur noch unter wirtschaftlichen Gesichtspunkten beurteilen, befürchtet Simon nicht zu Unrecht: »Der Kulturstaat ist dabei, zum Utilitätsstaat zu degenerieren.«[197]

Forschung und Entwicklung im Vergleich

Gesamtausgaben für FuE	EU 15	USA	Japan
in MECU (1994)	121.882	142.047	104.069
in % des BIP (1995)	1,91	2,45	2,95
pro Einwohner in Ecu (1994)	329	545	833
vom Staat fin. Anteil (1993)	39,6%	39,2%	19,7%
von der Industrie fin. Anteil (1993)	53,5%	58,7%	73,4%
Zahl der Forscher (1993)	774.071	962.700	562.501
– pro 1.000 Beschäftigte (1993)	4,7	7,4	8,0
– in den Unternehmen (1993)	376.000	765.000	367.000
– pro 1.000 Beschäftigte (1993)	2	6	6

8. Hase und Igel: ein ruinöser Wettbewerb

Deutsche Unternehmen beschäftigen im Ausland 1,7 Millionen Arbeitnehmer (1993), ein Viertel der gesamten Industriebeschäftigten. Das ist allerdings keine Flucht aus dem Standort, sondern eine Hinorientierung zu den Märkten. Es geht damit nicht zu Lasten der einheimischen Produktion und ist international gesehen auch alles andere als außergewöhnlich. Verlagerungen der Produktion in Niedriglohnländer machen dagegen nur sechs Prozent der gesamten industriellen Auslandsproduktion aus. Tatsächlich globalisiert ist bisher ausschließlich die chemische Industrie, auch Automobil- und Elektroindustrie sind einigermaßen internationalisiert. Der Bremer Ökonom Ulrich Dolata meint deshalb, »daß bisher nur ein schmaler Sektor der deutschen Wirtschaft als im wirklichen Sinne des Wortes globalisiert betrachtet werden kann.« Auch die technologischen Stärken und Schwächen seien in etwa dieselben wie vor 15 Jahren. Insgesamt aber sei die Bundesrepublik nach wie vor weltweit führend im Angebot höherwertiger Technologien und ausgewählter Spitzentechnologie, der beherrschende Technologieproduzent und -lieferant Europas und hinter den USA und Japan patentstärkste Nation der Welt.

Das mußte auch das Forschungsministerium konstatieren: »Die starke Position gegenüber alternativen Standorten hat sich in den letzten Jahren wenig verändert.« Damit aber erst gar nicht die Hoffnung aufkomme, es gäbe Verteilungsspielräume oder wir könnten uns mehr leisten als Lohnzurückhaltung und Sozialabbau, habe das Ministerium rasch hinzugefügt: »Selbst wenn ein Land besser dasteht als seine Konkurrenten, dann heißt das noch nicht, daß alles zum Besten bestellt ist.« Dolata kann da nur noch spotten: »So sind sie, die Deutschen.«[198]

Diesem positiven Befund steht ein »forschungs- und technologiepolitischer Aktionismus« entgegen, den der Bochumer Arbeitswissenschaftler Erich Staudt in allen Industrieländern ausgemacht hat. Überall würden im Vergleich zu anderen Ländern technologische Lücken im einen oder anderen Bereich entdeckt. Dies führe zu einer »technologiepolitischen Aufrüstung« und einer »Eskalation von Protektionismus und Subvention«, obwohl »der Wirkungszusammenhang zwischen technologischer Aufrüstung und wirtschaftlichem Erfolg oder Arbeitsplatzbeschaffung und -sicherung bisher noch weitgehend ungeprüft und unreflektiert als Glaubenssatz von den technologiepolitischen Akteuren in die Szene eingebracht wird«.

Am Markt versagende Unternehmen und unternehmerisch unfähige Betriebe würden in diesem hektischen Innovationswettbewerb häufig weiter und weiter gefördert. Staudt nennt Prestigeobjekte wie Mondlandungen, Datenverarbeitungssysteme oder den Airbus. Daß Japan oder die USA ebenso handelten, sei kein Grund, sich »in einen ruinösen Wettbewerb (zu) steigern«. Forschungs- und Entwicklungskosten aus der Zusammenarbeit zwischen Staat und multinationalen Unternehmen amortisierten sich häufig nicht mehr. Er gibt zu bedenken, daß in einer arbeitsteiligen Gesellschaft nicht jedes Land in jeder Technik das erste sein könne. »Die naive ›first‹-Strategie ist zwar ehrenhaft und aufwendig, ihre ökonomische Wirksamkeit aber umstritten. Intelligentere ›follower‹ haben oft bessere Erfolge.« Innovation bedeute nicht das Auffüllen technologischer Lücken, sondern noch immer, vorhandenes Wissen umzusetzen in neue Materialien, Produkte oder Verfahren. Neues Know-how als Voraussetzung für Innovation entstehe heute vernünftigerweise international verteilt.[199]

9. Kultur im Würgegriff: Stirb schneller, Künstler!

Als Hannelore Kohl am 10. Mai 1996 in Baden-Baden den ersten Spatenstich für das 2.500 Zuschauer fassende Festspielhaus vornahm, da begann für die Kultur in Deutschland ein neuer Weg. Jedenfalls für Lothar Späth, den ehemaligen Ministerpräsidenten Baden-Württembergs. Baden-Baden ist für ihn »ein Durchbruch für eine neue Qualität musischer Dienstleistung«. Nicht die Qualität der Kunst ist also gemeint, sondern die Tatsache, daß der Markt auch die Kultur zu schlucken beginnt. Denn der Investor ist die Südwest LB, betreiben wird das Haus die Dekra. In den USA sei dies nichts Ungewöhnliches, in Deutschland dagegen »eine Revolution«, freut sich der Konservative Lothar Späth. In der Kulturszene im Südwesten rumort es. Doch der heutige Vorstandsvorsitzende der Jenoptik AG in Jena fragt hinterlistig: »Wieviel Subvention darf eine Theater- oder Konzertkarte kosten, wenn der Staat die Sozialleistungen für die Schwachen nicht mehr bezahlen kann?«

Die Künstler haben dagegen Sorgen um ihre Unabhängigkeit, wenn statt des Staates private Unternehmen Kunst veranstalten und finanzieren. Denn: Wer zahlt, bestimmt.[200]

Etwa drei Viertel des Etats eines deutschen Theaters decken öffentliche, also Steuermittel ab. Noch. Denn der eiserne Sparbesen der Deregulierer fegt auch durch die Institutionen der deutschen Kulturlandschaft. Ohnehin, so hat der ehemalige Berliner Kultur-Senator Ulrich Roloff-Momin feststellen müssen, rangiert die Kultur zumindest beim Berliner Senat an 17. und damit vorletzter Stelle. Keiner der Hauptstadtoberen aus der CDU, am wenigsten der Regierende Bürgermeister Eberhard Diepgen, habe einen Bezug zur Kunst. Diepgen empfinde der Kultur gegenüber »ein abgrundtiefes Mißtrauen«. Die Bedeutung der Kultur für die Gesellschaft habe Diepgen nie erkannt. »Sicher beeindruckten ihn Untersuchungen, die das kulturelle Angebot einer Stadt als wesentlichen Wirtschaftsfaktor sehen. Alles weitere aber überstieg seinen Horizont.«[201] Und die Sozialdemokraten betrachteten sie als Luxus, »der in finanziell engen Zeiten als erstes geopfert werden könnte«. Freudig sei jede Initiative aufgegriffen worden, in der Kultur Gelder zu streichen.[202]

Glücklich sein können diejenigen, die nach 15 Jahren Dienst auf der Bühne die »Schauspielerrente« erreicht haben, also Kündigungsschutz genießen. Auch wer einen Vertrag in einem Ensemble gefunden hat, ist gut dran. Doch überall ist der Druck des Sparens zu sehen. Bund (sieben Prozent der Gesamtaufwendungen von rund 15 Milliarden Mark), Länder (rund 40 Prozent) und Gemeinden (rund 50 Prozent) durchforsten ihren Haushalt. Theo Waigel hat sich pünktlich aus der Förderung der ostdeutschen Projekte zurückgezogen, obwohl Artikel 35 des Einigungsvertrages festlegte: »Die kulturelle Substanz ... darf keinen Schaden nehmen.« Damit, so schrieb der Deutsche Kulturrat 1994, werde die Übergangsfinanzierung zu einer Untergangsfinanzierung. Theo Waigel dagegen beharrte darauf, daß die Förderung der Kultur Ländersache sei.[203]

In den Verfassungen heißt es: »Bayern ist ein Rechts-, Kultur- und Sozialstaat. Er dient dem Gemeinwohl.« (Art. 3 Abs. 1) Oder: »Brandenburg ist ein freiheitliches, rechtstaatliches, soziales, dem Frieden und der Gerechtigkeit, dem Schutz der natürlichen Umwelt und der Kultur verpflichtetes demokratisches Land...« (Art. 2 Abs. 1) Sachsen fühlt sich der Kultur verpflichtet (Art. 1), alle 16 Bundesländer und die Bundesrepublik als Ganzes empfinden sich nicht nur als Rechts- und Sozial-, sondern auch als Kulturstaat. Das Bundesverfassungsgericht hat in einer Entscheidung aus dem Jahr 1974 klargestellt, daß die Bundesrepublik in Art. 3 Abs. 5 nicht nur die Kunstfreiheit garantiert, sondern damit auch die Aufgabe hat, das Kunstleben zu fördern und zu erhalten. Die Aufnahme einer »Kulturklausel« ins Grundgesetz, gefordert durch eine von Innen- und Justizministerium berufene Kommission, scheiterte 1983 lediglich an den Befürchtungen der Länder, Bonn könnte sich zu sehr in ihre ureigensten Belange einmischen. In den letzten Monaten der DDR spielten gerade Künstler eine große Rolle, und vielleicht erinnerten sich die Bonner Koalitionäre noch daran, als sie ihre Koalitionsvereinbarung vom 14. November 1994 unterzeichneten. Sie bekundeten darin ausdrücklich den Willen zu einer »Offensive für Bildung, Wissenschaft, Forschung und Kultur«. Sie seien zentrale Grundlagen der Zukunftsgestaltung. »Die Kultur gehört zu den Lebensgrundlagen eines Volkes.«[204]

Den Worten folgten Taten. In Ost und West sind durch die Sparmaßnahmen enorme Flurschäden eingetreten: Dutzende von Stadtbibliotheken schließen oder kürzen die Öffnungszeiten, Musikunterricht an Schulen fällt nicht nur wegen des Mangels an Fachlehrern bis zu 80 Prozent aus, mit der Folge, daß Kinder zu »partiellen Analphabeten« (der Komponist und Dirigent Hans Zender) werden. Die Musikschulen bezahlen zu 40 Prozent die Eltern der Kinder selbst – nicht alle können das.[205] Wegen Etat-Kürzungen sieht sich auch das Goethe-Institut genötigt, neun Standorte im Ausland aufzugeben. Im Land mit der größten Theaterdichte der Welt sind diese natürlich besonders zur Disposition gestellt. In Berlin wurden zwei Häuser geschlossen, Köln hat in den letzten Jahren die Zahl seiner Schauspieler halbiert. Doch nicht nur in den Metropolen wird bei der Kultur gespart. In Potsdam verlangt Kulturminister Steffen Reiche (SPD) von den Oberbürgermeistern von Potsdam und Brandenburg, die beiden Städte sollten künftig ein gemeinsames Theater und ein gemeinsames Orchester betreiben. Fünf Millionen Mark will Reiche damit sparen. Stephan

Märki, Intendant des Potsdamer Hans-Otto-Theaters, erfuhr vom Ansinnen des Ministers aus der Zeitung. Er fühlt sich hintergangen, weil er in den sechs Jahren seit der Wende immerhin 400 von 1.600 Stellen abgebaut habe.[206]

In Frankfurt am Main mußte Kulturdezernentin Linda Reisch für Theater, Ballett und Oper schon 1996 ein »Notprogramm« ausarbeiten, ausgerechnet in der Stadt, die bis vor zehn Jahren noch die höchsten Kulturetats zusammenbrachte.[207] »Man würde jetzt noch den letzten Groschen vom letzten Kapitalisten annehmen«, spottet die *FAZ*. Die Theaterleute der Stadt würden heute nicht mehr über Figuren, Szenen, Bilder und Gegenbilder reden, sondern nur noch über Geld. Der Etat der städtischen Bühnen sollte 1997 von 117 (1992) auf 88 Millionen Mark gesenkt werden. Ein Aufschrei folgte, und es schadete nicht, daß die *FAZ* darauf hinwies, daß der Geschäftsführende Intendant der Oper ein Salär von 304.000 Mark hat, aber für jedes Programmheft, das er redigiere, 1.500 Mark, für jede Plakatgraphik, die er initiiere, 1.000 Mark zusätzlich abrechne. Und daß der Opernchef mit seiner Führungsmannschaft mehrere Tage nach Italien reiste, um »Luisa Miller« vorzubereiten. Im Sinne der Inspiration – muß angenommen werden. Und daß die *FAZ* bemerkte, daß das Geld der Theater vom Steuerzahler komme.

Bei der Frage, die die *FAZ* stellte, geht's allerdings ans Eingemachte: »Welchen Apparat brauchen wir für die Kunst?« Die Zeitung für Deutschland empfahl »kleinere, aber intensivere Produktionseinheiten«. Effizienz, heißt das Stichwort hierfür in der freien Wirtschaft. Techniker, Handwerker und Verwalter sollten nicht fest im Haus gehalten, sondern frei engagiert werden. Die Wirtschaft spricht von lean production. Um das durchzusetzen brauche man allerdings die richtigen Leute. In Frankfurt dagegen hätten die falschen Leute Verträge bis 2002.[208] Man darf nur hoffen, daß die Redakteure wissen, was ihre freien Mitarbeiter verdienen. Und daß sie nicht zu denen gehören, die bald »ausgesourct« und in eine unsichere, unplanbare Zukunft entlassen werden.

Ein »Besitzstandsdenken« hat auch Ulrich Roloff-Momin ausgemacht. Als er nach Amtsübernahme die Gehaltslisten gesehen habe, »standen mir die Haare zu Berge«. Schauspieler, die nur ein paarmal im Jahr vor den Vorhang traten, hätten »Ministergehälter für 13 Monate« eingesackt: 16.000 Mark. Das Staatstheaterwesen müsse »an Haupt und Gliedern reformiert werden«, fordert Roloff-Momin. »Wer Beamter werden will und das entsprechende Sicherheitsbedürfnis hat, soll in den Staatsdienst gehen. Am Theater hat er nichts verloren.«[209]

Vielleicht ist es der künstlerischen Beweglichkeit alles andere als förderlich, wenn die Gehälter zu üppig fließen. Bewiesen ist allerdings nicht, daß Künstler, die die Sorge ums tägliche Brot umtreibt, bessere Arbeit leisten. Auf die kommenden Umwälzungen indes haben sich insbesondere Bühnenschauspieler längst umgestellt – auf Kosten ihrer Häuser. Zahlreiche gut honorierte Rollen bei den neuen und alten Fernsehsendern schaffen etwa den Schauspielern dicke Geldbeutel und den Theaterregisseuren Probleme mit den Probenterminen. Bei der Berliner Schaubühne kündigte deshalb die künstlerische Leiterin Andrea Breth das Mitbestimmungsmodell auf und erklärte, das feste Ensemble werde aufgelöst. Sie beklagte das »allgemeine Selbstvermarktungsdenken« und sprach von einer »Goldgräberstimmung« unter den Schauspielern. »Ich denke, alle leben im Moment nach der Devise: nach mir die Sintflut. Jeder will noch schnell soviel zusammenkratzen wie möglich. Da spielen Geld und Ruhm eine große Rolle. Unbeliebt sind inzwischen Begriffe wie Moral, Verantwortung, Disziplin und Verläßlichkeit. Der Sittenverfall ist aberwitzig.«

Nach dem Interview Breths im *Spiegel* entbrannte eine heiße Diskussion um die Zukunft des Ensemble-Theaters.

Aus »mythenumrankten, selbstausbeutungswilligen Mitbestimmungsensembles«, erklärt Ulrich Khuon, Intendant am Staatstheater Hannover, lakonisch, seien eben »ganz normale Marktteilnehmer und Erwerbstätige geworden«. Wie Volkswagen, spottet er, werde die Schaubühne eben künftig just in time produzieren. Ist's Galgenhumor?

Manfred Beilharz, Regisseur und Intendant am Theater der Bundesstadt Bonn, will nicht glauben, daß das Ensemble-Theater stirbt: Es sei »die einzige Rettung aus der mißlichen Lage, Schutz gegen die kunstvernichtenden Mächte des Marktes«. Regisseure und Schauspieler, die nicht mitspielen wollen, »sollen sich dem Teufel resp. Film, Funk, Fernsehen in die Arme werfen«.

Der Bremer Intendant Klaus Pierwoß gibt zu bedenken, daß die neue Entwicklung wie auch in anderen Bereichen etwas Schmarotzerhaftes habe. Resignierend fragt er: »Welcher Intendant kann einem Schauspieler einen Drehtag verweigern, wenn er an einem Tag vor der Kamera soviel verdient wie am Theater in einem Monat?« Die TV-Produktionen zögen die besten Schauspieler von den Bühnen ab, von denen sie nicht einen ausgebildet oder entwickelt hätten.[210]

Auch andere machen sich an das Erbe der staatlich geförderten Kultur heran. Sponsoren nutzen die Kunst als Werbefläche, und wir lernen: Auch Künstler sind käuflich. Und wenn der Staat der Kultur den Geldhahn zudreht, werden die Preise sinken. Der Grafiker Klaus Staeck hat die Sorgen in einem Interview mit der *tageszeitung* formuliert. Es bestehe die Gefahr, erklärte er, »daß sich die öffentliche Hand im Kulturbereich mit dem Hinweis auf die vermeintlich leeren Kassen immer mehr zurückzieht und so eine Lücke entsteht für Sponsoren, die durchaus nicht immer nur die lautersten Absichten haben müssen«. Drei bis fünf Prozent der Kulturausgaben kämen zur Zeit von privaten Sponsoren, inzwischen eine halbe Milliarde

Mark pro Jahr. Für die Zukunft aber bestehe bei Ausweitung des privaten Bereichs »die Möglichkeit der einseitigen Einflußnahme«. Autonomes, unabhängiges Arbeiten sei dann nicht mehr möglich. Die Begehrlichkeit der Wirtschaft sei gewachsen, »über die Kunst zu einem billigen Imagetransfer zu kommen«. Unser Kultursystem sei aber noch immer »eine der Grundlagen für unsere Demokratie«, also kein Luxus, auf den man nach Belieben verzichten kann, wenn es mal etwas enger wird. Die Frage sei, ob künftig ein Museumsdirektor eingestellt werde wegen seiner Fähigkeiten oder nach der Fähigkeit, Geld herbeizuschaffen.[211]

»Ernste Sorge um die Fortentwicklung der Kultur« hat deshalb der Sprecher des Deutschen Kulturrats, August Everding, angemeldet. Die Kultur sei nicht nur Subventionsempfänger, sondern eine »Investition in die Zukunft und unabdingbarer Bestandteil des Lebens unserer Gesellschaft«.[212] Die angepaßten »großen und kleinen Everdings« bringen Ulrich Roloff-Momin, alles andere als ein Kulturabwickler, in Rage. Sie seien »keine Beweger, keine Wachrüttler, keine Unruhestifter«. Bei diesen Kulturkonservativen herrsche feinsinniges Einvernehmen mit der Politik. Das will Roloff-Momin beenden. Weg mit den Gremien, fordert er, weg mit »Rundfunkrats-Demokratie« und »ÖTV-Mentalität«. Der Staat solle den Kultureinrichtungen künftig einen festen Etat von zwei Prozent der Haushalte gewähren – und sich ansonsten heraushalten. »Nehmt den Politikern die Kultur weg!« ruft er. Dem parteipolitischen Gefeilsche um Chefposten müsse ein Ende gesetzt werden. Kultur sei für das Gemeinwesen zu wichtig, um sie weiterhin von den Politikern ausdörren zu lassen.[213]

Der finanzielle Rückzug hat ohnehin längst begonnen. Nicht einmal für seine alternden, sich in Rente befindlichen Künstler hat der Staat mehr Geld. Weil er wußte, wie gering oft die Renten sind, die Künstler erhalten, gründete Theodor Heuss seinerzeit die Deutsche Künstlerhilfe. 850 Mark monatliche Rente erhalten heute rund 500 Künstler und Schriftsteller. Zusätzlich zu sonstigen Sozialleistungen. Der ehemalige Bundespräsident hatte es so verfügt: »Der ganze Versuch würde seinen Sinn verlieren, ... würden diese Beiträge in die Aufrechnung mit Wohlfahrtsfürsorge oder Altersrenten geraten. Daß dies nicht geschieht, ist schier Voraussetzung für den Beginn des Unterfangens.« 3,8 Millionen Mark gibt dafür der Bund. Eine Erhöhung gab es in den letzten Jahren wegen der knappen Kassen nicht. Jetzt wurde sogar gestrichen – 360.000 Mark, um genau so viel wie die regionale Künstlerförderung der Länder. Für die Künstlerhilfe heißt das, sie mußte einen Aufnahmestop verhängen. Neuanträge werden auf eine Warteliste gesetzt. Für die Künstler heißt das: Warten, bis ein Kollege stirbt. *Der Tagesspiegel* flüchtete sich in Satire: »Stirb schneller, Künstler, deine Rente benötigt bereits ein anderer.«[214]

VI. Die Lüge vom Steuerland

Ein modernes Märchen: Ein junger Mann aus einer der reichsten Familien der Republik heiratet eines der schönsten Mädchen der Stadt. Leider, so sagt unser Gewährsmann, »war sie nur schön«. Geld hatte sie keines, weshalb die Familie nicht sehr erbaut war über diese nicht standesgemäße Heirat. Bald kamen zwei Kinder. Weil ihr Ehemann ein Gelehrter war, fiel trotz des Familienglücks auch ihr zweiter Mangel auf: Sie war auch nicht sehr intelligent, weshalb es dem klugen Mann, inzwischen zum Professor an einer Hochschule aufgestiegen, zu Hause an einer geeigneten Gesprächspartnerin fehlte. Bis die Kinder sechs und acht Jahre alt waren, widmete sich die Frau dem gemeinsamen Nachwuchs, dann ging die Ehe auseinander.

Das Märchen könnte jetzt so enden: Sie hatte nun einen Makel weniger, denn sie war nun nicht mehr arm, sondern lebte wohl versorgt in Berlin-Dahlem. Doch weit gefehlt. Obwohl der Ex-Mann zahlreiche Mietshäuser und auch sonstiges Vermögen besaß, mußte die Geschiedene mit 1.000 Mark und den Unterhaltszahlungen für zwei Kinder zurechtkommen. Der ehemalige Gatte ließ von seinem Steuerberater errechnen, daß er keinerlei Mittel besitze, die er mit seiner Frau zu teilen in der Lage wäre.

So enden Märchen im Steuerparadies Deutschland: Wer hat, darf behalten. Gehört haben solche Geschichten schon alle, aber wie's genau geht, wissen nur wenige. Denn wer hat schon so viel Vermögen, daß er es an Theo Waigel vorbei kriegt?

Die Bewohner des Hamburger Nobelviertels Nienstedten haben es. Im Elbvorort versteuerten die Bewohner 1989 noch durchschnittlich 316.250 Mark, drei Jahre später nur noch 178.511 Mark. Nicht daß sie von Rezession oder Aktienbaisse getroffen worden wären, nein, die Nienstedter nutzten einfach die zahlreichen Schlupflöcher, die ihnen der Gesetzgeber erhalten oder neu geschaffen hatte. Im ärmsten Viertel dagegen, St. Pauli, entwickelte sich die Situation umgekehrt. Statt 31.400 versteuerten die Paupern von Hamburg 1992 schon durchschnittlich 39.753 Mark.[215] Die Annahme, dies alles deute auf eine Angleichung der Einkommen in der Gesamtbevölkerung hin, wäre ein fataler Irrtum.

Unser geschiedener Professor wird auch Theo Waigels Finanzsorgen nicht beseitigen. Trotz seines großen Besitzes bleibt seine Steuerlast dank des kreativen Steuerberaters ein Klacks. Wie für alle, denen die Beiträge für den Staatshaushalt nicht schon abgezogen werden, bevor sie ihr Geld überhaupt gesehen haben. 41,5 Milliarden Mark Einkommensteuer zahlten die Deutschen 1992, vier Jahre später schrumpfte deren zu versteuerndes Einkommen so weit, daß sie nur noch 11,5 Milliarden Mark an den Fiskus abführen mußten.

Einkommen aus Unternehmertätigkeit wird ohnehin erheblich weniger besteuert als solches aus abhängiger Beschäftigung: 1950 durfte ein Unternehmer von 100 Mark 81 behalten, in den sechziger und siebziger Jahren sank diese sogenannte Nettoquote zwischendurch bis auf 75 Prozent, um 1981 wieder auf 81 und 1990 sogar auf 86 Prozent anzuwachsen. Den Arbeitnehmern zog der Staat dagegen 1991 genau 32,50 Mark aus der Tasche – von jedem Hunderter.[216]

Von 1980 bis 1994 sank die durchschnittliche Steuerbelastung aller Unternehmen von 33,6 auf 18,3 Prozent. Die Belastung der Lohn- und Gehaltsempfänger stieg von 28,3 auf 31,1 Prozent.[217] Die von 56 auf 45 Prozent gekürzte Körperschaftssteuer etwa, also die Steuer auf Unternehmensgewinne, machte 1980 noch 5,8 Prozent des gesamten Steueraufkommens aus, 1995 nur noch 2,2. Macht ein Minus von 29 Milliarden Mark für Waigels Kasse. Seit der klammheimlichen Beseitigung der Vermögensteuer durch Nichtstun fehlen weitere neun Milliarden Mark. Hinzu kommen die Lasten der Wiedervereinigung. Unternehmen und Vermögensbesitzer zahlten 1996 neun Milliarden Mark weniger an Steuern als vier Jahre zuvor, die Arbeitnehmer dagegen fast 50 Milliarden mehr, die Verbraucher 28 Milliarden mehr Umsatzsteuer.[218] Doch die Investitionen, die sich Bonn von den Steuergeschenken erhoffte, blieben aus. Die Unternehmer unternahmen nichts.

Trotz dieser günstigen Bedingungen schreiben rund 40 Prozent der in Deutschland ansässigen multinationalen Großbetriebe mit mehr als zehn Millionen Mark Jahresumsatz konstant rote Zahlen. Die Gewinne werden systematisch ins Ausland geschafft. Die Briefkastenfirmen in Liechtenstein oder in Luxemburg, die Dublin-dock-Gesellschaften in Irland oder die Finanzzentren in Belgien finden bereits Nachahmer in denjenigen osteuropäischen Staaten, die der EU beitreten wollen. Auch sie würden sich freuen, wenn deutsche Unternehmer ihr Geld bei ihnen parken würden und arbeiten an Konzepten für neue Steueroasen. Die Unternehmer selbst denken offenbar auch über weitere Strategien zur Steuervermeidung nach: Schon bietet offenbar das Internet neue Chancen: Deutsche Firmenherren denken darüber nach, welche Möglichkeiten ein Internet-Server beim Steuersparen bieten könnte. Dieser könnte die Bestellungen ausländischer Kunden entgegennehmen, die dann von Deutschland aus beliefert werden. Würde der Server im Ausland als Betriebsstätte anerkannt, müßten die über ihn abgewickelten Geschäfte im Ausland (günstig) versteuert werden. Für den deutschen Fiskus, so fürchtet das *Handelsblatt*, könnte eine weitere »höchst bedrohliche Spielwiese für Gewinnverlagerungsstrategien entstehen«.[219]

Im Gegensatz zum lauten Propagandageschrei von den angeblich zu hohen Unternehmensteuern klingen interne Verlautbarungen ganz anders. Der Parlamentarische Staatssekretär im

Finanzministerium, Hansgeorg Hauser, beantwortete Vorschläge des Bundesverbands mittelständische Wirtschaft so: »Ab 1994 gelten die niedrigsten Ertragsteuersätze seit Bestehen der Bundesrepublik Deutschland. Damit bestehen für kleinere und mittlere Unternehmen auch unter Berücksichtigung des ab 1995 erhobenen Solidaritätszuschlags günstige Rahmenbedingungen.«[220] Hausers Vorgesetzter, der Finanzminister, äußerte sich dagegen in der Öffentlichkeit stets besorgt über die Höhe der Besteuerung der Unternehmen.

Zwei Betriebsprüfer aus Düsseldorf kamen zu der ernüchternden Erkenntnis, daß heute »die Putzfrau mehr Lohnsteuer zahlt als der multinationale Großbetrieb an Gewinnsteuer«.[221] Wenn's ums Geld geht, halten auch die Konzernbosse nichts vom sonst viel beschworenen Gemeinsinn.

Trotz der Verweigerungshaltung der Unternehmen, ihren Teil an den Steuern zu übernehmen, durfte sich Theo Waigel zwischen 1991 und 1997 über netto fast 58 Milliarden Mark Mehreinnahmen freuen. 68 Milliarden Minus durch Steuersenkungen – überwiegend auf Seiten der Unternehmen und Vermögensbesitzer – stehen 126 Milliarden Mark entgegen, die durch Veränderungen der Steuergesetze seit 1990 an Mehreinnahmen hereinkamen. Diese Milliarden wurden vorwiegend »unten« entrichtet. Draufzahlen mußten auch die Länder und die Gemeinden, denen durch die Änderungen neun bzw. fünf Milliarden Mark weniger zur Verfügung standen.[222]

Auch das permanent wiedergekäute Argument von den zu hohen Spitzensteuersätzen für Privatleute stimmt höchstens zum Teil. Auch hier steht die Bundesrepublik im internationalen Vergleich nicht an der Tabellenspitze. Direkt aus dem Hause Waigel kamen 1996 Vergleichszahlen, die von den Medien kaum beachtet wurden, weil sie deren bisherige Berichterstattung gänzlich widerlegten: Der Spitzensteuersatz in Belgien liegt bei 60,77 Prozent, die Dänen zahlen ab 63.133 Mark Jahreseinkommen 62 Prozent. Wer in Frankreich 83.717 Mark jährlich verdient, muß 56,8 Prozent Steuern abgeben, ein Holländer mit solch einem Einkommen gar 60 Prozent. Deutsche Spitzenverdiener müssen dagegen erst ab Einkünften über 100.000 Mark samt Solidarzuschlag 56,97 Prozent an das Finanzamt entrichten (bei gewerblichen Einkommen maximal 50,52 Prozent). Das entspricht dem Satz der Schweden (56 % ab 47.277 Mark) und Spanier (56 % ab 122.664 Mark). Nur die Briten zahlen deutlich weniger Steuern, (maximal 40 Prozent ab 56.619 Mark), auch die Schweizer sind mit 42,44 Prozent gut dran. Weil in Deutschland eine Reihe von Abschreibungs- und Rückstellungsmöglichkeiten besteht, sei der Steuerstandort »hinsichtlich der Einkommensteuer besser als sein Ruf«.

Dieses Urteil treffe auch für die Besteuerung der Kapitalgesellschaften zu, die in Deutschland ohnehin nur noch minimal zum Steueraufkommen beitragen. Eine Gewerbesteuer kennen auch andere Länder, und die Erbschaftssteuer liegt mit 35 Prozent in Deutschland nur halb so hoch wie in Japan, auch günstiger als in den USA (55 Prozent), aber (für Erben) leider nicht so günstig wie in Luxemburg (0). Das *Handelsblatt* kommt deshalb zum Schluß: »Die Zahlen des Bundesfinanzministeriums rechtfertigen nicht die deutsche Steuerstaat-Psychose.«[223]

Mit einem Anteil von 23,1 Prozent am Bruttoinlandsprodukt liegt auch die gesamte Steuerlast nicht im internationalen Vorderfeld. Im Gegenteil. Dänemark und Schweden hätten mehr zu korrigieren.

Die Tabelle (S. 138) zeigt, daß sich erst durch die Sozialversicherungsbeiträge eine hohe Belastung ergibt, die aber ebensowenig einen Spitzenplatz bedeutet.

Gleichwohl: Gerechtere und durchschaubarere, einfachere Steuergesetze, die wirklich alle Steuerzahler gleichermaßen entlasten würden, wären eine Mühe wert. Zur raschen Behebung der ärgsten Finanzierungsprobleme hat Herbert Ehrenberg eine Vermögensabgabe von einem Prozent statt des Solidaritätszuschlags vorgeschlagen. Nicht an die kleinen Sparguthaben will er allerdings heran, sondern an die großen Vermögen. »Das würde dort treffen, wo nicht gleichzeitig die Gesamtnachfrage gemindert würde.« Außerdem würden die Reichen damit lediglich einen Teil des Zuwachses ihres Vermögens aus den letzten Jahren zurückgeben. Ehrenberg rechnet mit Einnahmen von mindestens 35 Milliarden Mark.[225]

Abgabenbelastung im Vergleich
(Steuern und Sozialversicherungsbeiträge in Prozent des Bruttoinlandsprodukts)

Land	1	2	3	4
Schweden	38,1	54,2	58,8	41,2
Dänemark	49,7	52,8	62,7	37,3
Belgien	31,1	46,4	58,5	41,5
Frankreich	24,9	46,3	39,6	60,4
Österreich	29,9	45,5	50,2	49,8
Niederlande	26,6	44,8	49,9	50,1
Deutschland	23,1	42,9	44,5	55,5
Italien	27,4	42,9	55,5	44,5
Schweiz	22,4	41,1	67,3	32,7
Portugal	25,7	39,1	40,9	59,1
Kanada	31,0	36,3	56,6	43,4
Spanien	21,7	35,5	53,5	46,5
Großbritannien	27,7	33,9	45,6	54,4
USA	22,7	31,8	64,0	36,0
Australien	31,5	31,5	56,3	43,7
Japan	18,2	28,6	55,9	44,1

1 = gesamte Abgabenbelastung
2 = darunter Steuerquote
3 = Anteil am Steueraufkommen direkte Steuern in Prozent
4 = Anteil am Steueraufkommen indirekte Steuern in Prozent[224]

1. Das Gezerre um die Steuerreform

Ronald Reagan sei ja nicht »irgendein Verrückter, sondern immerhin Präsident der Vereinigten Staaten«, gab Lester Thurow 1984 leicht süffisant zu bedenken. Und deshalb könne man dessen angebotsorientierte Wirtschaftspolitik auch nicht einfach so als Spinnerei abtun. Reagan hatte sich die Angebotstheorie eines Außenseiters der Ökonomie, Arthur Laffer, zu eigen gemacht, und auf extreme Steuersenkungen für Spitzenverdiener gesetzt. Milton Friedman, Nobelpreisträger und alles andere als ein Außenseiter, adelte Laffers Ideen mit den Worten: »Es läßt sich mühelos nachweisen, daß das steuerpflichtige Einkommen hinreichend steigen würde, um den durch die Senkung (auf höchstens 25 %) des Spitzensteuersatzes bedingten arithmetischen Verlust auszugleichen.« Gleichzeitig kürzte Reagan die Sozialausgaben, erhöhte die Staatsausgaben für Verteidigung, versprach, der Staat werde sich aus der Wirtschaft heraushalten und verringerte die Zunahme der Geldmenge. Politik und radikale Marktökonomen waren sich einig und kehrten zu einem »ökonomischen Fundamentalismus« zurück, der viele Opfer forderte. Die Warnungen, daß Steuersenkungen zwar zu einer Zunahme bei Ersparnissen, Investitionen und Arbeitseinsatz führten, aber dies eben nur in minimalem Umfang, blieben unbeachtet.[226]

Trotz des Fiaskos, das Reagan mit seiner angebotsorientierten Wirtschaftspolitik erzeugte, scheint es die derzeitige deutsche Regierung übernommen zu haben. Auch sie gibt vor, alle Steuerzahler entlasten und die Steuerflucht-Schlupflöcher für die Reichen schließen sowie Subventionen streichen zu wollen. Dabei hatte Unionsfraktionschef Wolfgang Schäuble schon im August 1996 zugegeben, eine weitere Entlastung der unteren Einkommen werde es nicht geben. Bei den Geringverdienern bestehe, so Schäuble, »der geringste Handlungsbedarf«.

Radikale Reformmodelle wie das von Gunnar Uldall (CDU) sahen drei Steuerstufen von acht, 18 (ab 20.000 Mark) und 28 Prozent (ab 30.000 Mark) bei gleichzeitiger Streichung aller Freibeträge und Abschreibungsmöglichkeiten vor. Uldall rechnete mit Steuerausfällen von rund 40 Milliarden Mark, die, so behauptete er, durch eine neue Dynamik in der Wirtschaft ausgeglichen werden könnten. Schäuble nannte dies zu Recht »weltfremd«.[227] Denn wer entscheidet, welche Vergünstigungen und Pauschälchen gestrichen werden sollen?

Die zunächst vielversprechenden Gespräche zwischen Koalition und Opposition um eine gemeinsame Steuerreform scheiterten spätestens an den Massenprotesten der Ruhrkumpel, die Kürzungen der Kohlesubventionen und damit den Verlust ihrer Arbeitsplätze befürchteten. Die SPD entschied sich für die alte Schlachtordnung und demonstrierte mit. Von der großen Steuerreform sind schließlich lediglich die Streichung der Gewerbekapitalsteuer und der Wegfall der Vermögensteuer geblieben. In einer Art Stellungskrieg beschossen sich die großen Steuerreformer unter heftigem verbalem Sperrfeuer aus dem Unternehmerlager mit immer neuen Vorschlägen, eine Idee jagte die nächste und traf ebenso sicher wie die vorige nicht ins Ziel.

Die FDP, seit 1969 an der Regierung beteiligt und somit auch mitschuldig am derzeitigen Steuerwirrwarr, will Arbeitnehmerfreibeträge, Kilometerpauschale und die degressive Abschreibung bei den Unternehmen streichen. Otto Graf Lambsdorff möchte außerdem auch die Nacht-, Sonn- und Feiertagszuschläge der Ärzte, Krankenschwestern, Kellner und Journalisten besteuern. Auch an die Lottogewinne will Lambsdorff ran. Vielleicht sollten sogar die Renten oder das Kranken- und das Arbeitslosengeld dem Fiskus unterliegen, wie etwa der sächsische Finanzminister Georg Milbradt (CDU), immerhin Mitglied der Steuerkommission, forderte. Auch die Steuervergünstigung für Zinsen aus Lebensversicherungen könnte gekippt werden, meinte Bayerns Finanzminister Erwin Huber, und wurde dafür von der FDP, deren Otto Graf Lambsdorff als Versicherungslobbyist gilt, öffentlich abgewatscht. Huber seinerseits hatte darauf verzichtet, die Privilegien der Bauern oder der Vereine zu hinterfragen, auch die Kirchensteuer müßte nicht staatlicherseits subventioniert werden. Sollen die Abfindungen von abgehalfterten Firmenmanagern mit mehr als dem halben Steuersatz besteuert werden? Und wie sieht es mit den dauerhaften negativen Einkünften von Immobilienbesitzern aus, die damit ihre Einkommen als Architekten, Steuerberater oder (siehe oben) Hochschulprofessor nach unten manipulieren?

Würde der Bund auf die Besteuerung der Mieten verzichten, würde er nicht draufzahlen. Denn dann könnten auch diese Aufwendungen nicht steuermindernd geltend gemacht werden. Unterm Strich ein gutes Geschäft für den Finanzminister. Auch diese Anregung verschwand wieder in den zuständigen Schubladen oder Papierkörben. Die SPD wollte allgemein die mittleren Verdienste mehr von der Steuer befreien und dafür 85 Steuervergünstigungen abschaffen. Die Grünen wollten das Ehegattensplitting beseitigen und den Steuersatz auf lineare 20 bis 40 Prozent ab 120.000 Mark Einkommen senken. Im Laufe weniger Monate kamen private Veräußerungsgewinne ins Spiel oder der Wertzuwachs bei Immobilien, die Mehrwert- und die Mineralölsteuer sollten zur Gegenfinanzierung erhöht werden. Um den Termin für die große Steuerreform wurde zwischen Kanzler (1999) und FDP (1998) gezerrt wie beim Tauziehen. Vielleicht kommt auch diese Reform nie. Eines aber wurde klar: Gekürzt werden sollte immer bei den anderen, geschützt wurde die eigene Klientel. Welche Privilegien letztlich auch immer fallen werden, eines wäre gewiß: Ein Aufschrei der Interessengruppen, der Lobbyisten in Bonn. Heilige Kühe wollen leben.

Eine Erklärung aus dem baden-württembergischen Finanzministerium sagt es mit aller Offenheit: Eine wesentliche Ursache des komplizierten Steuersystems sei, »daß das Steuerrecht eine Vielzahl von Sonderregelungen und Steuervergünstigungen mit außerfiskalischen Zielsetzungen enthält. Ein Abbau dieser Vergünstigungen läßt sich allerdings nur sehr schwer verwirklichen, weil dadurch in bestehende Besitzstände eingegriffen wird und dies auf den entschiedenen Widerstand der Interessengruppen stößt.«[228]

Einen durchaus fortschrittlichen Vorschlag hatte der Bundesverband mittelständische Wirtschaft gemacht. »Wir fördern Unternehmensziele«, wirbt der Verband, aber er vergißt dabei nicht, daß Unternehmen auch eine soziale Verantwortung haben und eine für Natur und Umwelt. Der BDI reagierte prompt und lehnte das Modell als »ungeeignet« und »kontraproduktiv« ab.[229] Wieder einmal zeigte sich, daß nicht die Wirtschaft als gesamte sich gegen eine vernünftige Steuerreform wehrt. Es sind Teile des deutschen Unternehmertums, die im Chef des BDI, Hans-Olaf Henkel, personifiziert sind. Als »Dinosaurier« werden die Henkels heute bezeichnet, weil sie für die immer gleichen Rezepte werben, die seit Jahrzehnten nur mehr Arbeitslose und weniger Arbeitsplätze schaffen. Noch immer bremsen sie erfolgreich jede wirklich progressive Lösung.

Die »Steuerrevolution« der Mittelständler nannte acht Thesen:

- kritische Durchforstung staatlicher Aufgaben, Leistungen und Subventionen
- Konsequente Verminderung der Steuer- und Abgabenlasten um ein Prozent jährlich (zehn Jahre lang) und gleichzeitige Senkung der staatlichen Ausgabenquote, die von 31 Prozent des Bruttoinlandsprodukts im Jahr 1950 auf mehr als 50 Prozent im Jahr 1994 angestiegen ist

- Steuerbefreiung von Innovations- und Investitionstätigkeit sowie der Eigenkapitalbildung kleinerer und mittlerer Unternehmen
- gesicherte Finanzierung der Kommunen durch Ersatz für den Wegfall von Vermögens- und Gewerbesteuer zur Sicherung der Infrastruktur sowie eines Sozialminimums für jeden einzelnen Bürger
- Radikale Vereinfachung des Steuersystems: wenige Steuern mit wenigen Ausnahmen und Beseitigung klientel-orientierter Ausnahmen
- Drei Basissteuern auf Naturverbrauch/Material-/Energiekonsum, auf Arbeit/Lohn und auf Kapital/Zinsen/Ererbtes/Schenkungen sowie Wegfall von Bagatellsteuern und der Vermögen- und Gewerbekapitalsteuer
- Ein »Fitness-Programm des betrieblichen Managements« sieht außerdem den Abbau von Bürokratie und Wasserköpfen sowie Mitarbeiterbeteiligung am Produktivvermögen (Mitarbeiteraktien u. a.) vor. Durch Umlage der Steuern auf Naturverbrauch, mehr private Vorsorge, eine Mindestsozialrente und ein Ende der Frührente sollen die Lohnnebenkosten um wenigstens die Hälfte gesenkt werden.

Dieses Programm, insbesondere die beiden letzten Punkte, entstand aus der Erkenntnis, daß es nicht mehr ausreicht, Pfründe hin und her zu schieben. Es steht mehr auf dem Spiel als das Wohl einzelner menschlicher Individuen. Die Deutschen, und nicht nur sie, leben auf Kredit. Ihr Wohlstand gründet sich auf einen unglaublichen Verbrauch der natürlichen Ressourcen. Sie sind billig, denn niemand treibt bisher die Kosten ein. Weil mehr verbraucht wird als erneuert, ist das Ende abzusehen. Auch die Natur kann nur so lange leben, bis sie nichts mehr hat. »Weiter so« heißt beim Energieverbrauch also zurück in die Steinzeit. Deshalb muß der Verbrauch an natürlichen Ressourcen gebremst werden. Menschen mit Ideen wollen eine Ökologische Steuerreform durchsetzen, die den Verbrauch von Energie, aber auch von Stoffen mehr als bisher besteuert. Mit den Mehreinnahmen könnten die Beiträge zur Rentenversicherung reduziert werden, was die Lohnnebenkosten senken würde, über deren Höhe die Unternehmen bei jeder Gelegenheit lautstark klagen. Weil das den Rationalisierungsdruck abbauen würde, hat eine Ökologische Steuerreform erfreuliche Nebenwirkungen: »Erst eine Ökologische Steuerreform wird mehr Beschäftigung und gleichzeitig mehr Umweltschutz bringen.«[230]

2. Der Brandstifter als Feuerwehrmann

Ein Dreiwege-Katalysator wiegt 8,4 Kilogramm. Er soll, und deshalb kauft heute jeder verantwortungsbewußte Deutsche sein Auto mit Kat, die Umweltbelastung durch Autofahren reduzieren. Doch die Produktion der Bestandteile, ein katalytisch beschichteter Keramitmonolith, ein elastisches Drahtgeflecht, eine Sauerstoffsonde und ein Gehäuse aus Edelstahl, belastet ebenfalls die Umwelt. Drei Tonnen Stoffe müssen bewegt und bearbeitet werden, bis der Katalysator seine Aufgabe übernehmen kann: den Abgasen Umweltgifte zu entziehen. Die MIPS-Zahl (Materialintensität pro Service) beträgt 357. Mit dieser Maßeinheit, erdacht von Friedrich Schmidt-Bleek vom Wuppertal Institut für Klima, Umwelt, Energie, können die vom Menschen verursachten Materialströme analysiert und gemessen werden. Die Zahl weist aus, wie groß der »ökologische Rucksack« ist, den ein Produkt mit sich herumschleppt. Berücksichtigt man die Herstellungskosten eines Katalysators, die nicht in klingender Münze beglichen werden müssen, dann wirft das »die Frage auf, ob der

Umweltschaden, den ein Katalysator verursacht, nicht größer ist als sein Nutzen«.[231] Sicher, der Katalysator war ein Fortschritt. Aber er ist lediglich nachsorgender Umweltschutz. Seine Einführung hat Gedanken über erheblich energiesparendere und sauberere Autos obsolet gemacht. Die Deutschen konnten wieder mit ruhigem Gewissen in ihren Automobilen sitzen. Das Umweltgewissen war beruhigt. Der Sorge um die Natur, sofern vorhanden, war Genüge getan.

Zwölf Tonnen Kohlendioxid pro Jahr setzt im Durchschnitt jeder Deutsche frei – die fünffache Menge dessen, was die Erde vertragen könnte, würde jeder der bald sechs Milliarden Menschen so viel CO_2 in die Luft pusten. Jeder Deutsche belastet die Umwelt überdurchschnittlich durch seinen PKW, seinen Energieverbrauch, mit Treibhausgas, mit Ozonschichtkillern, durch den Straßenbau, durch den Transport von Gütern und Personen, mit Aluminium-, Stahl- und Zementverbrauch sowie durch Haus- und Sondermüll. Jeder Deutsche verbraucht nach einer Studie etwa zehn mal soviel wie ein Argentinier, Filipino oder Ägypter. Ein Erdball allein könnte diese extensive Form von Konsum gar nicht bewältigen, würden alle Menschen so leben wie wir. Tendenz: weiter dem Erdtod entgegen. Allein der Autoverkehr produzierte 1987 fast 170 Millionen Tonnen CO_2, 1993 waren es schon 205 Millionen Tonnen. In diesem Viertel der gesamten CO_2-Emissionen enthalten ist sowohl eine Steigerung des Individualverkehrs als auch des Gütertransportes sowie der Flugreisen.[232]

Wir verbrauchen heute mehr als den Zinsertrag, den uns das Kapital Natur abwirft. Längst haben wir die Substanz angegriffen. Oder anders herum gesagt: Unser heutiger Wohlstand ist ein Leben auf Kredit, dessen Raten und Zinsen unsere Kinder bezahlen werden. 200 Milliarden Mark machen die jährlichen Umweltschäden in Deutschland aus, hat der Deutsche Naturschutzring errechnet, die Aufwendungen für

Umweltschutz belaufen sich dagegen auf lediglich 40 Milliarden Mark.[233]

Auf der Uno-Klimakonferenz 1995 in Berlin versprach auch die Bundesregierung, bis zum Jahr 2005 den Ausstoß von CO_2 gegenüber 1990 um ein Viertel zu reduzieren. Trotz des Industrieabbaus in den ostdeutschen Ländern wird sich dieses Ziel wegen des Zuwachses der Emissionen im Westen nicht realisieren lassen, wenn sich nichts Grundlegendes ändert. Doch darauf deutet nichts hin. Die Prognos AG rechnet bestenfalls mit 13 Prozent CO_2-Reduktion bis zum Jahr 2020. Der umweltpolitische Sprecher der SPD im Bundestag, Michael Müller, resümiert deshalb: »Es gibt unübersehbar einen krassen Widerspruch zwischen den großen, auch international gemachten Ankündigungen der Bundesregierung zur Klimaschutzpolitik in Deutschland und der Realität.«[234]

Die Anstöße und Gesetze für eine wirksame Berücksichtigung der Ökologie in der Politik müssen von einer tatkräftigen Bundesregierung kommen, denn die Industrie wird freiwillig nichts dazu beitragen. Das gilt trotz der »Erklärung der deutschen Wirtschaft zur Klimavorsorge« des BDI, in der dieser versprach: »Auf freiwilliger Basis ist die deutsche Wirtschaft bereit, besondere Anstrengungen zu unternehmen, ihre spezifischen CO_2-Emissionen bzw. den spezifischen Energieverbrauch bis zum Jahr 2005 um bis zu 20 % zu verringern.«[235] Dafür verpflichtete sich die Regierung, »ordnungsrechtliche Maßnahmen zur Klimavorsorge einstweilen zurückzustellen und entsprechend der Koalitionsvereinbarung der Privatinitiative Vorrang zu geben.«[236] Ein Kuhhandel, der Politik blockiert und von der Industrie nichts zwingend erfordert. Die Zauberworte heißen »bis zu«. Das DIW hat denn auch gerügt, daß der Gesetzgeber auf Zugriffsmöglichkeiten verzichtet habe. Die Einhaltung solcher Selbstverpflichtungserklärungen sei nicht gesichert, Unternehmen, die keine Umweltschutzmaßnahmen ergriffen, könnten sich Wettbewerbsvorteile verschaffen. Am wichtigsten aber: Es fehle die »dynamische Anreizwirkung, neue Technologien zu entwickeln und über ein vereinbartes Reduktionsziel hinauszugehen«.[237]

Der neue Guru der Wirtschaftsliberalen, Milton Friedman, hat die Aufgaben eines Firmen-Managers mit geradezu entwaffnender Ehrlichkeit umrissen. Auf die Frage, ob nicht die Unternehmen selbst in Aktion treten sollten, um aus dem Gefühl sozialer Verantwortung heraus die Umweltverschmutzung zu stoppen, antwortete er: »Ich würde keine Aktie kaufen von einer Firma, die diese Art von Firmenkräften engagiert.« Ein Vorstand einer AG habe dafür zu sorgen, »möglichst viel Gewinn für seine Aktionäre zu machen«. Ein Vorstand, der irgend etwas aus sozialer Verantwortung heraus beschließe, nehme den Aktionären und auch den Angestellten durch niedrigere Löhne Geld weg, ebenso den Konsumenten durch höhere Preise. Wolle er seine Moralvorstellungen durchsetzen, solle er dies mit seinem eigenen Geld tun.[238]

Einer wie Friedman kann sich offenbar nicht vorstellen, was heute bereits Praxis ist: Manche Menschen bezahlen mehr Geld für Waren, die unter ökologischen Gesichtspunkten hergestellt worden sind. Andere verzichten auf Konsum, weil sie ihren Kindern auch noch etwas übrig lassen wollen. Auch Aktionäre sollen gelegentlich noch etwas anderes im Kopf haben als die Steigerungsraten ihrer Rendite. Friedman dagegen glaubt nicht an Altruismus oder Solidarität, für ihn sind Habgier und Egoismus die einzig verläßlichen Eigenschaften aller Menschen. Verantwortungsbewußtsein kennt Friedmans Theorie nicht, nur den Markt. Produkte, die unsere Umwelt zerstören, gibt es nur, weil eine Nachfrage da ist. »In Wahrheit regen sich die Kritiker darüber auf, daß die Konsumenten im Kapitalismus das bekommen, was sie wollen und nicht das, was sie nach Meinung der Kritiker haben sollten.«[239]

Ohne regulierende Eingriffe des Staates bekommen wir immer mehr Umweltverschmutzung. Ohne regulierende Eingriffe fällt diese Welt in Scherben. Die Neoliberalen ficht das nicht an. Egal, dann baut der Markt sie eben wieder auf!

3. Siegen bis zum Untergang

Im Rhein schwimmen heute wieder Fische. Das Ruhrgebiet sieht wieder die Sonne. Entschwefelungsanlagen oder andere Umweltmaßnahmen, mit denen die Folgen der rauchenden Schlote verhindert werden, hätte der Markt des Milton Friedman nicht erfunden. Denn sie kosten die Unternehmen Geld und gefährden damit die Wettbewerbsfähigkeit. Nach der Logik des freien Weltmarktes wären damit die Unternehmen nicht mehr konkurrenzfähig gewesen, die solche Anlagen in ihre Fabriken einbauen mußten, weil ihr Staat es ihnen auferlegt hatte. Weil die Deutschen wieder lebendige Flüsse und saubere Luft haben wollten, mußte die Politik die Unternehmen verpflichten, bestimmte Grenzwerte einzuhalten. Das ist besser als nichts, aber nicht genug. Doch schon diese Maßnahmen trugen dazu bei, daß sich Ökonomie und Ökologie auch beim angeblichen Umweltschutz-Weltmeister Deutschland noch immer gegenüberstehen wie zwei Boxer im Ring.

Die Nachsorge bezahlt selbstverständlich nicht der Hersteller, sondern er versucht, die Kosten auf den Preis abzuwälzen. Mithin bezahlen für eine bessere Umwelt schließlich wir alle. Beispiel Landwirtschaft: Für ein Kilogramm des »Unkraut«-Vernichtungsmittels Atrazin der Schweizer Firma Ciba-Geigy mußte ein Landwirt rund zehn Mark bezahlen. Sickerte es ins Grundwasser, mußte ein Wasserwerk für die Reinigung 150.000 Mark aufbringen – Kosten, die auf den Wasserpreis aufgeschlagen wurden. Obwohl 1991 in der Bundesrepublik verboten – wegen des Verdachts, krebserregend zu sein –, fand das Umweltbundesamt noch 1994 bei 14.000 Proben in deutschen Wasserwerken fast bei jeder zweiten diesen Giftstoff.[240]

Der Grundfehler einer freien Marktwirtschaft in bezug auf ökologisches Wirtschaften ist, daß vorausschauende Investitionen sich nicht lohnen. Ciba-Geigy will sein Unkrautmittel möglichst oft und mit ordentlicher Gewinnspanne verkaufen, danach endet das Interesse der Firma an ihrem Produkt. Erst wenn Natur zerstört ist, lohnt sich eine Investition, um den Schaden wieder zu heilen. Das »Gegengift« für Atrazin ist Aktivkohle, die zwar nicht von Ciba-Geigy hergestellt wird, aber einem anderen Unternehmen Umsätze verschafft. Im Idealfall vergiftet ein Unternehmen die Umwelt, um anschließend das Gegenmittel anzubieten. Der Brandstifter als Feuerwehrmann. Bei der Entschwefelung von Abgasen wird ebenso am Ende der Produktionskette das geheilt, was zuvor versäumt worden ist. Mit Gewinn für den Produzenten von Entschwefelungsanlagen, und wenn es dem Investor gelingt, sein Umweltengagement auf die Preise abwälzen, auch mit Gewinn für diesen. Das Bruttosozialprodukt wächst auf diese Weise durch die Zerstörung der Umwelt doppelt: indem die Natur als kostenloses Produktionsmittel mißbraucht und beschädigt wird, und dann ein zweites mal durch die Wiederbelebung – sofern sie gelingt.

Zerstören und wieder aufbauen, so siegt der Kapitalismus bis zum Untergang. »Wenn die Weltmeere vergiftet und ölverseucht sind, wenn der Treibhauseffekt die Naturgrundlagen des gesellschaftlichen Lebens zerstört hat, wenn die Regenwälder und ein Großteil der biologischen Arten vernichtet sind und die Ozonschicht in der Stratosphäre nicht mehr existiert, dann lohnt es sich in einer naturblinden Wirtschaft, diese Güter zu produzieren.«[241]

Kurzlebige und Wegwerfgüter schaffen mehr Wachstum als langlebige, die repariert und bei Neuentwicklungen durch Zusatzteile (Upgrades) aufgewertet werden können. Bei Computern etwa wäre eine solche Entwicklung längst erforderlich, um die Elektronik-Müllberge zu begrenzen. Erreicht werden könnte dies durch eine verschärfte Rücknahmepflicht der Produzenten (die Friedmans Jünger ebenfalls zum Wohle des Marktes ablehnen würden). Dann hätten die Hersteller ein eigenes Interesse daran, möglichst langlebige Güter herzustellen. Umweltprobleme, die jetzt teuer und mühsam bereinigt werden müssen, würden durch neue Technologien, für deren Entwicklung es bisher kein Interesse gab, möglicherweise gar nicht mehr entstehen.

Bis heute aber sagen die Preise für zahlreiche Produkte nicht die Wahrheit, weil die volkswirtschaftlichen Folgekosten nicht eingerechnet sind. Lutz Wicke hat als erster versucht, »die ökologischen Milliarden« zu quantifizieren. Seine »ökologische Schadensbilanz der Bundesrepublik Deutschland« hat externe Kosten ermittelt, die 1985 rund 100 Milliarden, 1992 schon mehr als 200 Milliarden Mark ausmachten. Das entsprach fast sieben Prozent des Bruttosozialprodukts.[242]

Industrie und konservative wie marktliberale Politiker verharren in einer Art Stellungskrieg, bei dem seit Jahren mit den gleichen Waffen auf Naturschützer geschossen wird, die das Verursacherprinzip einklagen. Getroffen wird dabei meist die Umwelt, was im Rahmen der letzten Standortdebatte deutlich geworden ist. Eberhard Feess von der European Business School meinte: »Niedrige Umweltstandards lassen sich vor dem Hintergrund der neuen Außenhandelstheorie als indirekte Subventionen interpretieren, die dazu dienen, Gewinne in internationalen Oligopolen ins Inland zu transferieren. Es gibt daher gute nationale Gründe für Öko-Dumping.« Die Befürchtung, ausländisches Öko-Dumping führe im Inland zu niedrigeren Löhnen oder ebenfalls zu niedrigeren Umweltstandards, sei »keineswegs unplausibel«. Umweltpolitik wird von Feess konsequent als »zusätzliche Restriktion« verstanden. Die Chancen des Vorreiters nennt er zwar »vielversprechend«, aber durch Forschungsmodelle bisher nicht zufriedenstellend abgesichert. Daß sich eine wirklich ökologische Politik rasch wird durchsetzen können, erscheint deshalb als unwahrscheinlich. Feess' resignatives Urteil: »Die Zeit der großen theoretischen Entwürfe ist vorbei«.[243]

Ohnehin richtet sich der Blick in wirtschaftlichen Krisenzeiten aufs Eingemachte. Im Zweifel sollen sich die Deutschen für den Wohlstand entscheiden. Die Industrie erklärt, in heutigen Zeiten müsse jeder zurückstecken, also auch die Umwelt. Und der ehemalige Sozialminister Herbert Ehrenberg diagnostiziert für Deutschland: »Zehn Millionen Menschen leben hier unter der Armutsgrenze. Mit denen müssen sie nicht über die Umwelt reden, sondern über Essen, Trinken und besseres Wohnen.«[244]

4. Der zweifelhafte Sieg des BDI: Stillstand an der Umweltfront

Als sich irgendwann im August 1995 die »Ludwigshafener Bande« zu einem »Geheimgespräch« traf, platzte ein schöner Traum. An diesem Sommertag wurde die Ökologische Steuerreform abgetrieben, bevor sie das Licht der Welt erblicken konnte. Die Totengräber: Bundeskanzler Helmut Kohl, BDI-Chef (und Umweltmanager des Jahres 1992) Hans-Olaf Henkel und Friedrich Strube, Vorstandsvorsitzender von BASF, die in Kohls Wahlkreis residiert und für insgesamt 1,5 Prozent des deutschen Stromverbrauchs verantwortlich ist. Per Handschlag, so haben Carsten Krebs und Danyel T. Reiche herausgefunden, soll der Bundeskanzler den Industrievertretern versprochen haben, das Projekt der Ökologischen Steuerreform zu beerdigen. Dabei hatte es in einer Koalitionsvereinbarung, getroffen nach der Bundestagswahl 1994, noch geheißen, eine kombinierte CO_2-/Energiesteuer sei »dringend notwendig«. Wolfgang Schäuble, der die Idee befürwortete, »schäumte«, erfuhren die beiden von einem Gewährsmann. Aber von diesem Tag an hieß es unter CDU-Abgeordneten, lediglich eine aufkommens- und wettbewerbsneutrale CO_2-Steuer im europäischen Rahmen sei denkbar.[245]

Während der BDI-Chef dem Kanzler erneut versprach, die Industrie werde eigenverantwortlich für mehr Umweltschutz sorgen, investierten die westdeutschen Großbetriebe Jahr für Jahr weniger Geld in die Ökologie. 1988 gab das produzierende Gewerbe noch mehr als acht Milliarden Mark für Umweltschutz aus, 1994 standen in den alten Bundesländern weniger als fünf Milliarden zu Buche. Der Anteil der Umweltinvestitionen am gesamten Investitionsvolumen verringerte sich von 10,7 auf 4,7 Prozent. Die gesetzlichen Umweltauflagen, entlastete die *FAZ* die Industrie, seien weitgehend erfüllt. Neuinvestitionen in großem Umfang seien nicht mehr notwendig.[246]

Damit konnte sich die Republik endlich wieder wichtigeren Tagesfragen zuwenden und das angeblich wirtschaftsfeindliche Projekt der Ökosteuern beerdigen. Ohnehin war neben der Kanzlerpartei und der FDP auch die CSU von Anfang an dagegen gewesen. In der SPD-Spitze gibt es Befürworter (Lafontaine) und Gegner (Schröder) und somit kein klares Bild.

Den ökologischen Betonköpfen fehlt das Verständnis für eine Idee, die Umweltschutz und ökonomische Interessen unter einen Hut zu bringen verspricht. Durch eine Ökologische Steuerreform soll der Umweltverbrauch teurer gemacht werden, damit endlich auch die externen Kosten in die Produktpreise einfließen. Die Idee ist schon mehr als 70 Jahre alt. Der englische Wirtschaftswissenschaftler Arthur Cecil Pigou hatte schon in den zwanziger Jahren für die Umweltbelastung durch Produktion und Verbrauch und die damit einher gehende Belastung Dritter das Verursacherprinzip eingeklagt.

Doch das ist nur die eine Seite der Medaille. Die dabei eingenommenen Mittel sollen möglichst ganz über eine Minderung anderer Steuerarten und der Lohnnebenkosten ausgeglichen werden. Unterm Strich entstehen damit für die Wirtschaft insgesamt keine zusätzlichen Kosten, auch wenn es bei der Betrachtung einzelner Branchen Gewinner und Verlierer geben wird. Mehr Kosten kämen etwa auf die Eisen- und Stahlindustrie, die chemische Industrie, die Branche Steine, Erden, Baustoffe sowie die Wasserwirtschaft zu. Nicht ganz zu Unrecht erklärt der BDI: »Die Stahlindustrie oder die Chemie würden die Entlastungen bei den Lohnzusatzkosten der arbeitsintensiven Banken und Versicherungen, der Bahn und der Postdienste zahlen.« Die Stahlindustrie würde nach BDI-Berechnungen bei Umsetzung des Modells des DIW im fünften Jahr knapp 2,9 Milliarden Mark zusätzliche Energiekosten tragen müssen, dagegen bei der Sozialversicherung mit 400 Millionen Mark entlastet werden. Netto wäre das eine Belastung von 2,5 Milliarden Mark. Jede Tonne Walzstahl würde sich damit um 70 Mark verteuern, im zehnten Jahr um 169, im 20. Jahr um 300 Mark. Eine Tonne Zement würde mit einer wachsenden Energiesteuer um mehr als 50 Prozent teurer, eine Tonne Papier um 154 Mark. »Im internationalen Wettbewerb ist eine solche Preisanhebung nicht durchzusetzen.« Die Wirtschaft mit Umweltsteuern zu lenken, warnt der BDI, »führt zu einem ökonomisch kostspieligen Einstieg in die ökologische Planwirtschaft«.[247]

Solche Sätze sind Ideologie und reine Abwehrgefechte. Die Konzepte von wissenschaftlicher Seite belegen fast ausnahmslos die großen Chancen einer solchen Reform. Erleichtert würde eine solche Umstrukturierung der Steuern durch eine möglichst europaweite, auf lange Sicht weltweite Umsetzung, damit innerhalb von Branchen keine Wettbewerbsvor- oder nachteile ausgenutzt werden können. Das Heidelberger Umwelt- und Prognoseinstitut hatte schon 1988 festgestellt, daß der Staat von 1960 bis 1987 seine Einnahmen aus der Lohnsteuer um 2.000 Prozent gesteigert hatte, die aus der Mineralölsteuer dagegen nur um 157, aus der KFZ-Steuer nur um 58 Prozent. Energieverbrauch wurde also stets subventioniert, weil er als Treibstoff fürs Wirtschaftswachstum unentbehrlich war. Doch mit dem wachsenden Verbrauch der billigen Ressource konnte auch die umweltschädigende Wirkung nicht mehr übersehen werden. Um dem entgegenzusteuern, befürwortete der Heidelberger Ökosteuer-Vorschlag zwölf Abgaben auf 35 umweltbelastende Produkte.

Auch das DIW kam in seiner Studie 1994 zu einem positiven Ergebnis. Eine Ökologische Steuerreform wurde »als ökologisch und wirtschaftlich sinnvoll sowie politisch durchaus vermittelbar angesehen«. Eine wirkliche Beeinträchtigung der Wettbewerbsfähigkeit der deutschen Wirtschaft sei »nicht zu befürchten«. Die Einsparung treffe vor allem »relativ immobile Sektoren« der Wirtschaft und die Haushalte. Thilo Bode, Geschäftsführer von Greenpeace, in deren Auftrag die Studie erstellt worden war, erklärte: »Wer jetzt noch ... behauptet, die Öko-Steuer könne nur zusammen mit den anderen EU-Ländern durchgeführt werden, betreibt faktisch Verhinderungspolitik.« Selbst das Finanzwissenschaftliche Forschungsinstitut der Universität Köln kam in seiner Studie, die es im Auftrag des BDI unternahm, zu dem Ergebnis: »Wird das Aufkommen neuer Ökosteuern zur Senkung der Sozialabgaben verwendet, sind ... auch die erhofften positiven Impulse für die gesamtwirtschaftliche Zielerreichung und den Arbeitsmarkt denkbar.«[248]

Eine Studie des Wuppertal Instituts für Klima, Umwelt, Energie weist nach, daß unser Wohlstand zu sehr auf der Natur lastet. Sie fordert deshalb statt einer nur nachsorgenden eine vorsorgende Umweltpolitik: »Die Industrieländer müssen ihren Rohstoff-, Energie- und Naturverbrauch durch soziale Anpassung, veränderte Lebensstile und technische Innovation deutlich absenken.«[249]

Die Autoren der Studie haben für Deutschland Wende-Szenarien entwickelt, die an erster Stelle ein Öko-Auto propagieren, das leichter und kleiner ist und weniger verbraucht, aber auch langsamer beschleunigt und fährt. Sie zeigen außerdem Konzepte für mehr Personen- und Gütertransporte mit der Bahn auf, machen den Nutzen von Niedrigenergiehäusern klar und empfehlen als wichtigste Neuerung eine Ökologische Steuerreform, die niemandem mehr als bisher in die Tasche greift, aber zu einem verantwortungsbewußteren Umgang mit den Ressourcen und damit der Zukunft der Erde führen könnte. Der Naturverbrauch soll sich als effektiver Kostenfaktor in der Produktion niederschlagen, statt die Unternehmen lediglich zu freiwilliger Nachsorge anzuspornen. Damit würden Innovationen gefördert, die weniger Umwelt verbrauchten. Damit die Unternehmer nicht noch mehr belastet werden, soll diese Steuer durch Minderungen bei den Lohnnebenkosten ausgeglichen, der Faktor Arbeit gegenüber dem Faktor Energie verbilligt werden. Damit würden Energiesparer belohnt, die Industrie mit ihren energieintensiven Anlagen wäre zu Innovationen gezwungen.

Bisher trägt die Besteuerung der Arbeit mit 38 Prozent zum gesamten Steueraufkommen bei, die Steuern auf Energie nur zu 8,5 Prozent.[250] Dieses Mißverhältnis soll zurechtgerückt werden. Bis zum Jahr 2050 soll mit dieser Strategie der Einsatz von fossilen Energieträgern und nicht erneuerbaren Primärrohstoffen um 80 bis 90 Prozent gesenkt werden. Das beste daran: Zu den bestehenden 950.000 Arbeitsplätzen in der Umweltschutzindustrie[251] könnten noch einmal mehrere Hunderttausend geschaffen werden – und der Bundesrepublik fantastische Perspektiven.

Die Ideologen der radikalen Markwirtschaft bremsen: Für sie ist ein stetiges Wachstum dieser Wirtschaftsform unbedingt zugehörig. Ein Betrieb, der nicht wächst, wird gefressen, heißt es. Und eine Gesellschaft, deren Sozialprodukt nicht wächst, ereilt das gleiche Schicksal im internationalen Rahmen. Die Ökosteuer-Diskussion dagegen gefährde schon heute den Standort, weil Investitionsentscheidungen wegen der Unsicherheit an der Steuerfront ausblieben. Außerdem: »Anreize zur Schaffung von Arbeitsplätzen und zur Entwicklung und Nutzung energiesparender Techniken bleiben auch bei der vorgeschlagenen Verlagerung der Steuerbelastung vom Faktor Arbeit auf den Faktor Energie aus. Denn sowohl neue Arbeitsplätze als auch Umweltschutzinvestitionen erfordern einen hohen Kapitaleinsatz; aber gerade der Faktor Kapital ist in Deutschland überdurchschnittlich hoch belastet.«[253]

Bedeutet die Umwelt zu beachten wirtschaftlichen Stillstand, der unseren Wohlstand bedroht? Im Gegenteil. Gerade wer auf dem Weg zu weniger Materialverbrauch die Nase vorn hat, erwirbt sich als Vorreiter beste Marktchancen. Zumindest wurde noch nicht ausprobiert, ob die Reduzierung des Verbrauchs von Energie und Stoffen mit der Marktwirtschaft vereinbar ist. Falls nicht, »wäre die Gesellschaft vor die Wahl gestellt, entweder das marktwirtschaftliche System grundlegend zu ändern oder auf die ökologische Anpassung in Richtung Zukunftsfähigkeit zu verzichten«.

Doch längst halten nicht nur »grüne« Wissenschaftler und »Spinner« die Zeit für solch eine Revolution für gekommen. Die Idee gärt weiter. Der Umweltwissenschaftler Ernst Ulrich von Weizsäcker hat zusammen mit dem ehemaligen BASF-Manager Henner Ehringhaus den Förderverein Ökologische Steuerreform (FÖS e.V.) gegründet. Um auch den »Großen« aus der Industrie die Idee schmackhaft zu machen, lautete ihr letzter Vorschlag, daß energieintensive Unternehmen für eine Übergangszeit von der Besteuerung ausgenommen werden sollen, um ihnen Gelegenheit zur Umstellung zu geben. Mit solch einem Kompromiß soll der Gefahr entgegengetreten werden, daß diese Betriebe ihre Produktion ins Ausland verlagern. Man sehe, heißt es in einem Positionspapier, »das Einsparungspotential in erster Linie im Verkehr und in den Haushalten«. Allerdings soll der Energieverbrauch außerhalb der Produktionsprozesse, also für Raumwärme oder Transport, auch in gewerblichen Unternehmen besteuert werden.

Der FÖS rechnet nach sechs Jahren mit einer zusätzlichen Einnahme von 50 Milliarden Mark, mit dem sozialversicherungsbedingte Lohnnebenkosten sowie wettbewerbs- und anreizschädliche direkte Steuern gesenkt und Energiesparmaßnahmen in privaten Haushalten gefördert werden sollen. Der FÖS glaubt, daß die Industrie diesen Vorschlägen nicht widersprechen könne, »da sie nicht nennenswert belastet, statt dessen über sinkende Lohnnebenkosten und/oder direkte Steuern sogar entlastet wird«. Wegen der Kompromisse bezüglich der Besteuerung der Industrie würden zwar die ökologischen Organisationen nicht voll zufrieden sein, den Vorschlag aber »als Einstieg in eine Ökologisierung des Steuersystems gleichwohl kaum ablehnen können«.[254]

5. Ökologische Steuerreform: Wo bleibt der politische Mut?

Trotz solcher Zugeständnisse verharrt der Bundesverband der Deutschen Industrie bei seinem Nein.[255] Umweltschutz kostet Geld, wird unverändert als Glaubenssatz heruntergebetet. Für den bisherigen nachsorgenden Umweltschutz, etwa durch Filteranlagen oder die »Heilung« von Umweltschäden trifft das wie gesehen sogar zu. Eine wachsende Zahl von kleinen und mittleren Betrieben aber hat erkannt, daß Ökologie und Ökonomie nicht in einem unauflösbaren Widerspruch stehen. Denn durch fortschrittliche Technik lassen sich heute ungeheure Mengen an Energie und damit Kosten einsparen. Bei ihnen stoßen die grünen Steuerreformer auf offene Ohren.

Der Bundesverband Junger Unternehmer hat gemeinsam mit dem Bund für Umwelt und Naturschutz eine Neuorientierung gefordert. Der Arbeitskreis Steuerreform des Bundesverbandes mittelständische Wirtschaft hat gleich umwälzende Leitlinien für eine Steuerreform erstellt, deren Schwerpunkt auf einer ökologischen Umschichtung liegen: Neben Steuersenkungen und einer Vereinfachung des Systems soll ab 1998 in berechenbaren Etappen eine Steuer auf den Naturverbrauch eingeführt werden, Zug um Zug begleitet von einem Abbau der Abgaben auf Arbeit und Lohn. Dies führe »in Wirtschaft und Gesellschaft zu einer längst fälligen Effizienz-Revolution und damit zur Besserstellung des Lebens- und Wirtschaftsstandortes Deutschland im internationalen Wettbewerb«. Das heutige Steuersystem belaste überwiegend den Faktor Arbeit, 61,6 Prozent des Abgabenaufkommens (737 Milliarden Mark). Über die Mehrwertsteuer fließen 216 Milliarden Mark in die staatlichen Kassen (18,2 Prozent), die Besteuerung des Kapitals bringt dem Finanzminister 130 Milliarden Mark (10,9 Prozent). Der Faktor Natur macht gerade einmal 9,3 Prozent aus, wobei in diese Sparte neben Mineralöl- und KFZ-Steuer sowie Grundsteuer auch die Tabak-, Alkohol- und Kaffeesteuer eingereiht sind.

Der billige Ausverkauf der Natur soll ein Ende haben. Neben einer Primärenergiesteuer auf Öl, Kohle, Gas und Strom sehen die Leitlinien eine Steuer auf die Bodennutzung vor, auf den Wasserverbrauch, auf die mit Schadstoffemissionen verbundene Luftnutzung, auf nicht genutzte Abwärme sowie auf vermeidbare Abfälle. Ressourcenfreundliches Verhalten solle sich sofort in Steuererleichterungen niederschlagen. Unter anderem solle die Kilometerpauschale abgeschafft und durch eine Entfernungspauschale ersetzt werden, die auch Bahnreisenden, Radfahrern und Fußgängern zugute kommt – in einheitlicher Höhe. Dies werde »zu einer finanziellen Belastung von unintelligentem Überverbrauch an Naturgütern über alle Werterzeugungsstufen hinweg führen. Dagegen würden intelligente Einsparideen und Umweltinnovationen begünstigt, insgesamt die Wirtschaft modernisiert und wettbewerbsfähiger.« Diese »Steuerrevolution begünstigt Aufbruch-Visionen und einen Innovationsschub für den Lebens- und Wirtschaftsstandort Deutschland«.[256]

Der Verband hat sein Konzept einer »Steuerrevolution« an zahlreiche Ministerien und Politiker geschickt. Christine Scheel, finanzpolitische Sprecherin der Bundestagsfraktion von Bündnis 90/Die Grünen, antwortete erfreut: »In vielen Punkten sprechen Sie uns aus der Seele.« Und: »Wir nehmen Ihre Anregungen gerne in unsere tägliche Arbeit mit auf.«[257] Entsteht hier eine neue wirtschaftsgrüne Koalition?

In Bonn dagegen ist die Idee einer Ökologischen Steuerreform ins Abseits gerutscht. Seit die FDP ihre Hoffnungen für die Wahlen 1998 auf das vom neuen Generalsekretär Guido Westerwelle verordnete Image einer Steuersenkungspartei setzt, ist mit der bestehenden Koalition kein Umwelt-Staat mehr zu machen. Die eigenen Vorschläge der Liberalen schlummern seit 1995 in Schubladen, die fest verschlossen sind. Um sich Angriffen erwehren zu können, wird auf die Notwendigkeit einer gemeinsamen europäischen Steuerpolitik in Sachen Umwelt verwiesen. Das Stuttgarter Finanzministerium ist der Meinung, die angestrebte Steuervereinfachung dürfe »nicht dadurch konterkariert werden, daß neue Sonderregelungen mit außersteuerlicher Zielsetzung geschaffen werden«.[258] Der bayerische Staatsminister für Finanzen, Erwin Huber, hält die Ökologische Steuerreform für »schädlich« und »gerade aus der Sicht der mittelständischen Betriebe« für einen »Irrweg«. Huber schrieb dies als Antwort auf eine Anregung des Bundesverbandes der mittelständischen Industrie, der eine Ökologische Steuerreform – wie gesehen – keinesfalls für einen Irrweg hält, sondern nachdrücklich empfiehlt.[259] Auch aus dem SPD-geführten Nordrhein-Westfalen ließ Wirtschaftsminister Wolfgang Clement verlauten, man müsse »mit Blick auf die kritische Kostensituation der Unternehmen« alles vermeiden, »was auch nur den Anschein einer Mehrbelastung der Unternehmen erweckt«.[260] Und seit auch der niedersächsische Ministerpräsident Gerhard Schröder als Kanzlerkandidatenanwärter erklärte, eine Ökologische Steuerreform passe nicht in unsere Zeit, kann Oskar Lafontaine noch so laut die Werbetrommel schlagen, es glaubt ihm keiner. Steuerreform heißt heute nur noch: runter mit den Steuern für Unternehmer. Steuern auf Energie dagegen koste den Unternehmer Geld, wird heute kolportiert. »Ökologische Steuern«, so prognostizierte das Rheinisch-Westfälische Institut für Wirtschaftsforschung, »vernichten Arbeitsplätze, und zwar im großen Stil.«[261] Unter den Tisch fällt dabei, daß die Modelle einer Ökologischen Steuerreform im Sinne von mehr Umweltverträglichkeit umstrukturieren wollen, und zwar ohne insgesamt mehr Steuern ins Finanzministerium zu schaufeln. Die

»grünen« Alternativen aber – das scheint in Politik und Wirtschaft noch niemand begriffen zu haben – bieten sogar die Chance zu wirtschaftlichem Wachstum im nächsten Jahrhundert. Statt Kohle und Kernenergie mit Milliarden zu subventionieren, so meinen die Wuppertaler Forscher, sollte wenigstens ein Teil dieser Mittel in die Erforschung und Entwicklung alternativer Energiegewinnung fließen. Gerade hier liegen riesige Zukunftschancen.

»Ein Staatsapparat wäre aus der Sicht des Umweltschutzes dann funktional, wenn aus dem Finanzministerium Vorschläge zur Ökologischen Steuerreform, aus dem Wirtschaftsministerium Vorschläge zur Energieeinsparung und aus dem Verkehrsministerium Vorschläge zur Verkehrsvermeidung hervorgingen.«[262] Die konservativ-liberale Regierungskoalition sieht ihre Aufgaben indes ganz anders. Dagegen wäre es angesichts der Umweltkrise erforderlich, Ökologische Steuerreform, Subventionsabbau und -umbau, die Einschränkung des Energiemonopols und weitere ökologische Ziele endlich anzugehen. Solch einer Politik würden die Autoren der Wuppertaler Studie »politischen Mut« attestieren.

Noch heißt es nicht: Sozialismus oder Ökotod. Die Marktwirtschaft wird aber beweisen müssen, ob sie in der Lage ist, ihre Lebensbedingungen zu erhalten oder in einem einseitig orientierten Wachstumswahn versinkt. Um dem Verschieben und Wegschieben, Warten und Aussitzen ein Ende zu bereiten, hat Ernst Ulrich von Weizsäcker die Gründung einer Institution angeregt, in der die ökologische Reform diskutiert werden kann. Umwelt- und Finanzpolitik, Wirtschafts- und Sozialpolitik sollen ihre Vorschläge und Alternativen vortragen und miteinander abstimmen – auch unter dem Gesichtspunkt, daß sie EU-konform sein müssen. Durch solch einen Ideenwettbewerb soll verhindert werden, daß auf die »wichtige Lenkungsfunktion der Ökosteuern weiterhin verzichtet wird«.[263]

Bis diese Utopie sich als vernünftig durchgesetzt haben wird, kann schon heute jeder einzelne Verantwortung für morgen übernehmen: Zehn Prozent aller Autofahrten enden schon nach weniger als einem, 40 Prozent nach weniger als drei Kilometern. Warum nicht zu Fuß gehen oder aufs Fahrrad oder auf öffentliche Verkehrsmittel umsteigen? Warum kaufen Berliner Milch und Joghurts aus Bayern? Warum fliegen Hamburger Manager nach Köln? Warum essen immer mehr Menschen Fertiggerichte und Tiefkühlkost aus aller Welt statt frischer Lebensmittel aus der Umgebung? Warum kaufen wir noch immer Wegwerfprodukte? Warum werden noch immer 29 Prozent der Wäsche mit Maschinen getrocknet? Warum müssen wir alle Waschmaschinen, Skiausrüstungen, Staubsauger, Leitern, Rasenmäher oder auch ein Auto besitzen statt es gemeinsam mit anderen zu nutzen und zu teilen? »Immer mehr Autos, immer mehr Häuser und immer mehr Maschinen und Geräte fressen die Effizienzgewinne wieder auf. Über eine Selbstbegrenzung nachzudenken, wird uns auf Dauer nicht erspart bleiben.«[264] Erzieherische Maßnahmen der Industrie durch Verzicht auf umweltschädigende Produkte könnten diesen Prozeß beschleunigen.

6. Der Streit um den Strom

Die Wirtschaftswoche feierte ein revolutionäres Konzept: die norwegische Strombörse. Jeder Kunde kann sich im Norden Europas seinen Stromversorger frei wählen. Eine Konkurrenz, so verdeutlicht das Blatt, die Folgen hat. Der freie Elektrizitätsmarkt in Norwegen habe – ganz wie uns neoliberale Theorie stets verspricht – zu günstigeren Preisen für die Kunden geführt. Ein Drittel der deutschen Strompreise zahlen die Nordländer, und weil der Strom so billig ist, dürfen sie sich über ein wahrhaft luxuriöses Leben freuen. 28.000 Kilowattstunden Strom verbraucht jede Norwegerin und jeder Norweger im Jahresdurchschnitt, doppelt so viel wie die US-Amerikaner und fünfmal so viel wie die Deutschen. Über diese »Zukunft des Strommarktes« jubelt Autorin Monika Dunkel gerne mit: »Statt Schnee zu schippen, werden in Oslo im Winter die Bürgersteige beheizt.«[265]

Wenn das kein Grund ist, sich zu freuen. Doch der vermeintliche künftige Exporterfolg beruht leider auf einer Milchmädchenrechnung. Der norwegische Energiemarkt ist anders strukturiert als der deutsche. Strom kommt zu einem großen Teil aus Wasserkraft, ist also billiger, vor allem ökologisch billiger als deutscher Strom. Müßten die Stromversorger der Bundesrepublik für solcherlei Unsinn fünf mal so viel Strom produzieren wie heute, würde der Preis keinesfalls auf ein Drittel fallen. Wind- und Wasserkraft sowie andere regenerative Energiequellen könnten den zusätzlichen Bedarf nicht befriedigen, also müßten Atomenergie und fossile Brennstoffe eingesetzt werden. Die dabei entstehenden ökologischen Kosten fließen in eine so erstellte Gesamtrechnung und in den Traum von beheizten Bürgersteigen auch in Düsseldorf nicht ein.

Die Öffnung des Strommarktes wird kommen. Ob die Energie deshalb billiger wird, darf bezweifelt werden. Der wichtige Punkt aber ist ein anderer: Statt mehr Strom zu verbrauchen kann eine verantwortungsbewußte Umweltpolitik nur auf eine Reduzierung ausgerichtet sein. »Kilowattstunden statt Menschen arbeitslos zu machen« – an dieser Utopie arbeiten sich deshalb die Wissenschaftler des Wuppertal Instituts für Klima, Umwelt, Energie ab.[266] Der Grundgedanke ist einfach: Ein realistischer, erheblich teurerer Strompreis müßte die ökologischen Kosten beinhalten. Bisher nämlich holen wir Rohstoffe aus der Erde, ohne zu berechnen, was Flächenverbrauch und Grundwasserabsenkung, das Verschwinden von Pflanzen und Tieren, die Luftverschmutzung durch die

Kraftwerke (ein Drittel des CO_2-Ausstoßes stammt aus der Stromerzeugung!), das Aufheizen der Flüsse oder die anfallenden Abfallberge an Kosten verursachen. Außerdem ist widersinnig, daß der Preis für Strom aus einem Atomkraftwerk weder die Entwicklungskosten noch die Kosten für die Entsorgung berücksichtigt. Diese Kosten haben zu großen Teilen die Stromkunden und Steuerzahler getragen, ebenso die Subventionen für Kohle – jährlich rund zehn Milliarden Mark. Damit wird jede Tonne mit 172 Mark bezuschußt, jeder Arbeitsplatz mit 90.000 Mark im Jahr.[267] Die Milliarden Mark, die die Wiederaufarbeitungsanlage in Wackersdorf verschlungen hat, beglichen ebenfalls die Steuerzahler. Für den Abbau der Atomanlagen haben die Stromerzeuger Rücklagen gebildet, die auf 75 bis 80 Milliarden Mark geschätzt werden.[268] Die Natur bezahlt den Preis für lange Transportwege für importierte Kohle und andere Brennstoffe. Das Stromgeschäft funktioniert noch immer nach dem Lieblingsmodell des rücksichtslosen Unternehmers: Privatisierung der Gewinne, Sozialisierung der Verluste oder des Schadens. Würden all diese Posten eingerechnet, wäre Strom entschieden teurer. Möglicherweise würde der eine oder andere Arbeiter nicht wegrationalisiert, weil er plötzlich wieder eine Alternative zu einer stromfressenden Maschine wäre.

Doch der wichtigere Effekt ist ein anderer: Müßte für den herkömmlich gewonnenen Strom ein realer Preis bezahlt werden, würden Alternativen wie Wind, Sonne oder Biogas konkurrenzfähig. Diese erneuerbaren Energiequellen verursachen nämlich keine oder nur geringe Folgekosten. Wer aber unter den gegenwärtigen Bedingungen nach mehr Konkurrenz im Energiesektor ruft, zertritt die zarten Pflänzchen.

Durch Umstrukturierungen im Energiemarkt und Nutzung der heute zur Verfügung stehenden Technik könnten nach einer Untersuchung der Enquete-Kommission »Schutz der Erdatmosphäre« des Bundestages allein in Deutschland jährlich 100 Milliarden Mark eingespart werden – das sind 44 Prozent des heutigen Verbrauchs. Allein das Monopol der Stromversorger verhindert dies in geradezu systemwidriger Weise: »Die Kostenminimierung ist ein Wesenszug der Marktwirtschaft – genau das, was die Wirtschaftsteilnehmer ohne die politische Verzerrung des Energiemarktes tun würden.«[269] (Doch nach einem Gesetz aus dem Jahr 1935 ist es bis heute verboten, privat erzeugten Strom freihändig zu verkaufen.)

Statt dessen vereinbaren Stromerzeuger und Politik langfristige Fördermengen für Stein- und Braunkohle sowie feste Strommengen, damit die Produzenten langfristig mit sicheren Abnahmegrößen rechnen können. Dem Ziel, Stromverbrauch zu reduzieren, ist das nicht zuträglich. Eine »Mischung aus Unkenntnis und Desinteresse an der Förderung erneuerbarer Energien« sei es, die eine breite Einführung der Alternativen verhindere, meint von Weizsäcker. Versteckte und offene Subventionierung der Monopolisten bürde die sozialen und ökologischen Folgen der Volkswirtschaft auf und verzerre das Preisgefüge. »Mit ihrem Kapital und noch schlimmer mit ihrem Einfluß auf die Politik oder in Form von Antiwerbung in der Bevölkerung« werde eine industrielle, eine Effizienzrevolution verhindert, die Wohlstand für alle mehren könnte. Die Installation von dezentralen erneuerbaren Energiesystemen bleibt so vorläufig »auf Nischenanwendungen beschränkt«.[270]

Statt ökologisch und wirtschaftlich unsinnige Projekte wie Atomkraftwerke oder den Transrapid mit Milliardensummen zu subventionieren, sollte eine in die Zukunft blickende Regierung Forschung und Entwicklung alternativer Energieformen unterstützen. 84 Prozent der öffentlichen Forschungsmittel, 37 Milliarden Mark, flossen zwischen 1955 und 1988 in die Erforschung von Kernspaltung und -fusion, ganze 2,3 Milliarden in die Entwicklung erneuerbarer Energiequellen.[271]

Der Publizist Franz Alt ist davon überzeugt, daß Innovationen im alternativen Bereich sich bezahlt machen: »Diejenigen Industrienationen, die als erste begreifen, daß die Energiegewinnung aus Sonne, Wind, Wasser und Biomasse im 21. Jahrhundert wirtschaftlich mindestens so wichtig wird wie die Automobilproduktion im 20. Jahrhundert, machen ihre Geschäfte mit der ganzen Welt, haben keine Sorgen um Arbeitsplätze, sichern ihre nationalen Standorte und helfen der Natur. Wer wird Erster sein?«[272]

Wie die natürlichen Ressourcen um den »Faktor vier« besser genutzt werden könnten, also der Wohlstand mit dem halben Naturverbrauch verdoppelt werden könnte, haben Ernst Ulrich von Weizsäcker und das US-Forscherpaar Amory und Hunter Lovins eindrucksvoll beschrieben. Friedrich Schmidt-Bleek glaubt sogar schon an den »Faktor zehn«. Schier unglaubliche Zahlen lassen diese Perspektive möglich erscheinen: 93 Prozent der verkauften und verbrauchten Ressourcen werden niemals in verkäufliche Produkte umgewandelt, 80 Prozent aller Produkte nach einmaliger Benutzung weggeworfen. 99 Prozent aller in der Produktion verwendeten und im Produkt enthaltenen Stoffe werden innerhalb von sechs Wochen zu Müll![273] Daß hier noch riesige Einsparmöglichkeiten verborgen sein müssen, erscheint glaubhaft. Mehr noch: 50 Beispiele für effizientere Ressourcennutzung listet der Bericht auf – vom 1,5-Liter-Auto bis zum vollbiologischen Haus, vom Landbau durch unterirdische Tröpfchenbewässerung bis zum gemeinsamen Nutzen von Geräten, vom Befürworten von Videokonferenzen statt teurer Reisen bis zu Alternativen zu ICE und Transrapid.

Die Zahlen, die die Autoren nennen, sind beeindruckend: Eine 18-Watt-Energiesparbirne verbraucht nicht nur erheblich weniger Strom als die ersetzte 75-Watt-Glühbirne, sondern ersetzt auch:

- etwa eine Tonne Kohlendioxid, acht Kilogramm Schwefeloxid und ein Kilogramm Stickoxide und andere Emissionen eines Kohlekraftwerkes; oder
- ein halbes Curie Strontium-90 und Cäsium-137 nebst anderen radioaktiven Abfällen und waffengeeignetes Plutonium mit einem Sprengkraftäquivalent von 0,4 Tonnen TNT; oder
- etwa 200 Liter Öl für ein Ölkraftwerk, wie sie insbesondere in Entwicklungsländern existieren; die 200 Liter reichen aus, um mit einem ineffizienten heutigen Familienauto 1.600 Kilometer weit zu fahren oder mit einem Hyperauto mehrmals quer durch Indien.«[274]

Um in der Bundesrepublik einen Umdenkungsprozeß einzuleiten, haben die Wuppertaler Forscher »fünf Schritte in eine tragfähige Energiezukunft« beschrieben und aufgezeigt, »was die Bundesregierung tun müßte, um die Energiewende einzuleiten«:

»1. Im Rahmen einer Ökologischen Steuerreform sollen die Steuern auf fossile und nukleare Energieträger um jährlich fünf Prozent erhöht werden. Das Aufkommen aus dieser Steuer wäre teilweise zur gezielten Förderung von Energieeinsparung und erneuerbaren Energieträgern, vor allem aber zur Senkung von Einkommensteuern und Lohnnebenkosten zu verwenden. Eine EU- oder gar OECD-weite Harmonisierung der Energiesteuern sollte angestrebt werden. Voraussetzung ist sie jedoch nicht, denn eine maßvolle, aber kontinuierliche Verteuerung von Natur- und Energieverbrauch schafft gesamtwirtschaftlich positive Effekte: Beschäftigung, Strukturwandel, technische Innovation.

2. Das noch immer gültige Energiewirtschaftsgesetz von 1935 (!) gehört auf den Müllhaufen der Geschichte, denn es

fördert Monopole, begünstigt die Tonnenideologen und verhindert die Effizienzrevolution. Im Zentrum eines neuen Energie-Grundgesetzes muß die Abkehr von der Angebotsausweitung und die Hinwendung zur möglichst energieeffizienten Befriedigung der Nachfrage nach Dienstleistungen wie Wärme, Licht oder Mobilität stehen. Wichtig ist dabei, daß die Energieversorgungsunternehmen (EVU) Energiesparmaßnahmen auf die Tarife umlegen können. Da Effizienzverbesserungen auf der Nachfrageseite oft auch die kostengünstigeren sind, spricht man im Englischen zu Recht vom Least-Cost-Planning (LCP). In der EU-Kommission wird gerade ein sehr fortschrittlicher LCP-Richtlinienentwurf diskutiert.

3. Die gesamten rechtlichen Rahmenbedingungen sind so auszugestalten, daß Investoren das Engagement im Bereich Energieeinsparung erleichtert wird. Gegen die ansatzorientierten Monopole – vor allem im Elektrizitätsbereich – helfen auf Dauer nur lukrative Gegenmärkte, auf denen mit Energieeinsparung Geld verdient wird. Sogenannte Contracting-Unternehmen können Hauseigentümern, Gewerbebetrieben oder der öffentlichen Hand dabei helfen, Gebäudehüllen, Heizungsanlagen oder Maschinenparks mit dem Ziel geringeren Energieverbrauchs zu modernisieren. Voraussetzung: Im Miet-, Steuer- und Energierecht sind die entsprechenden Barrieren zu beseitigen. Wenn die Groß-EVU mit ihren horrenden Kapitalüberschüssen selbst ins Contracting-Geschäft einsteigen, um so besser!

4. Mehr Wettbewerb belebt das Geschäft. Deshalb soll die Eigenerzeugung von Strom in Kraft-Wärme-gekoppelten Anlagen oder durch Photovoltaik vom Gesetzgeber stimuliert werden. Das geht vor allem dadurch, daß die Gebietsmonopole geknackt und den Eigenerzeugern angemessene Tarife für den von ihnen ins öffentliche Netz eingespeisten Strom gezahlt werden.

5. Auf Dauer sind die milliardenschweren Subventionen für den Steinkohlebergbau nicht zu verantworten. Deshalb

sollten sie schrittweise zurückgefahren werden, um aus den freiwerdenden Mitteln den ökologischen Umbau der alten Industrieregionen zu fördern.«[275]

Doch noch ist eine Öko-Wende nicht in Sicht – weder in Deutschland noch sonstwo auf der Welt. Ökonomen freuen sich nicht über haltbarere Kühlschränke oder autofreie Innenstädte. All das senkt die Umsätze und damit das Bruttosozialprodukt. Und die Marktwirtschaft und ihr Mythos lebten von Zuwachsraten.

Auch kann Kapital noch immer rentabler angelegt werden als in all diese neuen grünen Ideen – jedenfalls, wenn man kurzfristig große Gewinne einfahren will. Und dann gibt es noch eine Unzahl von Gesetzen und Regelungen, die einer Umsetzung solcher Ideen wie der 50 Projekte aus »Faktor vier« entgegenstehen. Manchmal fehlt auch der Anreiz. Etwa der Austausch von undichten Fensterrahmen in einem Altbau durch neue »Superfenster«. Warum sollte der Eigentümer diese Investition tätigen, wenn der Mieter die Kostenersparnis davonträgt? Zumindest wären Verhandlungen erforderlich, und wer macht sich schon gern Arbeit?

7. Der umweltbewußte Unternehmer

Der BDI blickt gern in die Vergangenheit: 260 Milliarden Mark habe die deutsche Industrie seit 1971 für Umweltschutzmaßnahmen ausgegeben, lobt sich der Verband, und sei damit Vorreiter beim Energiesparen. Der Anteil der Industrie am Energieverbrauch sei von 50 Prozent in den fünfziger Jahren auf 27 Prozent zurückgegangen. Jeweils ebenso groß sei der Anteil des Verkehrs und der Haushalte. Deutschland sei Spitze bei den Umweltausgaben. Einen »Faktor vier«, so läßt sich eine Tabelle deuten, habe die Industrie bereits umgesetzt.

Energiewirtschaftliche Effizienzrevolution in der Industrie
Spezifischer Energieverbrauch (alte Bundesländer) in Kilogramm Steinkohleeinheiten je 1.000 DM Bruttowertschöpfung in Preisen von 1980

1950:	430
1955:	346
1960:	324
1965:	272
1970:	245
1975:	216
1980:	193
1985:	165
1990:	140
1994:	136[276]

Doch es ist Zeit, endlich in die Zukunft zu schauen. Jürgen Hopfmann und Georg Winter haben ein »Programm der umweltbewußten Unternehmer« geschrieben. Darin wird – ganz gegen den neoliberalen Trend – drastisch an die Verantwortung der Unternehmen für die Zukunft erinnert: »Die Menschheit hat als vernunftbegabte Gattung heute noch die Freiheit, den Zeitraum der öko-sozialen Wende selbst zu bestimmen. Wenn sie ihre Fähigkeiten nicht nutzt, dann wird ihr die Freiheit der Entscheidung von der Natur abgenommen.«[277]

Freiwilligkeit ist dagegen noch immer das Prinzip, nach dem die Politik glaubt, die Welt retten zu können. Das gilt sowohl für den deutschen Gesetzgeber, als auch für die europäischen. Das EG-Öko-Audit vom 29. Juni 1993 sieht »die freiwillige Beteiligung gewerblicher Unternehmen an einem Gemeinschaftssystem für das Umweltmanagement und die Umweltbetriebsprüfung« vor. Darin heißt es: »Die Industrie trägt Eigenverantwortung für die Bewältigung der Umweltfolgen ihrer Tätigkeit und sollte daher in diesem Bereich zu einem aktiven Konzept kommen.«

Nicht Appelle an das Gewissen der Unternehmen sind gefragt, sondern der Staat muß klare Richtlinien setzen, die bestehenden Strukturen verändern. Noch verstößt der angeblich alles heilende Markt heute massiv gegen die Interessen der Um- und der Nachwelt. Erst wenn das korrigiert ist, »kommt ein Ökokapitalismus zustande, der die Märkte für das beim Erdgipfel ausgerufene Prinzip der ökologischen Nachhaltigkeit einspannt«.[278]

Ein neues Energiewirtschaftsgesetz könnte die Stromproduktion entflechten. Konventionelle Energie, auch solche aus Wasserkraftwerken, muß durch eine Extra-(Umwelt-)Steuer verteuert werden, Strom aus Wärme-Kraft-Kopplung einen privilegierten Marktzugang erhalten. Solarstrom soll vorübergehend trotz der noch hohen Kosten in zu öffnende Leitungssysteme eingespeist, die Subventionen für herkömmliche Energieträger gekappt werden. Für Altbauten soll ein Energiesanierungsprogramm aufgelegt werden.

Weil die großen Energieunternehmen kein Interesse an einem sinkenden Stromumsatz haben, müssen andere Wege gesucht werden, sie zu Stromsparern zu machen. Auch Hopfmann und Winter bieten das System der Minimalkostenplanung (Least-Cost-Planning) an. Die Unternehmen helfen bei diesem Szenario ihren Kunden beim Energiesparen, indem sie ihnen energiesparende Antriebssysteme und Dampfkessel sowie stromsparende Kühlschränke, Waschmaschinen und Beleuchtungskörper bereitstellen. Die Energieunternehmen übernehmen auch die Wartung. Die Kosten soll die eingesparte Energie decken, die Ersparnis soll zu 15 Prozent an das Unternehmen, zu 85 Prozent an den Kunden gehen. Das Stromunternehmen hat darüber hinaus den Vorteil, auf kostspielige Investitionen in neue Kraftwerke verzichten zu können, die bei weiter steigender Energienachfrage zwangsläufig wären. Die kommunalen Versorger in Kassel, Saarbrücken,

Hannover und Darmstadt bezahlen bereits Prämien beim Kauf effizienterer Haushaltsgeräte. Solche Ideen, aus dem Energiesparen ein Geschäft zu machen, gibt es zahlreiche.[279]

Die Erkenntnis reifte allerdings langsam. »Wenn alle deutschen Haushalte einen Öko-Lavamat benutzen, kann man in Deutschland ein Großkraftwerk ersetzen.« Ein Satz aus einem Prospekt entfachte vor ein paar Jahren in der Konzernchefetage der AEG-Mutter Daimler-Benz einen Sturm, »riesigen Zoff«, wie der heutige Vorstandsvorsitzende der AEG-Hausgeräte, Carlhanns Damm, sich erinnert. Die Stromversorger hätten an Edzard Reuter geschrieben mit dem Hinweis, »sie könnten ja auch mit BMWs fahren«. Der damalige AEG-Chef Heinz Dürr habe sich sagen lassen müssen, »man könne den Strom auch durch Siemens- statt durch AEG-Kabel schicken«. Ein unverkennbares Zeichen für die Rückständigkeit der deutschen Stromerzeuger – und ein Beweis dafür, wie schnell umgedacht werden kann. »Dieselben Konzerne«, freut sich der Umweltmanager des Jahres 1993, »geben heute ihren Kunden einen 100-Mark-Zuschuß, wenn sie sich einen energiesparenden Kühlschrank kaufen«. Für Damm ist das »eine tolle Entwicklung«.[280]

In den USA hat LCP längst nicht nur bei Strom-, sondern auch bei Wasser- und Gasversorgern Platz gegriffen. Die »Pacific Gas and Electric« (PG&C) hatte 1980 vor, zehn bis 20 Atomkraftwerke zu bauen. 1993 hatte es kein einziges erstellt, dafür aber seine Bauabteilung aufgelöst. Grund: Durch Effizienzmaßnahmen auf Kundenseite konnten drei Viertel des sonstigen Zuwachses eingespart werden. Der Rest wurde von kleineren Anbietern gekauft. 170 Millionen Dollar investierte der Konzern für sein Projekt »Negawatt«, belohnt wurde er mit einem Gewinn von 300 Millionen Dollar, die zu 85 Prozent in Form niedrigerer Tarife an die Verbraucher gingen, der Rest an die sicher zufriedenen share-holder.[281]

8. Verkehr: Warum Bahnfahren so teuer ist

120 bis 300 Milliarden Mark kostet der Straßenverkehr die Deutschen jedes Jahr durch Unfälle, Luftverschmutzung, Lärm und Flächenbeanspruchung. Durch die Mineralölsteuer, die für Straßenbau und -instandhaltung herangezogen wird, kommen dagegen nur 55 Milliarden Mark in die Kassen.[282] Den Rest bezahlen alle Bürger gemeinsam, egal ob sie ein Auto fahren oder nicht. Deshalb, so fordern die Umbauer des Steuersystems, müßten diese Kosten bei Streichung der KFZ-Steuer auf die Mineralölsteuer aufgeschlagen werden. Auto zu fahren würde so erheblich teurer, damit aber auch die wirklichen Kosten des Straßenverkehrs decken. Auch Straßenbenutzungsgebühren für Gütertransporter werden erwogen, damit die Folgekosten gedeckt werden können.

Interessante Ergebnisse vermeldet dazu das Wuppertaler Institut: Zunehmend würden LKW überladen, was zu größeren Schäden beim Fahrbahnverschleiß führe. Dabei stiegen die Schäden mit der vierten Potenz der Achslast, 20 Prozent Überlast verdoppelten den Verschleiß. Die Autoren fragen auch, warum LKW mit schlechterer Bremsverzögerung fahren dürfen als PKW und warum auf den Einbau von Tempobegrenzern verzichtet wird, die maximal 80 Stundenkilometer erlauben und so überhöhte Geschwindigkeit verhindern könnten.[283] Bilder von Serienunfällen zeigen, wessen Interessen bei solchen Entscheidungen wirtschaftlichen Erwägungen geopfert werden.

Müßten Straßennutzer die wirklichen Preise bezahlen, die die ökologische Wahrheit sagen, würde der Individualverkehr zurückgehen, öffentliche Verkehrsmittel wären erheblich attraktiver. Die Bundesbahn beispielsweise braucht nur ein Fünftel der Energie eines Autos oder eines LKW, muß aber im Gegensatz zum Individualverkehr ihr Schienennetz selbst unterhalten. Das erklärt die immer teureren Bahntickets, die selbst das Fliegen – Kerosin ist noch immer steuerbefreit – zur preisgünstigen Alternative machen.

Statt dessen müßte der Treibstoffpreis erhöht werden. Nach Berechnungen des Wuppertaler Instituts ergäbe eine Erhöhung von real fünf Prozent jährlich einen fünffach höheren Preis in 30 Jahren. Dadurch würde der Verbrauch auf 45 Prozent reduziert. Die Umwelt könnte aufatmen, und selbst der Finanzminister müßte nicht jammern.[284]

Großbritannien erhöht seine Steuern auf Diesel und Benzin seit 1994 um die Inflationsrate plus fünf Prozent. Damit will London seinen Verpflichtungen nachkommen, die sie – wie auch die Bundesrepublik – mit der Klima-Rahmenkonvention (anläßlich der Konferenz der Vereinten Nationen über Umwelt und Entwicklung, UNCED, in Rio) im Juni 1992 übernommen hat. Die Fahrzeugindustrie soll die Maßnahme unterstützen, denn sie erhofft sich, daß alte Autos schneller verschrottet werden und der Absatz neuer Fahrzeuge sich beschleunigt. Nebenbei wird sich auch die technische Entwicklung hin zu energiesparenderen Autos rascher fortsetzen.[285]

In Deutschland ist ein Benzinpreis von fünf Mark das Schreckgespenst, mit dem jeder Gedanke an höhere Steuern abgewürgt werden kann. Dabei hat eine vom Verkehrsminister selbst in Auftrag gegebene Studie ergeben, daß ein Benzinpreis von 4,60 Mark den Kohlendioxid-Ausstoß um ein Viertel senken, der Wirtschaft aber nicht schaden würde. Eine Anhebung der Mineralölsteuer bis zum Jahr 2005 um jährlich 9,7 Prozent, so das ifo-Institut für Wirtschaftsforschung, würde keine Konjunkturkrise und keine Arbeitslosenlawine auslösen. Die Erhöhung hätte aber einen erheblichen Effekt auf den CO_2-Ausstoß. Die von Wissmann favorisierte Variante einer Anhebung der KFZ-Steuer dagegen nicht. Das Gutachten blieb ein Jahr im Ministerium liegen. Der Grund, so meinte *die tageszeitung*, sei eindeutig: »Minister Wissmann von eigener Studie widerlegt.«[286]

9. Dänemark: mit grünen Steuern zum Exportplus

Daß eine Ökologische Steuerreform möglich ist, zeigen unsere nördlichen Nachbarn, die Dänen. Trotz jährlich steigender Steuern auf Benzin, Elektrizität, Kohle, Wasser, Abfälle und Plastiktüten, die inzwischen auch von der Industrie erhoben werden, haben die Dänen die höchsten Wachstumsraten unter den OECD-Ländern. Die Außenhandelsbilanz weist einen Überschuß aus. Die Arbeitslosigkeit ist von zwölf auf acht Prozent gefallen.[287]

Ohnehin ist Dänemark früh auf den Umweltzug aufgesprungen, ja hat ihn sogar mit angetrieben. Auf Atomkraft verzichtete unser nördlicher Nachbar gänzlich. Statt dessen nutzten die Dänen schon vor mehr als zehn Jahren das Erdgas, mit dem in dezentralen Kraft-Wärme-Anlagen Strom und Wärme gewonnen wurde. Strom darf nicht mehr zur Heizung eingesetzt werden. Die Stromunternehmen dürfen keine Gewinne aus dem Stromverkauf erzielen. Der Bau neuer Kraftwerke muß vom Energieminister genehmigt werden. Weil stets auch ein Augenmerk auf alternative Energiegewinnung gelegt wurde, ist Dänemark heute einer der führenden Exporteure für Windkraftanlagen. »Die Erfahrung über mehrere Jahre mit grünen Steuern in Dänemark zeigt, daß wir unserer Wettbewerbsfähigkeit nicht geschadet haben«, erklärt das dänische Wirtschaftsministerium stolz. »Zusätzlich verzeichnen wir neue Exporte im Umweltbereich.«[288]

In Deutschland dagegen wehren sich die Energieerzeuger gegen das Stromeinspeisungsgesetz. Es verpflichtet sie, Strom aus erneuerbaren Energiequellen in ihr Netz zu nehmen und den rund 14.000 Kleinkraftwerken dafür festgelegte, höhere Preise zu zahlen – bis zu 17,2 Pfennige pro Kilowattstunde. Inzwischen stehen in Deutschland schon 5.000 Windkraftanlagen, der Ausbau habe aber »zu erheblichen Belastungen für Stromversorger und Verbraucher geführt«, meint das Bonner Wirtschaftsministerium. Jetzt sollen, das planen Wirtschaftsminister Rexrodt und Umweltministerin Merkel, die Tarife gesenkt werden, und zahlreiche Betreiber fürchten deshalb um ihre Wirtschaftlichkeit. Außerdem beschloß die Bundesregierung Ende 1997 mit einem geänderten Einspeisegesetz eine Obergrenze, nach der die überregionalen Stromversorger nicht mehr als fünf Prozent ihrer eigenen Produktion aus erneuerbaren Energiequellen annehmen müssen. In den norddeutschen Ländern mit ihren zahlreichen Windkraftanlagen wird diese Grenze bald erreicht, in Schleswig-Holstein ist sie bereits überschritten.[289]

Deutschland liegt im energiepolitischen Tiefschlaf, und die Regierung, so scheint's, will uns noch eine Schlaftablette verabreichen. Jürgen Hopfmann und Georg Winter hoffen dennoch auf ein baldiges Erwachen und eine tiefgreifende Reform. Würde sich die Bundesrepublik zu einer Ökosteuer durchringen, glauben sie, dann »hätte das Signalwirkung auch über Europa hinaus«.[290]

VII. Subventionen: der erpressbare Staat

Der Intercity Expreß ICE 814 zwischen Berlin Zoologischer Garten und Hamburg Hauptbahnhof braucht heute zwei Stunden und 14 Minuten. Damit ist er fast eine halbe Stunde langsamer als die Reichsbahn im Jahr 1933 und nur sechs Minuten schneller als ein normaler Intercity. Die Deutsche Bahn AG hat darauf verzichtet, die Strecke zwischen Berlin und Hamburg auf Tempo 200 hin zu optimieren, obwohl dies eines der Verkehrsprojekte Deutsche Einheit war und ist. Man wolle, so heißt es bei der Bahn, dem Transrapid keine Konkurrenz machen. Die Deutsche Bahn AG, ein privates Unternehmen, nimmt damit freiwillig Verluste in Höhe von mehreren hundert Millionen Mark in Kauf.

Warum tut sie das? Die Bahn selbst ist Aktionärin der Transrapid-Betreibergesellschaft. Zwei Milliarden Mark hat sich die Bundesrepublik bisher Forschung und Entwicklung des Transrapid kosten lassen. Das genügt dem Konsortium von Thyssen, Siemens, Adtrans (Daimler/ABB) und anderen, die Fortsetzung des Projekts zu fordern. Dabei ist abzusehen, daß jeder Kilometer für die Fahrgäste mindestens doppelt so viel kosten wird wie beim – international ebenfalls gescheiterten – ICE. Während aber im Inland selbst die Trasse Berlin–Hamburg inzwischen wackelt, hat die Bundesregierung im Ausland um Aufträge geworben, in Südkorea, Argentinien, Chile, Brasilien, Florida und zuletzt sogar Kolumbien. Der CDU-Bundestagsabgeordnete Paul Krüger nennt denn auch den wichtigsten Grund, warum die unwirtschaftliche Berlin-Hamburg-Strecke doch gebaut werden müsse: Es käme sonst zu einem »Reputationsverlust für die deutsche Wirtschaft«.[291] Ein internationales Scheitern auch dieses Hochgeschwindigkeitsprojektes steht zu erwarten. Gleichzeitig behindert der Transrapid Verbesserungen bei der Bahn.

Während die Bundesregierung an allen Ecken und Ende spart, hält sie mit geradezu hartnäckiger Arroganz an milliardenschweren Prestigeprojekten fest. Gleichzeitig haben die Bonner Marktideologen nichts dagegen, notleidende Wirtschaftszweige mit Staatszuschüssen über Wasser zu halten. Mehr als 115 Milliarden Mark an Subventionen gibt der Staat im Jahr 1998 aus. Rekord. Fast 40 Milliarden der Finanzhilfen und Steuervergünstigungen gehen auf das Konto des Bundes, die Hälfte davon erhält die gewerbliche Wirtschaft. 98 Finanzhilfen streut der Finanzmnister, 106 Steuervergünstigungen kennt das Land. Dagegen hatte der Finanzminister angekündigt, die Finanzhilfen bis zum Jahr 2001 um ein Viertel zu kürzen.

8,8 Milliarden Mark weist der letzte Subventionsbericht für den Bergbau aus. Damit werden 90.000 Arbeitsplätze in einem Bereich erhalten, der längst nicht mehr konkurrenzfähig ist – mit fast 100.000 Mark pro Arbeitsplatz. Auch wenn ein Teil der Kohlesubventionen entstanden ist, nachdem der Kohlepfennig vom Bundesverfassungsgericht kassiert worden war, die Bundesregierung hätte keineswegs einen Ersatz anbieten und damit die Kohle (und den Strom) künstlich billiger machen müssen. Wenn die Kohle aus anderen Ländern billiger ist als die deutsche, so müßte man nach der geltenden Wirtschaftslogik diese von auswärts beziehen. Oder – und das wäre das Argument für die SPD-Länderchefs, in deren Bundesländern die Kohle gewonnen wird – auf andere Energiequellen umsteigen. Nicht nur der Bund, auch die Länderregierungen von Nordrhein-Westfalen und dem Saarland haben den Strukturwandel verschlafen.

Der Umweltphilosoph Jürgen Hopfmann und der Gründer des Bundesdeutschen Arbeitskreises für Umweltbewußtes

Management (B.A.U.M.), Georg Winter, geben zu bedenken, daß auf der anderen Seite der Bilanz ein weit größerer Posten bisher unbeachtet blieb: »Würden die Subventionsmittel in ein nationales Programm zur Resourceneinsparung und Förderung alternativer Energien gelenkt, könnten bei vorsichtiger Schätzung innerhalb von fünf Jahren eine halbe Million neuer Arbeitsplätze in einer zukunfts- und exportorientierten Wirtschaft entstehen.« Es könne doch nicht sein, daß die Bundesregierung einerseits die absolute Emission des Treibhausgases Kohlendioxid um 25 Prozent zu reduzieren versprochen hat, andererseits aber den Kohleverbrauch durch Subventionierung verbillige und darüber hinaus noch Abnahmegarantien für 35 Millionen Tonnen für die Verstromung sowie weiterer 15 Millionen Tonnen zur Verhüttung gebe. »Wirtschaftliche Mumien mit politischer Macht am Sterben zu hindern und im Interesse veralteter Technologien der keimenden jungen Solar- und Dienstleistungswirtschaft die Lebenskraft auszusaugen, zahlt sich für die Gesellschaft nicht aus.« Die Kohlesubvention müsse ersatzlos gestrichen werden. »Wenn nur fünf Milliarden Mark fünf Jahre lang sowohl in die Solarenergie als auch für Umschulungsmaßnahmen der ehemaligen Kumpel fließen, dann steht die Branche auf eigenen Füßen.«[292]

Der Vorstandsvorsitzende der Ruhrkohle AG, Gerhard Neipp, hoffte dennoch bis zum Jahr 2005 auf je weitere sieben Milliarden Mark. Dafür wollen die Kohleproduzenten die Zahl der Zechen von 18 auf zwölf reduzieren, die Belegschaft auf 45.000 halbieren, die Produktivität um vier Prozent steigern. Damit bliebe der Abstand zwischen deutscher Steinkohle und Importkohle bei etwa 200 Mark pro Tonne. Wer den Bergbau ganz abschaffen wolle, müsse die Mittel über die Bundesanstalt für Arbeit an arbeitslose Kumpel verteilen, meint Neipp.[293] Das Argument des Erhalts von Arbeitsplätzen zieht in Bonn immer.

Zweifelhaft auch der Sinn anderer Maßnahmen, obwohl sie dem Betroffenen, dessen Arbeitsplatz erhalten bleibt, wie eine Rettung erscheinen. Von den 80.000 Beschäftigten der ostdeutschen Stahlindustrie sind heute noch 9.300 übrig geblieben. Für den Erhalt dieser Standorte zahlte Bonn Hunderte Millionen Mark. Allein bei Eko Stahl in Eisenhüttenstadt 660 Millionen, davon 275 von der Treuhandnachfolgerin BvS, 385 Millionen vom Land Brandenburg. Weitere 440 Millionen gab eine belgische Bank als Kredit. Das Werk wurde von Grund auf modernisiert, eine neue Warmwalzanlage für 630 Millionen Mark eingerichtet. Bei Eko arbeiten zur Zeit 2.750 Menschen, bis 2005 sollen es noch 2.400 sein. 80 bis 90 Prozent des ostdeutschen Stahlhandels haben ausländische Firmen übernommen, »geködert« durch diese Investitionen, schrieb der *Tagesspiegel*. Eine Mark mußte der belgische Stahlkonzern Cockerill Sambre dafür bezahlen. Trotz der üppigen Finanzspritzen bleibt an den ostdeutschen Standorten die Angst vor dem Aus: »Ziehen sich die Ausländer zurück, sind die Standorte im Osten am Ende.«[294]

Das gilt im Osten auch für die chemische Industrie. Deren Rettung erwies sich – was früh erkennbar war – als »einer der teuersten Fehler in Kohls Amtszeit«. Auf einer Wahlveranstaltung in Schkopau hatte er den Menschen sein Wort gegeben »für den Fortbestand dieser Standorte«. Knapp vier Milliarden Mark an Investitionen sollten nötig werden, um die Betriebe, die früheren Kombinate Buna in Schkopau, die Sächsischen Olefinwerke in Böhlen und Leuna Polyolefine GmbH, zu modernisieren. Der Investor, der US-Konzern Dow Chemical, mußte davon gerade 200 Millionen Mark hinlegen, der Rest kam vom deutschen Staat. Die Treuhand-Nachfolgerin BvS garantierte den Ausgleich aller Verluste bis zu einer Höhe von 2,776 Milliarden Mark bis 1999. Wegen eines Verlustvortrags in Höhe von mindestens 3,2 Milliarden Mark wird Dow Chemical über Jahre keine Steuern zahlen müssen. Eine Pipeline zum Ostseehafen in Rostock wurde dem Unternehmen außerdem zugesichert. Kosten: 400 Millionen Mark. Mindestens eineinhalb bis zwei Milliarden Mark Profit wird Dow Chemical mit diesem Schnäppchen machen. Dafür garantierte die Firma Arbeitsplätze – 1.800 bis zum Jahr 1999. Unterm Strich kostete jeder dieser Kanzler-Arbeitsplätze fünf Millionen Mark. BvS-Präsident Heinrich Hornef sieht's gelassen: »Wer fragt schon in 20 Jahren, ob wir 500 Millionen Mark zuviel ausgegeben haben?«[295]

Auch der deutschen Landwirtschaft muß wegen ihrer strukturellen Probleme unter die Arme gegriffen werden. Für weniger als 30 Mark können deutsche Familienbetriebe einen Doppelzentner Weizen nicht anbieten, 21,40 Mark notierte im Herbst 1997 die Warenbörse in Chicago. Bei Rindfleisch und Milch ist die Differenz noch größer. Die deutschen Bauern wurden deshalb 1996 mit rund 28 Milliarden Mark subventioniert. »Rund die Hälfte der bäuerlichen Einkommen in Deutschland kommt mittlerweile direkt aus öffentlichen Kassen.«[296] 100.000 Mark und mehr Jahresgewinn kann nur das oberste Viertel der Vollerwerbsbetriebe melden. Das unterste Viertel errechnet für sich weniger als 3.000 Mark. Trotz der Staats-Milliarden verloren in den letzten sechs Jahren 220.000 Menschen in der Landwirtschaft ihren Arbeitsplatz. Vielleicht auch wegen der Subventionen, die zu niedrigen Verbraucherpreisen zwingen.[297]

Mit jeder Mark, die in die intensive und rationalisierte Landwirtschaft fließt, werden Fleischberge und Milchseen gespeist, wird die Umweltzerstörung vorangetrieben. Jede Mark weniger beklagen die Lobbyisten bitterlich. Bei der Vertretung der Interessen ihrer Wählerklientel will die bayerische CSU, soweit sie sich für mehr freie Marktwirtschaft ausspricht, von ihrem Vordenker nicht lernen. Milton Friedman hatte einst gesagt: »Die Landwirtschaft wäre völlig konkurrenzfähig, wenn es nicht staatlich festgesetzte Preise gäbe.«[298]

Das glaubt auch Diplomagraringenieur Gerhard Schepper, allerdings mit anderer Stoßrichtung. Er plädiert für eine flächendeckende Umstellung auf ökologischen Landbau. Die Preise für den Endverbraucher würden nach seinen Berechnungen zwar um 14 Prozent steigen. Die Vorteile würden dies allerdings wettmachen, glaubt er. Neben Einsparungen bei der Beseitigung ökologischer Schäden (allein die Bekämpfung der Schweinepest verursachte 1993 bis 1995 Kosten in Höhe von 264 Millionen Mark, bei BSE ist mit Milliardenbeträgen zu rechnen) würden zusätzliche Arbeitsplätze entstehen, etwa 100.000. Ernährungsbedingte Krankheiten der Bevölkerung mit Kosten von 100 Milliarden Mark würden reduziert. Weil die Produktion von Schweinefleisch und Eiern sich um mindestens die Hälfte reduzieren würde, müßten sich die Deutschen allerdings umstellen. Das Angebot an Gemüse, Hülsenfrüchten und Getreide würde wachsen.[299] Wie die Bevölkerung dazu gewonnen werden soll, sich umzustellen, sagt Schepper nicht. Auch zur Frage, wie er die neue Landwirtschaft gegen billige Importe schützen will, bis seine »weltweite nachhaltige Landwirtschaft« sich durchgesetzt haben wird, ist nichts zu hören. Dennoch ist die Zielrichtung fraglos richtig, betrachtet man das bisherige Zusammenspiel aus Subvention und Umweltzerstörung.

1. Die gespaltene Zunge der Wirtschaftsliberalen

Auch die EU setzt, sollen die eigenen Produzenten geschützt werden, auf das bewährte Mittel der Einfuhrzölle und -quoten. Bananen allerdings dürften für die Verbraucher ab 1999 wieder günstiger werden. Die Welthandelsorganisation WTO hat die europäische Bananenmarktordnung gerügt. Sie verstoße gegen internationales Recht. 1993 hatte die EU ein kompliziertes System von Importlizenzen eingeführt, mit dem die eigenen Pflanzer auf den Kanaren, in Griechenland oder den französischen Departments Gouadeloupe oder Martinique geschützt wurden. Die US-amerikanischen Konzerne wie Dole, Chiquita oder Del Monte durften insgesamt nur 66,5 Prozent des EU-Handels bestreiten. Außerdem hat die Union 1995 rund 340 Millionen Markt an direkten Subventionen geleistet, 518 Mark je Tonne. Das Angebot, den US-Erzeugern Entschädigungen zu zahlen, haben diese abgelehnt. Dies hätte die EU-Kasse weitere 3,6 Milliarden Mark gekostet.

Auch das eigene Rindfleisch schützt Europa gegen rinderwahnsinnsfreies Fleisch aus Argentinien. Bei all diesen Maßnahmen geht es nicht darum, die Produzenten in neuen Wirtschaftszweigen zu schützen, bis sie auf dem Weltmarkt konkurrenzfähig sind, sondern um Protektion eines nicht mehr konkurrenzfähigen Bereichs. Damit verstoßen die großen europäischen Deregulierer, wenn auch aus Arbeitsmarktgründen durchaus verständlich, gegen ihre eigene Marktideologie. Konsequent zeigte sich denn auch Otto Graf Lambsdorff (FDP), nachdem sich der Landwirtschaftsminister Jochen Borchert (CDU) »aus Solidarität« für eine WTO-gerechte Beibehaltung der Bananenordnung ausgesprochen hatte. »Wie wollen wir denn in Zukunft die deutschen Interessen bei der WTO vertreten«, fragte der Freihandels-Befürworter Lambsdorff, »wenn wir heute in einem für uns unwichtigen Bereich die Einhaltung des WTO-Schiedsspruchs nicht verlangen?«[300]

Wenn es um den Schutz der eigenen Gewinne geht, scheuen auch die neoliberalen Industriemanager nicht davor zurück, ganz und gar nicht marktmäßige Maßnahmen zu ergreifen. Baumwollstoffe aus Ägypten, China, Indonesien und Pakistan wurden in der EU mit Einfuhrabgaben von 36 Prozent belastet. Nachdem der EU-Rat diese »Strafzölle« wieder abgeschafft hatte, unternahm die europäische Baumwollindustrie einen neuen Anlauf und leitete ein neues Antidumpingverfahren ein. Als 1995 ein Antidumpingverfahren gegen russische Stahlimporte lief, erregte sich ausgerechnet Ludolf von Wartenberg (BDI) über Verzögerungen bei der Bearbeitung. »Das auf den WTO-Regeln basierende Antidumpingrecht der EU ist ein notwendiges Mittel gegen nicht marktorientierte Preisgestaltung.«[301] Doch was heißt hier Markt? Nach der sonst beim BDI geltenden neoliberalen Ideologie regelt der Markt alles – auch Billigpreise. Staatliche Eingriffe, sonst verpönt, werden gestützt und gefordert, wenn es um eigene Interessen geht.

Mit der Landwirtschaft werde ebenso wie im Bergbau ein alter Produktionszweig erhalten, statt das Geld für Investitionen zu verwenden. Die Wirtschaftsliberalen müssen sich fragen lassen, warum in einigen Bereichen aus sozialen Gründen staatlich zugebuttert wird, während die soziale Sicherung ansonsten massiv beschnitten wird.

2. Subventionsparadies Deutschland

Die Daumenschrauben sind heute mehr denn je in der Hand der Unternehmer. Und diese scheuen sich nicht, sie anzuwenden. Die Kommune, die keine günstigen Bedingungen für ihre Investoren schafft, wird keinen Arbeitsplatz halten können, geschweige denn neue schaffen. Was den Unternehmen in der Region im Kleinen gelingt, das muß unter der Ideologie einer im harten internationalen Wettbewerb stehenden »Deutschland AG« gigantische Ausmaße haben. Nicht nur die Gemeinden, »der Staat selbst hat sich erpreßbar gemacht«, meinte SPD-Wirtschaftsexperte Wolfgang Roth 1989, als Bonn den Drohungen von Daimler-Chef Edzard Reuter nachgegeben und die Fusion mit MBB erlaubt hatte.

Doch der Reihe nach: Elf Milliarden Mark hatte sich Bonn bis dahin die Entwicklung des Airbus bei der MBB-Tochter Deutsche Airbus GmbH[302] kosten lassen, mit der Erlaubnis zur Fusion und der Gründung der Deutsche Aerospace AG (Dasa) sagte der Wirtschaftsminister weitere 4,5 Milliarden zu. Außerdem wollte Bonn alle Währungsrisiken tragen, die sich aus einem Dollarkurs unter zwei Mark ergeben würden – bis zu einer Grenze von 1,60 Mark. Auf amerikanischen Druck hin mußte dieses Programm 1992 abgebrochen werden, Gatt erlaubte von nun an keine staatliche Übernahme von Wechselkursrisiken mehr. Statt dieser Subventionen verkaufte Bonn seinen 20prozentigen Anteil am Airbus an den Daimler-Konzern, der Preis blieb geheim. *Die Zeit* mutmaßte, er werde »niedrig genug gewesen sein, um künftige Kursrisiken auszugleichen«. Außerdem flossen nach 1992 weitere Subventionen für Weiterentwicklung und Absatzfinanzierung in Höhe von einer Milliarde Mark. Daneben erhielt der Daimler-Konzern rund 40 Prozent aller Forschungs- und Entwicklungsgelder, die der Staat an die Wirtschaft vergibt. Auch der Verteidigungsminister investierte für Forschung und Beschaffung seit 1990 gut 18 Milliarden Mark, von denen die Dasa rund die Hälfte bezogen haben dürfte. *Die Zeit* resümierte: »Zur Unterhaltung der Arbeitsplätze in der deutschen Luft- und Raumfahrtindustrie hat allein der Bund seit 1990 insgesamt rund vierzig Milliarden Mark beigesteuert.«

Doch 1995, der Dollar stand inzwischen bei 1,35 Mark, drohte der Dasa ein Sanierungsplan namens Dolores (Dollar low rescue-Plan). Er sah den Abbau von 15.000 Arbeitsplätzen sowie die Stillegung von drei Standorten vor. Die Dasa stand vor der Pleite, trotz der Milliardenzuschüsse aus Bonn. Friedhelm Ost (CDU) fragte sogar, ob möglicherweise staatliche Subventionen zweckentfremdet worden oder ins Ausland geflossen seien. Ost sprach damit den Kauf des niederländischen Flugzeugbauers Fokker an, der drei Milliarden Mark verschlungen hatte und sich wenige Monate später endgültig als Fehlinvestition erweisen sollte. Dieser Kauf war maßgeblich für die negative Bilanz der Dasa verantwortlich. SPD-Wirtschaftssprecher Uwe Jens meinte zu Dolores: »Man will damit Druck auf die Politik ausüben, um die Beschaffung des Eurofighters durchzusetzen.« Auch Wirtschaftsminister Günter Rexrodt sprach von »Erpressungsversuchen«. *Die Zeit* schrieb zu Recht über ihren Artikel: »Einmal am Tropf – immer am Tropf.«[303]

Diesmal sprang der Finanzminister in die Bresche, der sich dafür einsetzte, daß die Produktion fortgesetzt werden konnte. Schließlich seien in den Eurofighter schon sieben Milliarden Mark investiert worden. Außerdem müßten auch »deutsche Arbeitsplätze gesichert werden«.

Aber um welchen Preis? 180 Eurofighter möchte der Verteidigungsminister für die Luftwaffe bauen lassen, jeder kostet 123 Millionen Mark, 25 weitere Millionen pro Stück für elektronisches Gerät, Ersatzteile und Pilotentraining sind in anderen Etatposten versteckt. Minister Volker Rühe, der noch 1992 von knapp 100 Millionen pro Stück ausgegangen war, könnte sparen. Ebenso viele MiG-29 kosten 12,2 Milliarden Mark weniger und sind nach Befragungen von Bundeswehrpiloten durch das Magazin *Monitor* den westlichen Flugzeugen »ebenbürtig«, sogar »teilweise überlegen«. Die Russen würden sogar noch auf weitere vier Milliarden Mark verzichten, die mit Altschulden zu verrechnen wären, Geld, das in Bonn längst abgeschrieben war. Aber Rühe besteht auf seinem »Jäger light« und will damit 8.000 Arbeitsplätze schaffen. Doch durch die Umschichtungen, die im Verteidigungshaushalt zur Finanzierung des Flugzeuges nötig sein werden, werden an anderer Stelle 12.000 Sellen wegfallen. So wird das Ganze unterm Strich auch bei den Jobs ein Minusgeschäft.[304]

Es geht um mehr als nur den Erhalt von Arbeitsplätzen. Es geht auch um den Bestand einer strategischen Industrie, wie der Vorstandsvorsitzende der Dasa, Manfred Bischoff, durchblicken ließ. Die Flugzeugindustrie sei überall, vor allem in den USA, staatlich stark gefördert. Hätte Europa auf den Airbus verzichtet, gäbe es heute ein Monopol (Boeing) auf dem Flugzeugmarkt. Was dies für die Flugzeugpreise und damit für die Flugkosten bedeuten würde, lasse sich nur erahnen. »Sicherlich würden die gesamtwirtschaftlichen Kosten eines amerikanischen Monopols für die Bundesrepublik Deutschland und Europa dauerhaft die in das Airbus-Programm gesteckten Aufbaufinanzierungskosten um ein Mehrfaches übersteigen.« Im übrigen gehe es um die volkswirtschaftliche Zukunftssicherung, denn die Luft- und Raumfahrt sei Technologie- und Innovationsmotor.[305]

Wie lange noch kann der Staat durch Steuergeschenke und Subventionsangebote um die globalen Firmen mitbieten? Darf er sich die offene Drohung mit dem Entzug von Arbeitsplätzen gefallen lassen? Daß ausgerechnet Wirtschaftsminister Rexrodt von »Erpressungsversuchen« spricht, mutet seltsam doppelzüngig an. Als hartnäckiger Befürworter des Freihandels und des Abbaus aller Handelshemmnisse müßte er wissen, daß diese Form der Erpressung »systemimmanentes, notwendiges Handeln« ist.[306] Das multinationale Unternehmen bietet Arbeitsplätze, wer kann dafür den höchsten Preis bezahlen? Das ist reine Marktwirtschaft. Diese Art von weltweiter Auktion ist allerdings, so Robert Reich, ein »Nullsummen-Nationalismus«, ein tödliches Wettrennen, das unterbunden werden muß. Reich empfiehlt eine Art »GATT für Direktinvestitionen«. Das Zoll- und Handelsabkommen soll um Regeln erweitert werden, die den Kampf um Investitionen internationaler Unternehmen zivil statt selbstmörderisch gestalten sollen.[307]

VIII. Geld regiert die Welt

Als in Deutschland die Mauer fiel, flossen auch bei hartgesottenen Politikern die Tränen. Nun wachse zusammen, was zusammen gehört, freute sich Willy Brandt. Wenig später sangen Regierende und Oppositionelle gemeinsam auf dem Balkon des Schöneberger Rathauses die Nationalhymne. Es folgte die Vereinigung von Wirtschaft und Währung. Sorgenvolle Einwände über die Folgen, die eine rasche Wiedervereinigung nach sich ziehen würde, gingen im nationalen Jubeltaumel unter.

Bestätigt fühlen durfte sich die Regierung durch eine breite Zustimmung für ihre Politik bei Ökonomen und Politologen. »Es gibt keinen anderen Weg«, verteidigten sie Wirtschafts- und Währungsunion. Ob die Oktroyierung des westlichen Wirtschaftssystems nicht zu einer Massenarbeitslosigkeit im Osten führen müsse? Die Bundesanstalt für Arbeit beruhigte die Öffentlichkeit mit einer Erwartung von maximal 400.000 Arbeitslosen. Ob die öffentlichen Kassen nicht gesprengt, die Steuern angehoben werden müßten? Die Arbeitsgemeinschaft deutscher wirtschaftswissenschaftlicher Forschungsinstitute wiegelte ab. Es seien keine unvertretbaren Belastungen zu erwarten. Ob die ostdeutsche Wirtschaft nicht einbrechen werde, wenn die Konkurrenz aus dem Westen so plötzlich auf sie einstürzen werde? Das gemeinsame Gutachten der fünf wirtschaftswissenschaftlichen Forschungsinstitute rechnete 1990 nur mit einem Rückgang des Ost-Sozialprodukts um zehn Prozent. Die Marktwirtschaft werde es schon richten, war offenbar das Kalkül. Sie richtete es nicht.

»Versagen der wissenschaftlichen Politikberatung« hat der Ökonom Burkhard Wehner konstatiert. Dafür seien nicht nur theoretische Irrtümer verantwortlich, sondern mißverständliche Darstellungen in den Prognosen seien offenbar »bewußt in Kauf genommen« worden, falsche Daten hätten »wider besseres Wissen der Autoren« Eingang in die Gutachten gefunden. Die Politikberatung habe nicht nur fachlich, sondern auch moralisch versagt und damit eine frühzeitige Kurskorrektur in Ostdeutschland verhindert. »Das Scheitern der ... Gutachten ist ein Lehrstück dafür, wie sich in der Politikberatung wissenschaftlicher Irrtum, ideologisch bedingte Selbsttäuschung und die Neigung zur politischen Gefälligkeit vermengen können.«[308]

Für die neuen Bundesländer hatte dies katastrophale Folgen: Drei Jahre nach der Einheit erwirtschaftete der Osten gerade noch 55 Prozent der Leistung von 1989. Nach einer dramatischen Arbeitsplatzvernichtung trug der Osten 1994 mit nur 8,6 Prozent zum Sozialprodukt bei, erwirtschaftete lediglich ein Zwanzigstel des Industrieumsatzes und nur ein Fünfzigstel der Industrieausfuhr.[309] Für die Opfer der Wiedervereinigung sieht Wehner auch in den kommenden zehn Jahren »wenig Spielraum für Optimismus«. Zwei Fünftel der ostdeutschen Lohnabhängigen könnten in den nächsten zehn Jahren »nicht auf ein sinnvoll ausgefülltes Arbeitsleben zählen«. Nach der Deindustrialisierung des Ostens sieht er ein west-östliches Wirtschaftsgefälle, das möglicherweise von ähnlich dauerhafter Art sei wie das zwischen Sizilien und der Lombardei. Die ehemalige DDR werde auf absehbare Zeit nicht mehr als »ein übergroßes Ostfriesland« werden.[310]

Das hat Folgen auch für den Westen. Der Wertetransfer, eine innerdeutsche Wohlstandsübertragung von jährlich rund 200 Milliarden Mark, wird sich fortsetzen. Pro Westhaushalt macht das immerhin rund 700 Mark monatlich aus.[311] Ein Geschenk, das sich kaum in eine Annäherung der Ost-Wirtschaft an das westliche Niveau verwandeln wird, sondern lediglich den Lebensstandard zu sichern und Konflikte zu vermeiden vermag. Denn: »Wenn die ostdeutsche Wirtschaft über 30 Jahre hinweg im Durchschnitt fast drei Prozent schneller wächst als die westdeutsche, dann wird sie am Ende dieses Zeitraums etwa 70 Prozent des westlichen Niveaus erreicht haben.«[312]

Anteil Ost am jeweiligen gesamtdeutschen Potential in Prozent

Einwohner:	18,93
Erwerbstätige:	18,22
Arbeitslose:	28,51
BIP:	11,23
Industrieproduktion:	6,12
Export von Industriewaren:	2,55[313]

1. Der Euro: ein Bollwerk gegen Spekulation?

Unter Rainer Fettings Willy-Brandt-Skulptur hob Oskar Lafontaine an, die neue Weltwirtschaft zu entwirren: Die Waren- und Gütermärkte seien gar nicht so globalisiert, wie immer getan werde. Nur sieben bis acht Prozent der Außenwirtschaft werde mit Staaten außerhalb der EU abgewickelt. Man habe also eine »Europäisierung der Wirtschaft«, die EU sei der größte Binnenmarkt der Welt. Anders sei das mit den Finanzmärkten. Auf der »weltweiten Spielbank« würde 100mal mehr Geld umgesetzt als durch Gütertransfers. Um den Spekulanten den Geldhahn abzudrehen, empfiehlt Lafontaine die Rückkehr zu festen Wechselkursen, die »Wiederherstellung von Bretton Woods gegen die Spekulationsblase«. Dann habe die Globalisierung auch Chancen.[314]

Der deregulierte Geldmarkt jedenfalls birgt Gefahren. Auch Europa hat das schon zu spüren bekommen: Nachdem sich die alte Bundesrepublik ein marodes Land einverleibt hatte, das zwar Geld mit in die Ehe brachte, aber keinen Gegenwert an Waren oder Anlagen, ging ein Gespenst um in Deutschland – das Gespenst der Inflation. Die Bundesbank beugte dem durch Zinserhöhungen vor. Die übrigen EWS-Mitglieder schlossen sich gezwungenermaßen an, was allerdings die Konjunktur erdrosselte. Es kriselte heftig im EWS. Italienische Lire, britisches Pfund und spanische Peseten standen unter Abwertungsdruck. In dieser Krise, so schreiben Hans-Peter Martin und Harald Schumann, »witterte Stanley Druckenmiller, der Chef des legendären Quantum Fonds aus dem Besitz des US-Milliardärs George Soros, die größte Chance seiner Karriere«. Als erster »Angreifer in der Schlacht um das EWS« lieh er sich täglich wachsende Summen in britischem Pfund, die er sofort bei britischen Banken in deutsche Mark umtauschte. Diese mußten die D-Mark bei der Bank of England anfordern. Druckenmillers Strategie war einfach: Je mehr Spekulanten sich ihm anschlossen, desto eher würden der englischen Staatsbank die Reserven ausgehen. Folge wäre eine Abwertung des Pfund, das die Spekulanten dann erheblich billiger zur Tilgung ihrer Kredite einkaufen konnten. Bei zehn Prozent Abwertung errechneten sich 25 Pfennig Gewinn pro Pfund.

So kam es auch. Die Bundesbank, die die britische Währung zunächst gestützt hatte, beendete bald ihre Solidarität, da mehrere Milliarden Mark nötig gewesen wären, die Spekulation zu schlagen. Bundesbankpräsident Helmut Schlesinger sprach von »Anpassungen«, derer das EWS bedürfe. Alle Welt verkaufte nun Pfund, und Londons Schatzkanzler Norman Lamont versuchte ein letztes: er erhöhte die Zinsen abermals, um die Spekulation zu verteuern. Doch nichts half mehr, alle Dämme waren gebrochen. Die Hälfte seiner Reserven hatte die Bank of England vergebens eingesetzt, das Pfund verlor dennoch um neun Prozent seines Werts. Druckenmiller und Quantum allein verdienten mehr als eine Milliarde Dollar. Druckenmiller, so schrieben Hans-Peter Martin und Harald Schumann, sei »der personifizierte amerikanische Traum«.[315] Die Druckenmillers sind für die Welt inzwischen zum Alptraum geworden. Zuletzt war es die thailändische Währung, die Spekulanten angriffen. Der Baht mußte vom Dollar abgekoppelt werden und verlor innerhalb von zwei Monaten ein Fünftel seines Wertes. Der Internationale Währungsfonds und mehrere asiatische Länder, darunter Japan, halfen mit einem Kredit über 30 Milliarden Mark aus. Das tat der IWF allerdings nicht umsonst. Thailand mußte harte Auflagen akzeptieren: Die Mehrwertsteuer mußte von sieben auf zehn Prozent erhöht, einige Staatsbetriebe müssen privatisiert werden. Drastische Einsparungen wurden angekündigt. Wer die Gewinne der Spekulanten finanzieren muß, ist klar.

Auch Malaysias Währung wurde Opfer einer Spekulation und verlor 20 Prozent ihres Werts. Ministerpräsident Mahathir Mohamad klagte direkt George Soros an: »Soros hat die südostasiatischen Währungen durch Spekulationen manipuliert.« Er will deshalb wieder Kapitalverkehrskontrollen einführen. Soros nannte dies eine »völlig ungeeignete Idee«. Mahathir aber fragte zu Recht: »Wir ziehen keinen Nutzen aus dem freien Kapitalverkehr. Warum sollen wir etwas beibehalten, was uns schadet?«[316]

1,2 Billionen Dollar, mehr als zwei Billionen Mark, werden auf dem weltweiten Kapitalmarkt täglich umgesetzt. Je kleiner die Staaten und deren Kapitalumlauf, desto leichter kann Spekulation eine Währung ins Schlingern geraten lassen. Mit schwerwiegenden Folgen. Eine Währung, die unter Abwertungsverdacht gerät, ist massiv gefährdet. »Wenn eine Währung erst einmal ernsthaft unter Abwertungsverdacht gerät, gibt es kein Halten mehr«, analysiert der *Zeit*-Redakteur Thomas Hanke. »Wer als Manager eines großen Pensions- oder Investmentfonds seine Position in dieser Währung zu spät auflöst, riskiert hohe Verluste für seine Anleger – und damit seinen Job.«[317]

Die Entfesselung des Geldmarktes haben jene Regierungen vorangetrieben, die jetzt selbst von diesem gefesselt werden. Bis 1970 war der Devisenhandel staatlich reglementiert, Transfer und Umtausch großer Summen waren genehmigungspflichtig. Solche Kontrollen gaben 1970 die USA, Kanada, die Bundesrepublik und die Schweiz auf. Mit der folgenden Spekulation brach das Festkurssystem zusammen. Nach der Auflösung des Systems von Bretton Woods 1973, das den großen Industrieländern untereinander feste Wechselkurse gesichert hatte, erhielten internationale Spekulanten ein neues, lukratives Betätigungsfeld. Immer mehr Länder gaben ihre Devisenbeschränkungen auf, häufig durch Druck des Internationalen Währungsfonds (IWF). Damit waren die Währungen dem freien Markt ausgesetzt. Weniger als vier Prozent der heutigen Devisentransaktionen von täglich rund 1,3 Billionen Dollar werden wegen tatsächlicher Umschläge von Waren oder Dienstleistungen vorgenommen. Der große Rest ist reine Spekulation.

Der US-Ökonom und Nobelpreisträger James Tobin hat schon vor Jahrzehnten empfohlen, »etwas Sand ins Getriebe unserer übermäßig effizienten internationalen Geldmärkte zu streuen«. Er möchte auf alle Devisentransaktionen ein Prozent Steuer erheben. Das wäre überaus wirkungsvoll, denn zwei Prozent des Anlagevermögens wären verloren, weil der Investor ja zweimal umtauschen muß. Da die heute übliche Anlageform dreimonatige Wechsel sind, müßte zwischen den beiden Währungen eine Zinsdifferenz von acht Prozent bestehen, damit sich das Geschäft lohnt. Eine solche »Tax on Wall Street« könnte die Spekulation eindämmen. Auch Ex-Bundeskanzler Helmut Schmidt befürwortet solch eine Anti-Spekulationsteuer, weil dann diese Mittel wieder in Investitionen fließen könnten statt auf den internationalen Kapitalmarkt. Gleichzeitig, so Schmidt, müßte aber eine weitere heilige Kuh geschlachtet werden: das Bankgeheimnis. Denn dieses diene nur einem Zweck: der Steuerhinterziehung. Und es nutze den Ländern, in denen Kapitalisten ihre Millionen parkten.

Die Tobin-Steuer ist »sowohl ökonomisch sinnvoll als auch praktisch machbar, aber es ist dennoch mehr als fraglich, ob sie jemals politisch durchsetzbar sein wird«.[318] Denn den neoliberalen Strategen in der Wirtschaft und in den Bankhäusern sowie deren Handlangern in der Politik paßt das nicht ins Konzept. Sie setzen entgegen jeder Vernunft auf die alles regelnde Kraft des reinen Marktes und hoffen weiter auf reiche Erträge. Bis heute.

Doch die Zeiten der »globalen Finanzanarchie« seien gezählt, meinen Martin und Schumann. Denn es mehren sich die Zeichen, daß die Zauberlehrlinge die bösen Geister nicht mehr beherrschen, die sie riefen. Die Risiken, so die *Spiegel*-Redakteure, seien heute »denen der Atomtechnik vergleichbar«. Über kurz oder lang bleibe nichts anderes übrig, als »die Kapitalmärkte erneut rigider staatlicher Aufsicht zu unterstellen«.[319]

Der Deutschen liebstes Kind ist nach dem Auto die harte D-Mark. Damit sie so hart bleibt, leisten sich die Deutschen einen Wachhund, der sie 620.000 Mark im Jahr kostet[320]: Bundesbankpräsident Hans Tietmeyer. Doch dessen Politik und die harte Mark haben manchmal harte Folgen.

2. Jobkiller Bundesbank

So sehen Champions aus. An einem Tag im Dezember 1963 stellt US-Präsident Lyndon B. Johnson auf einer Barbecue-Party seinen Gast aus Germany vor. Er hat ihm einen Cowboyhut aufgesetzt und hält dessen rechte Hand in den Himmel gestreckt. Der Gast ist der Vater des deutschen Wirtschaftswunders, Ludwig Ehrhard, leicht zu erkennen nicht nur an der Zigarre in seiner Linken. Beide strahlen.

Das Wirtschaftswunder hätte nicht stattfinden können, hätte dem damaligen Bundeskanzler und vormaligen Wirtschaftsminister sein damaliger Hilfsreferent in der Abteilung Grundsatzfragen, der heutige Bundesbankpräsident Hans Tietmeyer, ins Handwerk gepfuscht.[321] Der Berliner Ökonom Carl-Ludwig Holtfrerich sieht in der Zins- und noch mehr in der Geldmengenpolitik der Bundesbank das größte Hindernis für Wachstum und Arbeitsplätze und hält es mitverantwortlich für das wachsende Defizit des Staates. 1951 bis 1960 sei die Geldmenge in Deutschland um 15 Prozent im Jahresdurchschnitt gewachsen, die Inflation habe dennoch nur ein Prozent betragen. Die wachsende Geldmenge habe also Wirtschaftswachstum und Beschäftigung genährt, nicht die Inflation. Der Staat habe sich inzwischen aus der Verantwortung für die Konjunkturpolitik verabschiedet und diese in die Hände der Bundesbank gelegt. Seit 1974 sei bei der Bundesbank die Preisstabilität alleiniges Ziel. »Wie sich in den letzten Jahren gezeigt hat, nimmt sie Wachstumsschwäche und steigende Arbeitslosigkeit nicht nur in Deutschland, sondern wegen der DM-Leitwährungsrolle auch in anderen Ländern in Kauf, um die Inflationsrate auf weit unterhalb der in den Vereinigten Staaten als befriedigend angesehenen Rate zu drücken.« 1995 habe auch die Fortsetzung der Hochzinspolitik die ersten Anzeichen einer Konjunkturbelebung zerschlagen. Die hohen Zinsen lockten ausländisches Kapital an. Die folgende Aufwertung, so Holtfrerich, »trug viel mehr als die Lohnkosten zur Verschlechterung der Wettbewerbsposition des Wirtschaftsstandorts Deutschland bei«.

Heute liege der Realzins noch immer zu hoch, um die Arbeitslosenzahlen zu senken. Als 1997 die Mark gegenüber dem Dollar an Wert verlor, diskutierten die Chefkonjunkturmacher der Republik eine Erhöhung der Zinsen, statt den Exportboom sich auch auf den Arbeitsmarkt auswirken zu lassen. Holtfrerich diagnostiziert eine »Fehlorientierung der Geldpolitik in Deutschland«.[322]

Das sieht auch Herbert Ehrenberg so. Er hält die Mark bei einem Dollarkurs von 1,75 bis 1,90 für »fair bewertet«. Zinserhöhungen zur Stützung des Kurses wären also nicht erforderlich, zumal sie sich negativ auf die zart blühende Konjunktur auswirkten und damit nur neue Arbeitslosigkeit schüfen. Ehrenberg fürchtet den gleichen Effekt wie 1987 bis 1992, als die Bundesbank Schritt für Schritt die Leitzinsen auf den bis dahin höchsten Diskontsatz von 8,75 Prozent anhob und damit »den ›Vereinigungsboom‹ abwürgte und die Währungsturbulenzen vom Herbst 1992 mit ihren Schwierigkeiten für die exportorientierte Wirtschaft auslöste«. Ehrenberg fordert das Gegenteil: Weitere Senkungen der Leitzinsen um einen halben bis einen Punkt, damit die ohnehin schwache Investitionsneigung nicht zusätzlich belastet wird.

Das alte Wort von Helmut Schmidt, ihm seien fünf Prozent Inflation lieber als fünf Prozent Arbeitslose, würde heute kein Ökonom mehr unterschreiben – schon gar nicht der Bundesbankpräsident. Inflation gilt den meisten Ökonomen als ein Grundübel, das bekämpft werden muß. Schon John Maynard Keynes hatte erklärt: »Zur Zerstörung der Grundlagen der Gesellschaft gibt es keine subtilere, keine sicherere Möglichkeit, als die Währung zu zerstören. Dabei werden alle versteckten Kräfte ökonomischer Gesetzmäßigkeiten in zerstörerischer Absicht eingeschaltet, und diesen Prozeß durchschaut nicht einer unter Millionen.«[323]

Diese Regel läßt auch der Monetarist Milton Friedman bis heute gelten. Verantwortlich für Inflation macht er allerdings allein das Wachstum der Geldmenge, sofern sie schneller wächst als der gesamte Output. »Je schneller die Geldmenge pro Einheit des Outputs wächst, desto höher ist die Inflationsrate.« Kein anderer Lehrsatz der Wirtschaftswissenschaften sei »wahrscheinlich so einwandfrei nachgewiesen wie dieser[324].« Auslösen können dieses Geldmengenwachstum nur staatliche Stellen, sofern man unterstellt, daß die Geldmenge überhaupt zu kontrollieren ist.

Die Bundesbank hat mit einem harten Stabilitätskurs dazu beigetragen, daß jeder einzelne die Folgen der Wiedervereinigungspolitik der Regierung sehr rasch zu spüren bekam. Geradezu sklavisch wachen die Frankfurter darüber, daß die Inflation nicht an die zwei Prozent heranreicht. Dabei kann Inflation nicht für mangelndes Wachstum der Wirtschaft verantwortlich gemacht werden. Im Gegenteil, meint nicht nur Lester C. Thurow, Ökonomieprofessor am Massachussetts Institut of Technology. Brasilien und Japan zeigten, daß Länder trotz hoher Inflationsraten beste wirtschaftliche Ergebnisse erzielen konnten. Länder mit extrem niedriger Inflation dagegen (Thurow nannte bei Erscheinen seines Buches 1984 die USA) hätten dagegen im Wettrennen um die Wachstumsraten unter »ferner liefen« abgeschnitten. Was das Wirtschaftswachstum bremse, seien die Maßnahmen der Regierungen zur Bekämpfung der Inflation.[325]

Gemeinsam mit den 16 Landeszentralbankchefs wie auch der Bundesregierung unternimmt Hans Tietmeyer derzeit nichts, um dem Arbeitsmarkt zu helfen. Dabei ist die Bundesbank nach dem Stabilitätsgesetz von 1967 nicht nur der Geldwertstabilität, sondern auch der Vollbeschäftigung verpflichtet. Herbert Ehrenburg befürwortete 1997 trotz eines historischen Tiefstandes des Diskontsatzes (damals 2,5 Prozent) und eines niedrigen Lombardsatzes (ein Prozent über dem historischen Tief von 1978) eine Senkung der Leitzinsen. Sie lägen immer noch höher als in einigen unserer Nachbarstaaten, etwa in der Schweiz, den Niederlanden oder Japan. Niedrige Zinsen, so lehrt die alte Keynes-Schule, kurbelt die Nachfrage an und auch die Investitionstätigkeit. Außerdem solle die Bundesbank ihre Gold- und Devisenreserven nicht nur neu bewerten, sondern verkaufen. Ehrenberg meint: »Reserven werden in guten Zeiten angelegt, um sie in schwierigen zu gebrauchen. Mit diesem nutz- und sinnlos im Keller der Bundesbank herumliegenden Geld müßten allerdings nicht Schulden bedient, sondern es müßte ein Investitionsprogramm finanziert werden.«[326]

Der Wirtschaftsteil der *Süddeutschen Zeitung* dagegen lobt die Bundesbank, weil sie nicht an die »überholte These« glaubt, daß mehr Inflation mehr Arbeitsplätze bringe. Die Teilnehmer an der Währungsunion würden zu einem »hochverschuldeten Politclub mit dem kleinsten gemeinsamen Nenner Euro«.[327]

3. Wer den Preis für dieses Europa zahlt

Die Europäische Wirtschafts- und Währungsunion trägt ihren Namen nicht versehentlich. Von einer Sozialunion war Ende der neunziger Jahre nicht viel zu hören. Europa reduzierte sich für die Deutschen im Jahr 1997 auf die Frage, ob der Euro kommt oder nicht. Wird er stabil sein? fragten besorgte Sparbuchbesitzer. Tage- und nächtelang überlegten Hunderttausende, ob es besser sei, ihre paar Kröten in Aktien oder in Dollar anzulegen – denen allerdings, die nichts auf der hohen Kante hatten, raubten andere Sorgen den Schlaf. Politiker, die eine feine Nase für Stimmungen im Volk zu haben glaubten, rieten zu einer Verschiebung. Bei Voscherau, Stoiber, Biedenkopf (1999) und Schröder standen schließlich Wahlen an, und wer die starke Mark zu verteidigen versprach, konnte des Dankes der Bundesbürger sicher sein. Und hatten nicht die Länderfürsten 1992 ihre Zustimmung davon abhängig gemacht, daß der Euro »so stabil sein und bleiben (werde) wie die Deutsche Mark«?

Als schließlich auch Hans Tietmeyer leise Zweifel durchklingen ließ, unterstellte man ihm Interesse an der Erhaltung seiner Machtposition, die in eine Europäische Zentralbank münden würde. Tietmeyer hatte in einem Zeitungsinterview gesagt, er könne dem Argument nicht folgen, »wonach im Falle einer Verschiebung des Euro der europäische Himmel einstürzen oder die Wirtschaft aus den Fugen geraten würde«. Ausgerechnet Der *Spiegel*, sonst in der Nähe des Bonner Hofes überhaupt nicht gern gesehen, will direkt bei Euroenthusiast Kohl gestanden haben, als dieser von Tietmeyers Äußerungen erfuhr: »Der Kanzler schäumte.«[328]

Diejenigen, die ihre politische Zukunft mit dem pünktlichen Erscheinen des Euro verknüpft hatten, taten alles, um die Kriterien des Maastrichter Vertrages zum Beitritt zur Europäischen Währungsunion (EWU) zu erfüllen. Die »kreative Buchführung« wurde – nicht nur in Deutschland – konsequent auf die Endrechnung für die entscheidende Jahresbilanz angewendet. Zuletzt durften die Deutschen sogar die Schulden im Krankenhausbereich aus dem Defizit herausrechnen, und plötzlich war sogar mehr als die »Punktlandung« bei 3,0 Prozent des Bruttoinlandsprodukts erreicht. Hätten die europäischen Regierungschefs im Maastrichter Vertrag nicht das Jahr 1997 festgelegt, sondern eine mehrere Jahre dauernde Periode, innerhalb der die Kriterien zu erfüllen wären, wäre diese Art von Trickserei ausgeschlossen gewesen. 1993 betrug das deutsche Staatsdefizit sieben Prozent, 1995 mit 3,5 Prozent immer noch zu viel nach den Maastrichter Kriterien, 1996 sogar wieder rund vier Prozent.

Es hätte andere Gründe gegeben, sich Sorgen um das Projekt Europa zu machen. Doch die Union war hinter dem Euro verschwunden. Wie die Gemeinschaft jenseits der Münze gestaltet werden sollte, blieb als Thema außen vor. Daß der Euro Arbeitsplätze bringe, war eine der Legenden, die seine Entstehungsgeschichte begleiteten. Der Euro wäre das erste neoliberale Projekt, das von solch angenehmen Effekten begleitet gewesen sein würde. Vielmehr sind mehr Arbeitslose als die bisherigen 19 Millionen zu erwarten, wenn der Konzentrationsprozeß der internationalen Konzerne sich europaweit und ohne begleitende soziale Maßnahmen fortsetzt. Zwar wurde auch auf der Konferenz von Amsterdam per Entschließung festgelegt, daß »die Beschäftigung unverrückbar zuoberst auf der politischen Tagesordnung der Union bleibt«. Gleichzeitig aber wurde das 1993er Programm zur Schaffung von 15 Millionen Arbeitsplätzen bis zur Jahrhundertwende Schritt für Schritt abgespeckt.[329]

Wer mit der pünktlichen Einführung des Euro deutsche Interessen verband, verhehlte, welchen Gruppen ein pünktlicher Euro und ein zusammenwachsendes Europa vor allen anderen nützte: Denen, die von offenen Grenzen, billigen Arbeitssuchenden, neuen zollfreien Märkten und einer geballten europäischen Handelsmacht als Gegenspieler zu den USA profitierten. Denen, die sich dank der überdurchschnittlichen deutschen Zahlungen in die europäischen Kassen politische Macht sicherten. Und jenen, die mit dem Wegfall des Wechselkursrisikos nun in ganz Europa investieren konnten. Der Euro vergrößert den Wirtschaftsraum und schafft damit mehr Währungsstabilität, zumal entgegen der Ideologie von der Globalisierung fast drei Viertel der deutschen Exporte innerhalb Westeuropas abgewickelt wurden. Auch bei den Importen macht der Fernhandel allenfalls ein Viertel aus. Man muß also eher von einer Europäisierung der Wirtschaft sprechen, und diese wird durch den Euro von einigen Lasten befreit. Gleichzeitig, so Hanke, würden mit der EWU und einer stärkeren Kooperation der Wirtschafts- und Finanzminister auch die Versuche eingestellt, sich gegenseitig das Kapital streitig zu machen. Doch das Arbeitslosenproblem wird bleiben.

Ein Märchen der Neoliberalen würde der Euro nebenbei beseitigen: das der hohen Löhne. Die gemeinsame Währung schafft Währungssicherheit und ist ein Bollwerk gegen die internationale Spekulation. Innerhalb Europas war meist die Mark die einzige Währung, die unter Aufwertungsdruck stand. 1996 etwa lag der Außenwert der Mark zehn Prozent über dem von 1992, ein Jahr zuvor sogar um mehr als 14 Prozent. Das stellt für die Unternehmen eine beträchtliche Kostenbelastung dar. Herbert Ehrenberg errechnete, daß die Aufwertung der Mark um zehn Prozent die Kalkulation belaste wie eine Lohnerhöhung um 25 Prozent.[330] Mit einer gegen Spekulation sichereren Währung wäre dieses Problem beseitigt. Auf diese Weise könnten schließlich doch noch auch die Arbeitnehmer einen Gewinn aus dem Euro ziehen.

Die Kosten Europas werden sie auch übernehmen müssen. Zu erwarten ist, was die Masse der Deutschen schon aus der Vereinigung ihrer beiden Teile und auch aus dem Länderausgleich kannten: Strukturschwache Gebiete werden auf Kosten der stärkeren aufgepäppelt. Wer den Preis zahlt, haben sie erfahren.

4. Für Europa, aber ein anderes

Wenn zusammenwächst, was zusammengehört, dann ist das mit Schmerzen verbunden. Die Bundesbürger West haben dies erfahren, als ihnen 1990 die Unterstützung der Brüder im Osten abgehandelt wurde. Die Frage, ob sich Bonn mit seiner Eile beim Anschluß der fünf neuen Länder übernommen habe, wurde geflissentlich übergangen. Acht Jahre nach der Wiedervereinigung fließen noch immer 140 Milliarden Mark jährlich in den Aufbau Ost. Und nun sollen die Deutschen wieder bluten. Europa tut weh. Das überraschende aber: Dennoch stimmt ein großer Teil der informierten Deutschen der Union prinzipiell zu. Mehr als ein Viertel des Etats der EU bezahlen die Deutschen, aber die Beschwerden halten sich in Grenzen. Alle wissen, daß die Bundesrepublik auch profitiert. Annähernd 860 Milliarden Mark führte das Land im vergangenen Jahr in alle Welt aus – das ist etwa ein Viertel des Bruttoinlandsprodukts. Mehr als die Hälfte davon geht in die Länder der EU. Noch nie hatten die Bewohner der Bundesrepublik unter einer unkontrollierten Inflation zu leiden, und deshalb lieben sie ihre D-Mark wie kaum etwas anderes auf der Welt. Dennoch lassen sie sich nicht durch die Rattenfänger von rechts beirren, die versuchen, gegen den Euro zu pfeifen und damit Wähler einzufangen. (In Hamburg prägte im Herbst 1997 ein anderes Thema den Wahlkampf.) Über Europa herrscht in den Parteien, von schwarz bis grün, Einigkeit. Die Deutschen wissen inzwischen: Die Ursache der Schmerzen, die Europa bereitet, liegen nicht in der Einigung, sondern darin, welche Prioritäten die schwergewichtigsten Politiker der Union setzten.

Denn in Europa haben die Staaten das Sagen, denen auch im eigenen Land nichts anderes einfällt als eine restriktive Geld- und Fiskalpolitik. Die Zwangsjacke 3,0, also die Obergrenze für das Haushaltsdefizit von drei Prozent des Bruttoinlandsprodukts (BIP) als Kriterium für die Teilnahme an der neuen Euro-Währung, haben sich die Regierungen selbst angelegt – federführend dabei: der deutsche Finanzminister Theo Waigel. Als weitere Kriterien gelten maximale öffentliche Schulden von 60 Prozent des BIP sowie eine maximale Inflationsdifferenz von 1,5 Prozent. Sparen und Sozialabbau prägt deshalb Europa. Und das geht auf Kosten der Armen und Arbeitslosen.

Die europäischen Daten sind nicht besser als die deutschen. Rund 19 Millionen EU-Bürger sind ohne Beschäftigung,

11,2 Prozent, unter den Jugendlichen sogar jeder fünfte. Das Wirtschaftswachstum ist geschrumpft, und fast alle Mitgliedstaaten der EU weisen ein Haushaltsdefizit auf. Nur die Haushalte von Luxemburg (1,7 Prozent), Dänemark (0,7) und Irland haben einen positiven Saldo[331]. Mit harter Sparhand mühten sich alle betroffenen Staatsregierungen gegen die bedrohliche Ausgrenzung aus der EWU.

Land	Haushaltsdefizit (1997)	Staatsverschuldung (1997 in % des BIP)
Luxemburg	+ 1,7	6,7
Irland	+ 0,9	66,3
Finnland	– 0,9	55,8
Niederlande	– 1,4	72,1
Belgien	– 2,1	122,2
Österreich	– 2,5	66,1
Portugal	– 2,5	62,0
Spanien	– 2,6	68,8
Frankreich	– 3,0	58,0
Deutschland	– 2,7	61,3
Italien	– 2,7	121,6

Schweden, Dänemark und Großbritannien nehmen am Euro nicht teil. Griechenland erfüllt die Kriterien nicht.

Weil die Politik ihre Stabilitätskriterien auch »nachhaltig« durchsetzen wollte, also auch in den folgenden Jahren für Preisstabilität und Haushaltsdisziplin sorgen wollte, rief 1997 eine Gruppe von 250 europäischen Wirtschaftswissenschaftlerinnen und -wissenschaftlern laut Halt. Mit ihrer Erklärung haben sie sich gegen diese selbst verschuldete Lähmung und die »Besessenheit im Kampf gegen die Inflation« gewendet, eine Inflation, die es in Europa gar nicht gibt und die auch nicht am Horizont aufzieht. Von 13,2 Prozent 1980 über 6,5 im Laufe der achtziger Jahre fiel sie inzwischen auf 2,6 Prozent.

Diese »Austeritätspolitik« sei »Ergebnis von starkem Druck von seiten mächtiger Gruppen der Wirtschaft, insbesondere des finanziellen Sektors«. Durch den Preisstabilitäts-Fundamentalismus in der EU »bleiben andere, gleichermaßen wichtige Aspekte wirtschaftlicher und sozialer Stabilität außer Acht, wie die Stabilität von Wachstum, Beschäftigung, Einkommen und sozialer Sicherheit oder die Stabilität der Umwelt«. Zu Recht weisen die Autoren darauf hin, daß in den meisten europäischen Ländern seit den achtziger Jahren trotz der zahlreichen restriktiven Maßnahmen weder die Staatsdefizite verringert werden konnten noch die Arbeitslosenzahlen. »Anhaltend hohe Arbeitslosigkeit untergräbt den sozialen Zusammenhalt in den Mitgliedsländern und in der EU insgesamt. Sie führt zu politischer Instabilität, Nationalismus und Fremdenfeindlichkeit.[332]

Das Programm von Maastricht ist den Ökonomen, die nicht zum neoliberalen Mainstream ihrer Zunft zählen, »eine Bedrohung für Wohlstand, Gerechtigkeit und europäische Einheit«. Den Preis für diese monetaristische Politik wollen die alternativen Ökonomen nicht bezahlen. Denn als Ursache für die Haushaltsdefizite haben sie die hohen Arbeitslosenzahlen ausgemacht, die die Steuereinnahmen und Sozialversicherungsbeiträge minderten. Wer weniger Arbeitslose haben wolle, dürfe nicht die Sozial- und Lohnkosten weiter senken, denn die seien im internationalen Vergleich in Ordnung. Die realen Stückkosten der Arbeit in Europa seien zwischen 1980 und 1996 von 100 auf 87 gefallen, während sie in den USA bei 97,6 lägen, in Japan bei 94. Um weniger Arbeitslose zu haben, müßten energische beschäftigungspolitische Maßnahmen getroffen werden, die aber wegen der Konvergenzkriterien für den Euro nicht aufgebracht werden können. Deshalb zielte der Angriff der Ökonomen auf den Euro. Es gebe »keinen soliden ökonomischen Beleg für die Position, daß eine Einheitswährung absolut notwendig ist, um das europäische Projekt voranzubringen«.[333]

Mit einem Aufschub wollten sie die Zwangsjacke beseitigen. Die Regierungen wären frei gewesen für eine flexible Wirtschaftspolitik. Die Ökonomen wollen nicht Europa abschaffen, sie wollen lediglich eines, das sich »radikal von Maastricht unterscheidet«. »Andere Wege müssen gefunden werden, um die europäische Einheit in einer Weise voranzubringen, die den Wohlstand der Menschen vergrößert.«[334] Weil die Konvergenzkriterien in zu kurzer Zeit eine große Anpassung der Teilnehmer erzwingen wollten, könne die Europäische Währungsunion verschoben werden. Statt dessen solle ein Europäisches Währungssystem 2 eingerichtet werden. Um dieses EWS 2 gegen Spekulation zu schützen, solle eine Devisenumsatzsteuer erwogen werden. Überhaupt habe die Spekulation auf dem Kapitalmarkt seit dem Zusammenbruch des Systems von Bretton Woods und der anschließenden Deregulierung der Finanzsysteme Wechselkurse und kurzfristige Kapitalflüsse »zu den instabilsten und gefährlichsten Faktoren der Weltwirtschaft« gemacht. Dagegen solle ein internationales Kooperationssystem mit allen großen Währungen eingerichtet werden.[335]

Die wichtigsten, in Europa auch kurzfristig umsetzbaren Ideen der alternativen Ökonomen sind es wert, noch einmal vorgestellt zu werden:

- Um das vorrangige Ziel der Vollbeschäftigung zu erreichen, müsse die Arbeitszeit erheblich reduziert werden – um zehn Prozent. Einen Teil der freiwerdenden Arbeitszeit würden zwar Umbau- und Reorganisationsmaßnahmen der Unternehmen auffressen. Käme aber nur die Hälfte der Zeit zum Arbeitsmarkt durch, brächte dies nach Berechnungen der Ökonomen sieben Millionen neue Arbeitsplätze. Die in Europa geleisteten Überstunden kosteten weitere drei bis vier Millionen Jobs. Der öffentliche Dienst könnte eine Pilotfunktion ausfüllen. Steuererleichterungen beim Wechsel von Voll- auf Teilzeitarbeit und Besteuerung übermäßiger Überstunden könnten den Trend zu weniger Arbeit einleiten oder stützen. Dies gelte auch für Verordnungen über eine zulässige Maximalarbeitszeit oder gestaffelte Sozialbeiträge, die günstigere Tarife für die ersten 32 Stunden vorsehen, ungüstigere für die weitere Arbeitszeit. Auch Teilzeitarbeit spielt in diesem Konzept eine wesentliche Rolle. Im Gegensatz zu deutschen Gewerkschaftern, die auf einen Lohnausgleich verzichten wollten, sollen untere Lohngruppen den vollen, höhere einen teilweisen Lohnausgleich erhalten. Nach Jahren des Reallohnstops sei eine solche Umverteilung sozial »gerechtfertigt« und »auch ökonomisch vernünftig«.[336]

- Europa braucht neben einer Finanz- auch eine eigene Fiskalpolitik. Dann könnte Europa mit eigenen Ausgabenprogrammen Anreize setzen. Da der Etat bisher nur 1,2 Prozent des gesamteuropäischen BIP umfaßt, könnten Euro-Anleihen zusätzliche Mittel erbringen. Europa könnte ein altes Mittel zum Anschub der Konjunktur wieder benutzen, das lange nicht mehr zu hören war: Defizit-spending. Beschäftigungsprogramme wären denkbar in den zuletzt vernachlässigten Bereichen wie Gesundheitsfürsorge, Kindergärten, Pflege- und Beratungsdiensten. Auch der ökologische Umbau auf dem Transport-, Energie- und Telekommunikationssektor könnte vorangetrieben werden. Auf mittlere Sicht, so die Autoren, müsse der Haushalt Europas auf fünf bis sieben Prozent des EU-BIP steigen. Die Mittel sollten durch eine CO_2-Emissionssteuer und eine Devisenumsatzsteuer beigebracht werden, mit denen die EU eine bedeutende Steuerungskompetenz dort erhalten würde, wo sich die nationalen Regierungen nicht hintrauten. Später könnte auch noch eine Erhöhung der Mehrwertsteuer die Eigenmittel der Gemeinschaft sichern.

• Schließlich müßten die Notenbanken einer demokratischen Kontrolle unterzogen werden, fordern die alternativen Ökonomen. Die Regeln der Finanzmärkte müßten reformiert werden.[337]

Mit einem Konzept dieser Art wären endlich auch soziale und ökologische Interessen berücksichtigt, die bisher den macht- und wirtschaftspolitischen Erwägungen hinterherkriechen – wenn sie sich in Europa überhaupt nennenswert bewegen.

Doch das Gegenteil ist bis heute der Fall. Europa mit seiner neuen Währung wird unter Führung der Deutschen zur dritten Wirtschaftskraft der Welt neben den USA und Japan, nach Bevölkerungszahl sogar stärker als diese Jörg Huffschmid vermutet, daß die Europäische Zentralbank bei hohen europäischen Exporterfolgen und dem folgerichtigen Aufwertungsdruck auf den Euro die Geldmenge nach deutschem Muster im Zaum halten. Dies werde nicht nur einen weiteren Anstieg der Arbeitslosigkeit und weitere soziale Polarisierung zur Folge haben, sondern bedeute auch eine »Kampfansage« an die USA und Japan. »Die Risiken sind unkalkulierbar, die wirtschaftlichen und politischen Konflikte, die eine solche deflationäre und aggressive Weltmarktstrategie mit sich bringt, jedoch absehbar.« Huffschmid sieht schon einen »eskalierenden Wirtschaftskrieg« zwischen den drei großen Zentren der Weltwirtschaft.[338]

Während die Deutschen geneigt sind, auch in Fragen des Geldes ihrer Obrigkeit zu vertrauen, ist in Frankreich um die Einrichtung einer Zentralbank eine heftige Kontroverse entbrannt. Die Franzosen wehrten sich »gegen die kalte Entmachtung ihrer gewählten Organe durch ein Regime von Spezialisten, die allesamt demokratisch nur schwach legitimiert und letztlich niemandem verantwortlich sind«.[339] Dennoch haben sich die deutschen Monetaristen durchgesetzt.

Auf dem europäischen Gipfel in Weimar, der eigentlich der Kultur gewidmet war, versicherte der französische Ministerpräsident Lionel Jospin, daß Frankreich auf die Idee einer politischen Aufsicht über die künftige europäische Zentralbank verzichte. Jospin sagte: »Die Zentralbank braucht keine Ratgeber.«[340]

Schon 1995 hatte die für Europa verordnete Austeritätspolitik in Frankreich, Spanien und Italien zu Streiks und Demonstrationen geführt. Rechte Agitatoren nutzten den wachsenden Europaskeptizismus. Die Maastrichter Blüten haben Unsicherheit erzeugt.

Bisher ist Europa ein Hort der Angst und Zweifel für die meisten Menschen, auch wenn sie mit dem Kopf zustimmen. Europa aber könnte viel mehr sein. Europa hat die Chance, nicht nur einen gemeinsamen Markt zu schaffen. Um aber mehr leisten zu können als der Wirtschaft freie Bahn zu schaufeln, darf der Gedanke an die Vereinigten Staaten von Europa nicht aufgegeben werden. Statt kleinkrämerisch auf ein Europa der Regionen zu setzen, sollte mehr Einheit angestrebt werden, um auch soziale und ökologische Ziele durchsetzen zu können. Dazu muß ein europäisches Parlament endlich Macht erhalten oder sie an sich ziehen, europäische Gesetze müssen endlich offen und öffentlich diskutiert, statt hinter den Kulissen ausgekungelt werden. Horst Afheldt schrieb: »Wenn die EG ... dem Schutz der Lebensbedingungen in den europäischen Staaten vor dem weltweiten Freihandel die Priorität einräumte – was sie nach ihren Statuten in gewissem Rahmen auch könnte –, dann würde sie plötzlich für die Verunsicherten eine Hoffnung.«[341] Soll man sich zu hoffen trauen, daß nach den Regierungswechseln in Großbritannien und Frankreich und einem denkbaren in Deutschland Europa eine neue Richtung einschlägt? Und wird Mitterrands Wort doch noch wahr, es werde entweder ein soziales Europa geben oder gar keines?

IX. Von Industriekapitänen empfohlen: die Ökonomie-Diktatur

Wie sich die Szenarien gleichen: Die »pathologisch bewilligungsfreudigen Parteien« und deren »Stimmzettelrücksichten« seien verantwortlich für die Wirtschafts- und Finanzkrise der Republik. »Die Wiederherstellung der Rentabilität in den Betrieben und die Eigenkapitalbildung in den Unternehmungen sind entscheidend für die Wiederbelebung und den Aufstieg der deutschen Wirtschaft.« Die Steuerbelastungen der Betriebe seien deshalb zu senken, denn sie wirkten »kapitalzerstörend«. Der Staatshaushalt müsse durch Kürzungen der Leistungen bei der Sozial- und Arbeitslosenversicherung und durch Anhebung der indirekten Steuern auf Massenkonsumgüter wieder zur Deckung gebracht werden. Das waren die Forderungen des Reichsverbandes der Deutschen Industrie (RDI) vom 12. Dezember 1929, vorgetragen auf einer außerordentlichen Mitgliederversammlung in Berlin. Die ohnehin auf Kapitalflagge segelnde Regierung wurde abgekanzelt. »Es darf nicht halbe, es muß ganze Arbeit sein, die gemacht wird. Kompromisse helfen nicht mehr. Es geht ums Prinzip, ums ganze System.« Präsidialmitglied Georg Müller erklärte zur Frage einer Finanzreform, diese sei nur »eine Etappe auf der großen politischen Linie, welche uns für Deutschlands Entwicklung vorgeschrieben ist«. Radikale Ausgaben- und Lohnsenkungen seien nur durchzusetzen, wenn »endlich eine völlige Einheitlichkeit der Führung in der Staatspolitik« erreicht sei.[342] Keine vier Jahre später war die einheitliche Führung in Deutschland Wirklichkeit geworden.

Das klingt, als wäre Hans-Olaf Henkel, der Chef des RDI-Nachfolgers BDI, ins Archiv gestiegen und hätte in den Redemanuskripten seiner Vorgänger gegraben. Dürfen wir von ihm auch noch den Ruf nach einem Ermächtigungsgesetz erwarten, wie es seine Vorgänger taten?

Wer vom Faschismus rede, dürfe über den Kapitalismus nicht schweigen. Das alte Wort von Max Horkheimer hat im Jahr 1997 unerwartet wieder Aktualität erhalten. Die Industrie in Person des Präsidenten des Bundesverbandes der Deutschen Industrie blies zum Angriff auf den deutschen föderalistischen und demokratischen Staat. In einem Interview mit der Hamburger Wochenzeitung *Die Woche* forderte Henkel den Bundespräsidenten auf, eine »Systemdebatte« anzustoßen. Der Föderalismus mit seinem Mitspracherecht der Länder ist ihm ein Dorn im Auge, weil dem Industrielobbyisten damit die Diskussionen um Reformen zu lange dauern. Eine zweite Rede Herzogs, so Henkel, »müßte sich mit der Frage befassen, ob ein Land mit unserer föderalen Struktur, mit 16 Bundesländern, einem Verhältniswahlrecht, überhaupt eine Chance hat, sich so schnell zu verändern wie andere«. Jemand müsse endlich damit anfangen, »über die Fähigkeit unseres politischen Systems im Wettbewerb mit anderen zu sprechen. Dazu gehört unsere Verfassung.«[343]

Mit dem häßlichen Wort vom »System« führte Henkel einen Begriff wieder in die politische Diskussion ein, der eine unselige Tradition hat. Mit dem geringschätzigen Wort vom System war seinerzeit schon die Republik von Weimar torpediert worden.

Als wäre das deutsche Grundgesetz nicht schon genug beschädigt und ausgehöhlt worden, griff wenig später auch Otto Graf Lambsdorff den Gedanken Henkels auf. »Sind unsere Institutionen noch in der Lage, den Herausforderungen dieser Zeit – ziemlich genau seit 1993 – gerecht zu werden?« fragte der FDP-Politiker in einem Interview mit der *Süddeutschen Zeitung*. Und er beantwortete die Frage gleich selbst: »Ich glaube, sie sind es nicht mehr.« Gemeint hat Lambsdorff den »Scheinföderalismus«, wie er es nannte, den »unechten Föderalismus«. Zwischen Bund und Ländern sei ein »Auseinanderziehen der Verantwortungen« nötig. Der Kanzler, so Lambsdorff, sei in der EU nicht handlungsfähig, weil er immer bei den Ländern nachfragen müsse. Gesundheits- und Steuerreform seien Stückwerk geblieben, weil man sie am Bundesrat habe vorbeimanövrieren müssen. Lambsdorff forderte deshalb: »Wir brauchen neue Entscheidungsstrukturen, um die Dinge frontal angehen zu können.« Zuwider sind dem ehemaligen Wirtschaftsminister »diese ganzen Konsensrunden« im Kanzlerbungalow, die schon Adam Smith »a conspiracy against the public« genannt habe und die der Steuerzahler auch noch bezahlen müsse. Hätte Deutschland keinen Bundesrat, tönte Lambsdorff, »die Lage wäre sicherlich um einiges besser. Die richtige Wirtschaftspolitik, die richtige Steuerpolitik, die richtige Beschäftigungspolitik – sie sind nicht mit Konsens zu erreichen, nicht mit Friede, Freude, Eierkuchen.«[344]

Der Föderalismus soll es also sein, der den Neuanfang bremst oder gar verhindert. Also weg damit?

Selbst Friedrich A. Hayek empfand eine Föderation nicht als Hindernis für blühende Landschaften und sprach sich für ein föderales System aus, indem er Lord Acton zitierte: »Unter den Regulativen der Demokratie ist die Föderation das wirksamste und am meisten wesensverwandte ... Das Föderativsystem begrenzt und beschneidet die souveräne Macht dadurch, daß es sie aufteilt und der Regierung nur gewisse genau bezeichnete Rechte zuweist. Es ist das einzige Mittel, um nicht nur die Herrschaft der Mehrheit, sondern auch die Macht der Volksgesamtheit zu zügeln.«[345] Hayek forderte sogar eine »internationale politische Organisation«, die Wirtschaftsinteressen in Schach halten und dafür sorgen solle, daß »nicht eine Steigerung der Macht in den Händen unverantwortlicher internationaler Wirtschaftsinstanzen« eintreten könne. Die Form auch einer internationalen Regierung war für ihn »natürlich« die der Föderation. Nur sie könne »das tödliche Gift der Zentralisierung«[346] vermeiden helfen. Hayek schrieb dies in dem Buch, für dessen deutsche Wiederauflage im Jahr 1994 ausgerechnet Otto Graf Lambsdorff das Vorwort geschrieben hatte.

Richard von Weizsäcker hielt dagegen, daß die Verfassung »in ihren Grundzügen hervorragend« sei. Der Förderalismus sei »notwendig«, das Problem allerdings sei die Allmacht der Parteien und der wachsende Einfluß der Ministerpräsidenten der Länder. Daß Hans-Olaf Henkel ausgerechnet den Konflikt, den Wettbewerb in der Demokratie unterdrücken will, von dem er für die Wirtschaft nicht genug haben kann, findet Weizsäcker »etwas erheiternd«. Wer die Wahlen gewinne, werde in die politische Verantwortung für das Ganze gewählt. »Dazu gehört allerdings die Achtung vor den Minderheiten und der Schutz für die Schwachen.«[347]

»Wer den Föderalismus beschädigt«, kommentierte die *Berliner Zeitung*, »spielt hierzulande mit der Legitimation der Demokratie, mit der Identifikation der Bürger mit ihrem Staat.«

Auch Carl Christian von Weizsäcker, Professor für Volkswirtschaftslehre in Köln, schrieb 1995: »Es ist eine Tugend der Demokratie, sich Zeit zu nehmen: Der Austausch der Argumente wird abgewartet, viele verschiedene Gruppierungen und Erfahrungshintergründe werden berücksichtigt.« Im direkten Wettlauf gewönnen Demokratien zwar nie gegen stromlinienförmige Mechanismen der Entscheidungsfindung. Es sei aber zu fordern, »daß die Geschwindigkeit der demokratischen Prozesse Leitgeschwindigkeit bleibt.«[348] Zwei Jahre später, die Steuerreform ging ihrem Tod entgegen, scheint

Weizsäcker seine Meinung geändert zu haben: Das »deutsche Harmoniebedürfnis« habe dazu geführt, daß alle wichtigen gesetzgeberischen Kompetenzen beim Bund lägen. Die Wähler hätten dies längst erkannt und die Landtagswahlen »als Kommentar zur Bundespolitik« umfunktioniert. Wer die Bundestagswahlen 1998 gewinnen werde, sei insofern gleichgültig. Der Sieger werde die Mehrheit im Länderparlament nicht er- oder behalten können und dann wieder gegen eine Bundesratsmehrheit ankämpfen müssen. »Gewichtige Reformen werden so oder so nicht durchsetzbar sein«, glaubt Weizsäcker. »Der Lebensstandard wird im Gleitflug sinken, während er in anderen Ländern Europas, Amerikas und Asiens ansteigt.« In England dagegen, so Weizsäcker, habe die »Thatcher-Revolution« die »englische Krankheit« und »gesellschaftliche Sklerose« überwunden. Es sei an der Zeit, daß auch Deutschland »zu einer echt föderalistischen Verfassung umgebaut« werde. Für Bundesgesetze müsse das Zustimmungserfordernis der Länder abgeschafft werden. Dafür müßten die Bundessteuern in die Hände des Bundes, die Ländersteuern in die Hände der Länder gelegt werden. Diese fiskalische Trennung praktizierten auch die USA und die Schweiz, »echt föderalistische Staaten«. Der deutsche »Pseudoföderalismus« dagegen sei in Wirklichkeit »eine zentralistische Struktur mit der Besonderheit eines im Namen des Föderalismus agierenden Blockiersystems in der Hand der jeweiligen Opposition«.[349]

Den reichen süddeutschen Ländern, die bisher per Länderfinanzausgleich den schwächeren unter die Arme gegriffen hatten, spricht der neue Deregulierer Weizsäcker damit natürlich aus der Seele. Und den Neoliberalen in Politik und Wirtschaft auch. Man mag sich gar nicht vorstellen, wohin der Sozialstaat geraten wäre, hätten sich im letzten Jahrzehnt solche Forderungen durchgesetzt.

1. Das Wahlrecht ändern?

Toni Blair hat in Großbritannien einen glanzvollen Sieg eingefahren. 64 Prozent der Parlamentssitze hat »New Labour« errungen, mit nur 45 Prozent der Stimmen. Das Mehrheitswahlrecht macht's möglich. Klare Verhältnisse in London und die Chance zu schnellen, tiefgreifenden Reformen. Kein Zank und Handel mit einem Koalitionspartner ist nötig. So hätte man es im gelähmten Deutschland auch gerne, allen voran Hans-Olaf Henkel. Der »Umbau« des Sozialstaates wäre mit einem reinen Mehrheitswahlrecht ruckzuck erledigt. So könnte der Standort rasch auf Weltmarktniveau heruntergemodelt werden.

Doch auch die Mehrheitswahl-Medaille hat eine zweite Seite. Wechselt des Wählers unberechenbare Gunst bei der nächsten Abstimmung, kann schon nach vier Jahren die Reform der Reform kommen. Langfristige Lösungen gibt es in diesem Modell noch seltener. Gerade deshalb hielten in den siebziger Jahren in Großbritannien Politologen wie S. E. Finer das Mehrheitswahlrecht für den eigentlichen Blockierer einer grundlegenden Modernisierung von Wirtschaft und Gesellschaft.

Maggie Thatchers 45-Prozent-Regime, die »elective dictatorship«, schuf tiefe soziale Gräben. Inzwischen ist auf der Insel unter Intellektuellen eine »Systemdebatte« angestoßen worden, die sich für Dezentralisierung und das Verhältniswahlrecht ausspricht.[350] Die neoliberalen Marktstrategen der Bundesrepublik wollen den Deutschen diese Schleife erst noch zumuten.

Auch Neuseeland hat sich von der Mehrheitswahl verabschiedet, weil sie ungerecht ist, die unterlegenen Stimmen faktisch wie nicht abgegebene behandelt und keinerlei Kontinuität sichert.

Managern wie Henkel ist dagegen das »Konsensgesülze« zuwider, und so dringen sie auf die Abschaffung gewachsener demokratischer Strukturen. Kein Wunder, daß es gerade der »Rambo von Bonn« (*Der Spiegel*) war, der alle Vermittlungsbemühungen etwa in den Kanzlerrunden zum »Bündnis für Arbeit« blockierte. Es zeigte sich, daß nicht Demokratie, Föderalismus oder »Konsensgesülze« Sand im Getriebe waren, sondern diejenigen, die das ganze »System« in Frage stellen, weil sie ihre Ziele nicht uneingeschränkt gegen alle anderen Interessen durchsetzen können. »Mit allen anderen Unternehmerverbänden können wir konkret und mit Ergebnissen über Probleme wie Steuern und Renten reden«, klagt DGB-Chef Dieter Schulte, »nur nicht mit Henkel«.[351]

Von Gewerkschaften hält Henkel nichts. »Nicht nur die Gewerkschaften vertreten die Arbeitnehmer«, sagte er der *Wirtschaftswoche*, »sondern vor allem ihre Chefs in den Unternehmen und ihre Betriebsräte.« Moderne Unternehmen wie die 3.800 Softwarehäuser »kommen blendend ohne Gewerkschaften aus«. Den Standortvorteil, den Ostdeutschland habe, sei der, »daß man sich dort nicht an die Flächentarifverträge hält«. Das sei zwar »massenhafter Gesetzesbruch«, mag Henkel zugeben, aber »hierüber wird die Geschichte hinweggehen«.[352]

Henkel, das wurde klar, will eine andere Verfassung, eine andere Republik. Daß die Deutschen in ihr Grundgesetz die Gewaltenteilung in der vorliegenden Form festgeschrieben haben, muß angesichts der Ansprüche, die eine wildgewordene Unternehmerschaft stellt, dankbar festgestellt werden. Generationen von Schülern wurden die selben Vorzüge des Pluralismus eingetrichtert, die uns jetzt als schlimme Auswüchse einer überbordenden Demokratie madig gemacht werden sollen. Zum Gemeinwohl gehören eben nicht nur die Interessen der Industrie, die sich in einem Kampf ums Überleben wähnt und in Selbstbemitleidung suhlt, sondern auch die aktuellen und die der künftigen Arbeitslosen, der Reichen und der Armen, der Gemeinden und Länder, der Kirchen und jedes einzelnen Gläubigen, auch die der Arbeitgeber und sogar die des BDI.

Doch der Zeitgeist heißt Individualismus. Wo Freihandel und Wirtschaftswachstum zu verteidigen sind, haben Menschenrechte, Umwelt und Soziales Pause. Deutschlands Außenminister Klaus Kinkel hält samt Managertroß die Beziehungen zu China offen, weil dort die wirtschaftliche Zukunft lockt. Daß dort in Menschenrechtsfragen Mittelalter herrscht, stört ihn nicht. Im Gegenteil. Wo Menschen unterdrückt werden und die Schürfrechte an der Umwelt kostenlos an die Investoren verteilt werden, scheinen die Bedingungen für die Wirtschaft geradezu paradiesisch zu sein. Asien boomt, weil repressive Regierungen helfen, die Löhne der Massen unten zu halten. »Von Asien zu lernen« müsse Deutschland bereit sein, ließ Daimler-Chef Jürgen Schrempp aus Indonesien verlauten. Der Deutsche Industrie- und Handelstag lobt in einer Studie die »politische Stabilität« und die »besonders guten Investitionsbedingungen« der Diktatur. Der Generalsekretär der internationalen Gewerkschaftsorganisation, John Evans, warnt: »Wir dürfen aber nicht zulassen, daß autoritäre Regime als notwendige Voraussetzung für wirtschaftlichen Erfolg gelten.«[353]

Gegen die von den USA vorgetragene Idee, Verstöße gegen Menschenrechte oder Umweltnormen künftig durch Handelssanktionen zu bestrafen, wandten sich vor allem die europäischen Vertreter, allen voran der deutsche Wirtschaftsminister Günter Rexrodt. Dabei war der Ansatz richtig, auch wenn solche Kriterien zur Protektion mißbraucht werden könnten. Internationale Gremien könnten über Streitfälle entscheiden. Es bedarf dringend solcher Instrumente, die den Freihandel im Zaum halten. Denn die Diktatur der Ökonomie muß nicht in Europa oder den USA geschaffen, sondern da abgeschafft werden, wo sie noch besteht.

3. Ist die Demokratie noch zu retten?

Wer daran arbeitet, die Demokratie abzubauen, darf sich nicht wundern, wenn die Bürger ihr ebenfalls den Rücken kehren. In Deutschland herrscht das Gefühl, die Wirtschaft sage heute der Politik, wo es langgeht. Wer will solchen Marionetten noch die Stimme geben? In den USA gingen im November 1996 nur 49 Prozent der Berechtigten zur Wahl, weil offenbar geglaubt wird, daß andere als die Kandidaten das Zepter in der Hand halten. Die Hälfte der Aktien sind in den USA im Besitz des reichsten Prozent, 94 Prozent der Wertpapiere und Geldvermögen gehören dem reichsten Fünftel. Ein durchschnittlicher Geschäftsführer verdient 120mal so viel wie ein durchschnittlicher Arbeitnehmer. Und so kommen heute 70 Prozent der Wahlspenden von Wirtschaftsverbänden und Unternehmen – mehr als je zuvor.[354] Die soziale Not mißt sich am Gewaltpotential. Kalifornien gibt mehr Geld für seine Gefängnisse aus als für Bildung, die US-Bürger doppelt so viel Geld für private Wachmänner als der Staat für die Polizei.[355]

Horst Afheldt hat sich mit der Zukunft Deutschlands beschäftigt und zeichnet angesichts solcher Vorbilder ein düsteres Szenario: Der Standort Deutschland sei »unter den gegebenen Grundentscheidungen nicht zu retten«. Welche diese Grundentscheidungen seien? »Die Entscheidung für die weitere Liberalisierung des Welthandels, für den freien Fluß von Kapitalgütern und Arbeit. Unter diesen Bedingungen kann auf Dauer einfache Arbeit bei uns nicht teurer bezahlt werden als in Indien. Unter diesen Umständen ist kein Standort mit einem Sozialstaat zu retten, auch keine Demokratie.« Afheldt erklärt in äußerst deutlichen Worten, wohin die Reise geht: »Eine kleine, immer reicher werdende Oberschicht, bewacht von Leibwächtern, die aufgrund der allgemein herrschenden Armut froh sind, daß sie einen Job als Maschinenpistolenposten am Eingang des reichen Viertels haben. Im ungezügelten Wettbewerb nützt es nichts, von einem 100-Prozent-Sozialstaat zu einem 80-Prozent-Sozialstaat zu werden. Der ist im wirtschaftlichen Wettbewerb mit einem 40-Prozent-Sozialstaat verloren. Also entwickeln wir uns zu einem 40-Prozent-Sozialstaat, dann zu einem 20-Prozent-Sozialstaat. Aber der ist verloren gegenüber dem Asozialstaat. Und dann werden wir uns zu einem Asozialstaat wandeln.«[356]

Berlin will dahin nicht, sondern wieder sauber werden. In einer Senatsrede bediente sich der CDU-Fraktionschef Klaus Landowsky einer Sprache, die alles andere als zeitgemäß ist. »Es ist nun einmal so, daß dort, wo Müll ist, Ratten sind, und daß dort, wo Verwahrlosung herrscht, Gesindel ist. Das muß in der Stadt beseitigt werden.« Nicht Armut und soziale Not will Landowsky beseitigen, sondern die Menschen. Ursache und Wirkung erkennt solch ein Mann nicht. Auch Bayerns CSU greift gern auf populistische Scheinargumente zurück, wenn sonst keine Konzepte vorhanden sind. »Der Aufschwung«, so meinte etwa CSU-Sozialsprecher Ramsauer, gehe am Arbeitsmarkt vorbei. In der Woche des ausländischen Mitbürgers erklärte der mit viel Fingerspitzengefühl ausgestattete Politiker, dies sei »restlos« der Tatsache geschuldet, daß »jährlich bis zu 250.000 Ausländer den Arbeitsmarkt belasten«. Der »Zustrom« sei »einzudämmen«, »rigoroses« Durchgreifen erforderlich.[357]

Daß Politiker der Volksparteien wie auch der Hamburger Bürgermeisterkandidat Henning Voscherau mit ihren sicherheitspolitischen Parolen rechtsextreme Parteien wie die DVU salonfähig machen, wurde nach der Hamburg-Wahl immer wieder kolportiert. Tatsache aber ist, daß insbesondere die Jugendlichen andere Probleme haben als die innere Sicherheit. Nach einer Untersuchung des BAT-Instituts für Freizeitforschung ist das mit Abstand wichtigste Thema für Personen unter 30 Jahren die Angst vor Arbeitslosigkeit. Umweltschutz, Drogenmißbrauch, Friedenssicherung und die Situation der Ausländer werden als erheblich weniger wichtig erachtet als noch Ende der achtziger Jahre. 93 Prozent der Befragten aber fordern von der Politik inzwischen wirksame Maßnahmen gegen die Arbeitslosigkeit, drei Viertel der 700 Befragten energische politische Maßnahmen für mehr Ausbildungsplätze. Hier liegt das größte Defizit in Deutschland, und hier liegen auch die Gründe dafür, daß die Stimmen für die DVU in Hamburg unter den 18- bis 24jährigen am höchsten waren.[358]

Die Diskussion über den Umbau der Demokratie lenkt ab von den Defiziten, die 16 Jahre liberal-konservative Politik aufgehäuft haben. Von solcher Art »Gesülze« hat inzwischen selbst der Präsident des Bundesverbandes deutscher Banken, Martin Kohlhaussen, die Nase voll: »Ablenkungsmanöver und Nebenkriegsschauplätze bringen uns nicht weiter.«

X. Mehr Zukunft wagen

Ausgerechnet die alten Linken sehen sich heute in der Situation, den Staat, die Demokratie verteidigen zu müssen. Man müsse nicht jede Staatlichkeit bekämpfen, meint etwa der französische Soziologe Pierre Bourdieu, jedenfalls nicht mit dem Argument, der Staat sei ein Markthindernis. Wenn schon die Globalisierung, so wie sie vonstatten geht, als Bedrohung angesehen werden muß, dann könnte die Europäische Union eine Chance sein. 70 Prozent des europäischen Handels findet intern statt. Warum soll Europa dann nicht in der Lage sein, gemeinsam ein »Regressionsverbot« für soziale Errungenschaften durchzusetzen? Bis dahin, so Bourdieu, müsse in den Nationen um den Erhalt der historischen Errungenschaften gekämpft werden, bis die europäische Politik einen Sozialstaat aufgebaut hat, »der die Folgen der Währungsunion neutralisiert«.

Das »Tagebuch einer Schnecke« (Grass) ist heute ebensowenig gefragt wie die kurzfristige Wiederentdeckung der Langsamkeit. Über die Welt rollt eine Woge, in der jeder ertrinkt, der das Pech hat, nicht zu den Räuberbanden zu gehören. Doch gerade in solchen Zeiten der Hilflosigkeit für viele ist der Ruf nach Erhalt des Sozialstaats, nach Gerechtigkeit alles andere als vorgestrig. Sie einzufordern ist aktueller und nötiger denn je. Statt »Europa um eine Bank herumzubauen« setzt Bourdieu die Forderung, »einen europäischen Staat aufzubauen, der die nationalen Banken und die sozialen Auswirkungen der wirtschaftlichen Einigung kontrollieren kann«. Es gehe dabei »um die Verteidigung des Staates und seiner Vernunft gegen die pure Ökonomie«, die Bourdieu an der Figur des deutschen Bundesbankpräsidenten festmachte. Er nannte es »la pensée Tietmeyer«.[359]

Freihandel und Neoliberalismus sind dabei, alles soziale aus der Marktwirtschaft zu verdrängen. Deshalb ist der uneingeschränkte Marktliberalismus kein Schritt in die Zukunft. Das globale Freihandelsschiff fährt volle Kraft zurück. Die schrankenlose Öffnung aller Handelsgrenzen, insbesondere auf dem Kapitalmarkt, birgt zu viele Möglichkeiten, die unkontrollierte Freiheit gegen die wohlberechtigten Interessen großer Massen von Menschen, ja sogar einschließlich der ganzen Erde auszunutzen. Darwinismus und Naturzustand haben in einer Welt, die sich zivilisiert wähnt, auch im wirtschaftlichen Wettbewerb nichts zu suchen. Spekulationen, die einer Währung und damit ganzen Völkern bewußt Schaden zufügen, müssen auf geeignete Weise durch internationale Absprachen und Vereinbarungen unterbunden werden. Auch auf dem Kapitalmarkt muß die Freiheit ihre Grenzen da finden, wo andere Schaden erleiden. Die Opfer des radikalen Marktes sind heute nicht mehr zu verstecken. Da hilft auch keine Aufrüstung bei der Polizei.

Im internationalen Wettbewerb siegt im ungezügelten Freihandel der Staat, der die meisten Sonderbedingungen anbieten kann, die niedrigsten Löhne und Steuern hat und sich um Sozialstandards und Umweltschutz nicht kümmert. Die Eliten in Politik und Wirtschaft der Bundesrepublik und Europas beteiligen sich an diesem Hase-und-Igel-Rennen, als wäre es für sie auf diese Weise zu gewinnen. Horst Afheldt und zahlreiche andere haben gezeigt, wer dieses Rennen gewinnen wird: keiner. »Vollständiger Wettbewerb frißt alle Gewinne und zwingt so selbst die besten Unternehmen, ihre Tore zu schließen. Vollständiger Wettbewerb zwischen 180 Staaten der Erde um Steuerzahler der beweglichen Art frißt alle Steuern – bis der letzte Staat den letzten Rest staatlicher Ordnung aufgeben muß. Mit der so programmierten öffentlichen Armut ist dann gleichzeitig auch der Traum vom sozialen Ausgleich zwischen Armen und Reichen endgültig ausgeträumt.«[360]

Solidarität ist kein Schlagwort nostalgischer Politopas. Sie ist nötiger denn je. Die verheerenden Wirkungen der Privatisierung ist nirgends so eindringlich zu erkennen wie bei den Sozialkassen. Warum dürfen die am besten verdienenden Mitglieder dieser Gesellschaft aus den gesetzlichen Krankenkassen austreten? Diese Deregulierung ist heute mit verantwortlich für die Finanzprobleme der Solidarkassen und die steigenden Beitragssätze, die wiederum zu weiteren Austritten führen. Die Privatisierung von regionalen Stromerzeugern wird dazu führen, daß die Industrie als Großkunde noch billigeren Strom erhält, die Privathaushalte dagegen möglicherweise mehr zur Kasse gebeten werden. Die Privatisierung der Post wird dazu führen, daß die Unternehmer die Großstädte bedienen, die unbequemen und teuren ländlichen Gebiete wird die staatliche Restpost erledigen müssen. Für die Grundversorgung der Deutschen mit Nachrichten sind die öffentlich-rechtlichen Fernsehanstalten verantwortlich, das Geld dürfen die privaten verdienen.

Alles geht in eine Richtung: Wer es schafft, macht auf Privatier, für die Massen bleibt immer weniger übrig. Wer beklagt heute den Verfall des Gemeinwohlgedankens? Genau diejenigen, die jegliches solidarische Element dieser Gesellschaft systematisch zerlegt haben in gewinnträchtige Teile, die privatisiert werden, und solche, die der Staat über Wasser halten muß – mit den Beiträgen derer, die immer weniger besitzen.

Möglich, daß irgendwann in Deutschland auch die Schulen vom Privatisierungswahn befallen werden. Eine gute Ausbildung wird dann bekommen, wessen Eltern es sich leisten können. Wer heute den Zugang zu den Hochschulen erschweren will, pflegt einen überkommenen und gefährlichen Elitewahn. Diese Entwicklung ist absehbar der falsche Weg. Es gibt nur einen Bereich des Arbeitsmarkts, der heute noch in einer fortgeschrittenen Volkswirtschaft Zukunft verspricht: Robert B.

Reich nannte es die »symbolanalytischen Dienste«. Problemidentifizierer und -löser werden gesucht, Reich zählt zu ihnen Forschungswissenschaftler, Design-, Software- und Bauingenieure, Biotechnologen, Toningenieure, PR-Manager, Investment-Banker, Anwälte, Baulanderschließer, Management-, Finanz-, Steuer-, Energie-, Landwirtschafts-, Rüstungs- und Architekturberater, strategische Planer, Personalvermittler und Marketingstrategen. Ferner nennt Reich eine Reihe von Tätigkeiten in Medien und Werbung und Universitätsprofessoren.[361] Reich forderte ein, daß der Staat »jedem einigermaßen talentierten ... Kind die Chance gibt, zum Symbol-Analytiker zu werden«. Im Prinzip könnten alle Routinearbeiter zum Symbol-Analytiker werden und »ihre alten Jobs in die Entwicklungsländer abwandern lassen«. Dazu bedürfe es aber schon in der Kindheit »ausgezeichneter öffentlicher Schulen sowie großzügiger Finanzhilfen für junge Leute ..., die das College besuchen möchten«. Für Beschäftigte bedürfe es der Fähigkeit der Dienstleistenden, sich während der Berufsausübung fortzubilden.[362]

Eine Ausbildungsoffensive auf breiter Basis ist erforderlich. Warum sollen kräftige Arbeitszeitverkürzungen, die die vorhandene Arbeit auf mehr Schultern verteilen, nicht mit dem Gedanken verbunden werden, die freien Stunden in eine betriebliche Fortbildung zu investieren? Das steigert die Effektivität eines Angestellten und schafft Spielräume für Einstellungen. Das scheinheilige Jammern um die hohe Zahl von Arbeitslosen müßte endlich der Einrichtung von Fortbildungseinrichtungen weichen, die das Ausbildungsniveau aufbessern statt das vorhandene langsam versauern zu lassen. Hochqualifizierten Eltern müssen Kindergartenplätze an oder in den Unternehmen zur Verfügung gestellt werden. Statt die öffentliche Infrastruktur ständig zu demontieren, muß diese erhalten und verbessert werden.

Bezahlen werden das diejenigen, die von solchen Investitionen profitieren: die Symbol-Analytiker, die Eliten. »Natürlich«, sagt Robert Reich zu Recht, »müßten sie auch die Hauptlast einer neuen Abgabenordnung zur Umverteilung der Einkommen und zur Reduzierung der polarisierenden Auswirkungen der globalisierten Wirtschaft tragen.«[363] Diese Selbstverständlichkeit kann allerdings nur formulieren, wer diese Spezialisten nicht nur als Elite sieht, sondern wie Reich als »Begünstigte«. Das Wort vom »verdienten Lohn« der Eliten, denen man diesen nicht wegsteuern dürfe, weil sie sonst ihren Antrieb verlören, büßt noch den letzten Rest an Kraft ein, wenn man erkennt, daß nicht (nur) die eigenen Anlagen oder gar Fleiß für den Aufstieg verantwortlich waren. »Hohe Einkommen«, schreibt Reich, »haben mehr mit dem Glück zu tun, in symbolanalytischen Haushalten innerhalb symbolanalytischer Enklaven aufgewachsen zu sein, als mit dem Besitz eines einzigartigen Talents oder der Fähigkeit zu harter Arbeit.«

Das mag auf die USA zutreffen, werden manche sagen, aber bei uns ist's anders. Wir kommen auch da hin, keine Sorge, wenn der Trend sich fortsetzt. Es ist ein Trend zurück in die Vergangenheit, kein Aufbruch. Die Generation der Kriegskinder kennt eine Unzahl von talentierten, intelligenten jungen Männern und Frauen, die fürs Gymnasium und sogar ein Hochschulstudium in Frage gekommen wären. Die meisten mußten zu Hause mit anpacken oder in der Fabrik zum Familienunterhalt beitragen und ihre Aufstiegsambitionen fahren lassen. Nur die alten Eliten – ob verstrickt oder nicht, spielt keine Rolle – waren nach 1945 in der Lage, ihren Kindern eine höhere Ausbildung und damit bessere Karrierechancen zu ermöglichen. Der Arbeitersohn blieb Arbeiter, die Landwirtstochter wurde Verkäuferin in einer Metzgerei. Elitekinder blieben unter sich.

Sollen wir dahin zurück, hin zur 20:80-Gesellschaft? Die Symbol-Analytiker dürfen sich nicht vom Rest des Landes lossagen und in gut bewachte Ghettos zurückziehen, sondern sie müssen dafür sorgen, daß Straßen und Flughäfen, die sie täglich benutzen, Schulen und Hochschulen, denen sie ihren Aufstieg verdanken, erhalten und ausgebaut werden. Die Steuern der Reichen zu senken entspricht einer »rudimentären Sicht der Wirtschaft«. Die folgenden, ebenso einfachen wie eindringlichen Sätze sollten sich alle Steuersenkungsfetischisten, die in Wirklichkeit Handlanger einer kurzsichtigen und tödlichen Umverteilung sind, hinter die Ohren schreiben. »Das Können und die Fertigkeiten des Arbeitskräftepotentials eines Landes sowie die Qualität seiner Infrastruktur machen seine Einzigartigkeit – und einzigartige Anziehungskraft – innerhalb der Weltwirtschaft aus. Investitionen in diese relativ unbeweglichen Faktoren der weltweiten Produktion sind im wesentlichen das, was ein Land vom anderen unterscheidet; im Gegensatz hierzu bewegt sich Geld mit Leichtigkeit rund um die Welt.«[364] Reichs Wahrheit enthält nicht lediglich einen esoterischen »Glauben« an die Marktkräfte, sondern das Wissen um ihre Wirkungsweise. Bildungspolitik ist heute Standortpolitik – wenn man sich dieses Schlagworts überhaupt bedienen will.

Statt dieser Wahrheit entsprechende Taten (= Geld für Ausbildung) folgen zu lassen, verschenken Bonns Reichmacher die Investitionsmittel für die Zukunft an »Eliten«, die das Geld im besten Fall auf Golfplätzen, Reitbahnen oder in teuren Restaurants verprassen oder es gleich ganz außer Landes schaffen und auf einträglichen Konten in Steuer- und Zinsparadiesen brachlegen. Die auch in Deutschland steigenden Ausgaben für private Wachdienste zum Schutz der Villen vor den Habenichtsen tragen mitnichten zum Aufbruch in ein neues Jahrtausend bei.

Der weltweite Freihandel mit seiner Teilung der Bevölkerungen in wenige Reiche und Massen von Armen erfordert zu seiner Kontrolle eine Welt-Zentralgewalt, einen Welt-Schiedsrichter, eine internationale Schiedsstelle, die definiert, was Gerechtigkeit für alle Völker sein soll. Statt einer Renationalisierung der Politik müssen die Chancen der Globalisierung genützt, gleichzeitig die Gefahren vorbeugend bekämpft werden. Noch ist das eine Utopie. »Das Problem ist, daß es diese Gewalt auf der politischen Ebene nicht gibt und angesichts der völlig unterschiedlichen Interessen der mehr als 180 Mitgliedstaaten der Uno auch in absehbarer Zeit nicht geben wird.«[365]

Fangen wir also kleiner an. Der Zusammenschluß der G-7 (die sieben großen Industriestaaten) oder die OECD (Zusammenschluß der westlichen Industriestaaten) sind Instrumente, die verbindliche Leitlinien für eine international gerechte Gesellschaft ausarbeiten könnten. Oder noch kleiner, aber dafür auch erfolgversprechender: in Europa. Nicht weniger, mehr Demokratie müßte gewagt werden. Die Bundesrepublik könnte mehr noch als bisher gemeinsam mit den EU-Staaten kooperieren, wenn man sich als Partner, nicht als Gegner sieht. Was zwei konkurrierende Firmen möglicherweise nicht zustandebringen können, Staaten, die sich nicht als Aktiengesellschaft mit absoluter Höchstgewinnverpflichtung verstehen, sind dazu in der Lage: Arbeitszeitverkürzungen und Mindestlöhne können abgesprochen und europaweit gesetzlich geregelt werden. Dies gilt ebenso für Sozial- und Umweltstandards. Gegen das »Auktionsunwesen«, das Subventionswettrennen um die kargen Arbeitsplätze, müssen Absprachen getroffen werden. Eine gemeinsame europäische Steuerpolitik müßte die bisherige Teilunion auf dem Gebiet von Wirtschaft und Währung ergänzen und Steuerflucht unterbinden. Diejenigen Politiker, die nicht nur ein Europa der Wirtschaft, sondern auch der Gerechtigkeit zu zimmern vermögen, werden als wirkliche

Architekten dieses Europa in die Geschichte eingehen. Mit der Option, das Modell weltweit zu exportieren! Wenn die wirtschaftsorientierten Eliten nicht in der Lage sind, der Mehrheit Mindeststandards zu sichern, dann hat diese Mehrheit ein Mittel zu seiner Verteidigung in der Hand: Den Wahlzettel. In England und Frankreich wurde 1997 ein Anfang gemacht.

Die Räuberbanden müssen wieder lernen zu teilen. Wird die Kluft zwischen Arm und Reich zu groß, dann werden sich erstere ihren Anteil holen. Wie die Bewohner der Slums dieser Welt wissen auch die deutschen Armen: Auf einen Robin Hood brauchen wir nicht zu warten. Statt den Räuberbanden die Beute allein zu überlassen, werden sie auf ein gewisses Maß an Gerechtigkeit bestehen.

Anmerkungen

1 Gespräch mit Herbert Ehrenberg am 27.6.1997
2 »Das Leben ist einfach zu gemütlich«, in: Berliner Zeitung, 20.8.1997 sowie: »Die blockierte Republik«, in: Süddeutsche Zeitung, 19./20.7.1997 sowie: »Die Bonner Geisterfahrer«, in: Die Zeit, 23.5.1997
3 »So kann es nicht weitergehen«, in: Der Spiegel, 37/1997
4 »Mut zum Wandel«, in: Frankfurter Allgemeine Zeitung, 2.1.1996
5 Martin, Hans Peter; Schumann Harald: Die Globalisierungsfalle. Der Angriff auf Demokratie und Wohlstand, Reinbek 1996, S. 12
6 Horst Afheldt: »Wohlstand für niemand«, München 1994
7 Kapstein, Ethan: »Workers and the World Economy«, in: Foreign Affairs, May 1996, S. 18, zit. in: Martin; Schumann, a. a. O., S. 350
8 »Einmal wurde er an diesem Tag nervös«, in: Berliner Zeitung, 1.10.1997
9 Recktenwald, Horst Claus: Wörterbuch der Wirtschaft, Stuttgart 1989, S. 366
10 Zit. in: Afheldt, a. a. O., S. 160
11 Patinkin, in Friedman, Milton; Patinkin, Don; Moggridge, Donald E.: Lord Keynes – Opus und Vita heute, Düsseldorf 1989, S. 73
12 Reich, Robert B.: Die neue Weltwirtschaft: Das Ende der nationalen Ökonomie, Berlin 1993, S. 84 ff.
13 Zit. in: Martin; Schumann, a. a. O., S. 137
14 Zit. in: Afheldt, a. a. O., S. 179 – An anderer Stelle erklärte er: »Die Aufrechterhaltung des Wettbewerbs ist sehr wohl

auch mit einem ausgedehnten System der Sozialfürsorge vereinbar – solange dieses so organisiert ist, daß es den Wettbewerb nicht weitgehend lahmlegt.« (zit. in: Hayek, F. A.: Der Weg zur Knechtschaft, München 1994, S. 60)

15 Hayek, a. a. O., S. 59

16 Friedman, Milton; Friedman, Rose: Chancen, die ich meine, Frankfurt/M./Berlin/Wien 1983, S. 248

17 Friedman; Friedman, a. a. O., S. 252

18 Aus einem Interview mit dem »Playboy«, nachgedruckt in: Friedman, Milton: Es gibt nichts umsonst. Warum in einer Marktwirtschaft jede Mark verdient werden muß, München 1979, S. 18

19 Friedman; Friedman, a. a. O., S. 35

20 Thurow, Lester C.: Gefährliche Strömungen: Wirtschaftspolitik in der Krise, Frankfurt/M./New York 1984, S. 113

21 Thurow, a. a. O., S. 15

22 Afheldt, a. a. O., S. 235

23 Ebd., S. 238

24 Friedman 1979, a. a. O., S. 42

25 Patinkin, a. a. O., S. 89

26 Thurow, a. a. O., S. 168

27 Afheldt, a. a. O., S. 184

28 Martin; Schumann, a. a. O., S. 309

29 Reich, Robert B.: Die neue Weltwirtschaft: Das Ende der nationalen Ökonomie, Berlin 1993, S. 13

30 Zit. in: Singer, Peter: Wie sollen wir leben? Ethik in einer egoistischen Zeit, Erlangen 1996, S. 97 (aus Gilders Buch »Wealth and Poverty«)

31 Singer, a. a. O., S. 98

32 Ebd., S. 39 f.

33 Martin; Schumann, a. a. O., S. 171

34 Rifkin, Jeremy: Das Ende der Arbeit und ihre Zukunft, Frankfurt/M./New York 1996, S. 135

35 »Die amerikanische Wohlstandskluft wird verbreitert«, in: Der Tagesspiegel, 22.10.1996 sowie: Martin; Schumann, a. a. O., S. 165
36 Luttwak, Edward N.: Weltwirtschaftskrieg: Export als Waffe – aus Partnern werden Gegner, Reinbek 1994, S. 17
37 Reese-Schäfer, Walter: Was ist Kommunitarismus?, Frankfurt/M./New York, S. 25
38 Afheldt, a. a. O., S. 202
39 Ehrenberg, Herbert: Die große Standortlüge: Plädoyer für einen radikalen Kurswechsel in der Wirtschafts-, Finanz- und Sozialpolitik, Bonn 1997, S. 45
40 Martin; Schumann, a. a. O., S. 196 f.
41 Martin; Schumann, a. a. O., S. 199
42 Afheldt, a. a. O., S. 19 ff.
43 Afheldt, a. a. O., S. 93
44 »Die unheimliche Revolution«, in: Die Zeit, 5.9.1997
45 Die Zahlen gelten für August 1997
46 »Schröder legt eigenes Konzept für Reformen vor«, in: Berliner Zeitung, 12.9.1997
47 »Hundts ›Kombilohn‹ stößt auf Interesse«, in: Die Welt, 20.6.1997
48 Marx, Karl: Grundrisse der Kritik der Politischen Ökonomie, Berlin 1974, S. 591 f.
49 Zit. in: Rifkin, a. a. O., S. 165
50 Zit. in: »Industrie und Politiker für 40-Stunden-Woche«, in: Der Tagesspiegel, 30.6.1997
51 »40-Stunden-Woche für Bundesbeamte angeregt«, in: Der Tagesspiegel, 31.8.1997
52 »Skihersteller Völkl will wieder die 40-Stunden-Woche«, in: Süddeutsche Zeitung, 5.9.1997
53 Institut für Arbeitsmarkt- und Berufsforschung der Bundesanstalt für Arbeit: Strategien für mehr Beschäftigung. Simulation bis 2005 am Beispiel Westdeutschland, Nr. 7, 2.8.1996

54 »Weltmarktstrategie auf bayerische Art«, in: die tageszeitung, 22.7.1997 sowie »Großzügige Bayern«, in: Der Spiegel, 51/1997

55 Rheinischer Merkur, 15.3.1996

56 »Heilsame Schrumpfkur«, in: Rheinischer Merkur, 15.3.1996

57 Ehrenberg, a. a. O., S. 81 ff.

58 »Daimler verdoppelt Gewinn«, in: Berliner Zeitung, 1.8.1997

59 »Die Autoindustrie scheut Neueinstellungen«, in: Süddeutsche Zeitung, 26.8.1997

60 Rifkin, a. a. O., S. 13

61 Ebd., S. 43 f.

62 Hayek, a. a. O., S. 167 f.

63 »IG Metall droht mit Streik für Altersteilzeit«, in: Handelsblatt, 26.6.1997

64 Afheldt, a. a. O., S. 122 f.

65 »Bei der Teilzeit ist Schering Musterschüler«, in: Der Tagesspiegel, 24.8.1997 sowie: »Altersteilzeit macht Stellen für jüngere Mitarbeiter frei«, in: Berliner Zeitung, 30.9.1997

66 Ehrenberg, a. a. O., S. 214

67 »Deshalb bin ich vorgeprescht«, in: Der Spiegel, 17/1997

68 »Handwerk begrüßt Zwickels Idee«, in: Süddeutsche Zeitung, 11.4.1997 sowie: »Für Rexrodt eine ›Scheinlösung‹ «, in: Frankfurter Rundschau, 11.4.1997

69 »So handeln Pleitiers«, in: Der Spiegel, 41/1997

70 Arbeitsgruppe Alternative Wirtschaftspolitik: Memo-Forum Nr. 25 mit der Erklärung Vollbeschäftigung, sozialer Zusammenhalt und Gerechtigkeit – Für eine alternative Wirtschaftspolitik in Europa, Bremen 7/1997, S. 41

71 »Ausländische Beschäftigungsmodelle sind nur bedingt übertragbar«, in: FAZ, 7.3.1997

72 Ehrenberg, a. a. O., S. 196

73 »Vielfältige Ursachen der D-Mark-Schwäche«, in: Neue Zürcher Zeitung, 8.8.1997

74 »Deutsche Autos – Renner im Ausland«, in: Süddeutsche Zeitung, 5./6.7.1997

75 Gespräch mit Herbert Ehrenberg am 27.6.1997

76 »Handel klagt über Umsatzeinbruch, Konsumflaute und Preisschlacht«, in: Berliner Zeitung, 25.9.1997

77 Gespräch mit Herbert Ehrenberg am 27.6.1997

78 »Chefvolkswirt der Deutschen Bank dämpft Konjunktur-Hoffnungen, in: Berliner Zeitung, 11.9.1997

79 DIW Wochenbericht, 1-2/1997, S. 31

80 Flassbeck, Heiner: »Investitionen sind der Schlüssel zum Erfolg«, in: Frankfurter Rundschau, 5.7.1996

81 Ehrenberg, a. a. O., S. 257

82 Ebd., S. 241 ff.

83 »Wie arm sollen die Leute werden?«, in: Der Spiegel 39/1997

84 Ebd. sowie: Deutsches Institut für Wirtschaftsforschung: »Erwerbsstatistik unterschätzt Beschäftigung um 2 Millionen Personen«, Wochenbericht 38/97, S. 689 ff. sowie: Deutsches Institut für Wirtschaftsforschung: »Nebenerwerbstätigkeit in Deutschland nimmt zu«, Wochenbericht 22/97, S. 406 ff.

85 »Baugewerbe sieht Tarifwende erreicht«, in: Der Tagesspiegel, 11.9.1997

86 »Bruderkrieg der Bosse«, in: Der Spiegel, 25.3.1996

87 »Warum deutsche Autos im Ausland gebaut werden«, in: Süddeutsche Zeitung, 26.8.1997

88 »Sandkorn in der Auster«, in: Wirtschaftswoche, 37/1997 sowie: »Maschinen aus Schanghai«, in: Der Spiegel, 40/1997

89 Münchmeyer, Hans Hermann: »Das Steuer- und Abgabensystem ist selbstmörderisch«, in: Der Tagesspiegel, 27.6.1997

90 Thurow, a. a. O., S. 249

91 Rifkin, a. a. O., S. 216
92 Ebd., S. 180
93 »Chemie-Arbeitgeber gegen Murmann und Stihl«, in: Die Welt, 2.1.1995
94 »Das öffentliche Klageritual und die Statistik«, in: Der Tagesspiegel, 23.8.1995
95 Arbeitsgruppe Alternative Wirtschaftspolitik: Memorandum 95: Stärkung des Sozialstaates – Wirtschaftspolitik für Arbeit und ökologischen Umbau, Köln 1995, S. 27
96 Ebd., S. 28
97 Friedrich-Ebert-Stiftung: Ökologische Steuerreform. Internationale Erfahrungen und politische Perspektiven, Bonn 1996, S. 24
98 Afheldt, a. a. O., S. 114 f.
99 Ehrenberg, a. a. O., S. 48 ff.
100 BDI: »Entlasten statt entlassen«, Köln, 14.1.1997
101 ifo-Institut für Wirtschaftsforschung: Umfang und Bestimmungsgründe einfließender und ausfließender Direktinvestitionen ausgewählter Industrieländer. Entwicklungen und Perspektiven, München 1996, S. 80
102 Arbeitskreis Konjunktur; Bundesrepublik Deutschland: Strukturkrise oder konjunktureller Einbruch?, in: DIW-Wochenbericht 26-27/1993, S. 360
103 Hauf, Stefan: »Volkswirtschaftliche Lohnstückkosten und ihre Komponenten«, in: Statistisches Bundesamt: Wirtschaft und Statistik, Heft 8/1997, S. 523 ff.
104 Deutsches Institut für Wirtschaftsforschung: »Löhne, Wechselkurse und Wettbewerbsfähigkeit«, Wochenbericht 30/97, S. 517 ff. – Für die Lohnpolitik in Ostdeutschland gilt diese Erkenntnis allerdings nicht.
105 Deutsches Institut für Wirtschaftsforschung: »Bundesrepublik Deutschland: Anhaltende Schwäche der Binnennachfrage«, Wochenbericht 27-28/97, S. 482 f.

106 Ebd., S. 479

107 Deutsches Institut für Wirtschaftsforschung: »Globalisierung: Falle oder Wohlstandsquelle?«, Wochenbericht 23/97, S. 413 ff.

108 Zit. in: Steger, U.: Globalisierung der Wirtschaft: Konsequenzen für Arbeit, Technik und Umwelt, Heidelberg/Berlin/New York 1996, S. 237 ff.

109 Simons, Rolf; Westermann, Klaus: Industriestandort Deutschland: zur Wettbewerbsfähigkeit der deutschen Wirtschaft, Marburg 1995[2], S.23 f.

110 Auf dem Grundwerteforum der Friedrich-Ebert-Stiftung am 25.6.1997

111 Abgedruckt in: Goldberg, Jörg: Wozu taugt die Angebotstheorie. Zur Lage der Wirtschaft Mitte 1997, in: Blätter für deutsche und internationale Politik, 7/1997, S. 873 – Goldberg merkt an, daß »konjunkturell vergleichbare Jahre gewählt« worden seien.

112 »Die SPD redet ständig an den Problemen vorbei«, in: Handelsblatt, 25.4.1996

113 Ebd.

114 »Arbeit wird weltweit billig wie Dreck«, Frankfurter Rundschau, 8.1.1996, zit. aus: Vorwärts 1/1996

115 Deutsches Institut für Wirtschaftsforschung: »Geldvermögen und Vermögenseinkommen der privaten Haushalte 1996«, Wochenbericht 31/97, S. 540 ff.

116 »Millionen Haushalte überschuldet«, in: Die Welt, 15.7.1997

117 »Sozialstaat zu teuer? Ein Märchen«, in: Süddeutsche Zeitung, 16.7.1997

118 Oskar Lafontaine: »Standortwettbewerb kann nicht die Lösung sein«, in: Frankfurter Allgemeine Zeitung, 27.6.1996

119 Ehrenberg, a. a. O., S. 21

120 Afheldt, a. a. O., S. 31
121 Martin; Schumann, a. a. O., S. 211 f.
122 Forbes 7/1993, S. 67 ff.
123 Afheldt, a. a. O., S. 36
124 »Hohe Abzüge«, in: Der Spiegel, 34/1997
125 »Spitze – was die Gehälter betrifft«, in: Der Tagesspiegel, 20.7.1997
126 Krugmann, Paul: »Wettlauf der Besessenen«, in: Die Zeit, 29.4.1994
127 Afheldt, a. a. O., S. 37
128 Ebd., S. 38
129 »Export als Droge«, in: Die Zeit, 8.11.1996
130 »Nicht rudern, sondern steuern«, in: Der Spiegel, 20/1996
131 Friedman; Friedman, a. a. O., S. 164
132 Ehrenberg, a. a. O., S. 30 – Die Zahlen gelten für Februar 1997 und sind interne Berechnungen der BfA
133 Gespräch mit Herbert Ehrenberg am 27.6.1997
134 Ehrenberg, a. a. O., S. 24 ff.
135 »Bewußte Fehldiagnosen gefährden gesundes System«, in: Freitag, 25.7.1997 sowie: »Taschenrechner bricht Rentenrecht«, in: Freitag, 5.9.1997
136 Afheldt, a. a. O., S. 146 ff.
137 Interview mit dem Playboy, abgedruckt in: Friedman 1979, a.a.O., S. 37 ff.
138 Friedman; Friedman, a. a. O., S. 135
139 Loske, Reinhard: Zukunftsfähiges Deutschland: ein Beitrag zur global nachhaltigen Entwicklung (herausgegeben von BUND und Miserior), Basel 1996, S. 363
140 »Der Wust von Bürokratie muß verschwinden«, in: Die Zeit, 26.7.1996
141 Thurow, a. a. O., S. 67
142 »Das Bürgergeld wird den Zielen des Sozialstaates nicht gerecht«, in: Handelsblatt, 9.7.1996

143 »Weniger Geld, mehr Jobs?« in: Der Spiegel, 38/1997
144 Rawls, John: Eine Theorie der Gerechtigkeit, Frankfurt/M. 1979, S. 81
145 Ebd., S. 99
146 »Für eine Zukunft in Solidarität und Gerechtigkeit«, in: Frankfurter Allgemeine Zeitung, 1.3.1997
147 »Beim Abbau von sozialen Leistungen ist Deutschland Spitze«, in: Frankfurter Rundschau, 13.3.1997
148 Zit. in: »Die belastete Zukunft«, Frankfurter Allgemeine Zeitung, 6.8.1997
149 »Leitung der Hochschulen sollte sich am Vorstandsmodell orientieren«, in: Handelsblatt, 27.12.1996 sowie: »Ausgeträumt und aufgewacht«, in: Rheinischer Merkur, 3.1.1997
150 »Schnelle Umkehr tut not«, in: Frankfurter Rundschau, 16.1.1997 – Die fünf »Forschungspäpste« sind: Wolfgang Frühwald, Präsident der deutschen Forschungsgemeinschaft (inzwischen ausgeschieden), Wolf Lepenies, Rektor des Wissenschaftskollegs zu Berlin, Reimar Lüst, Präsident der Alexander-von-Humboldt-Stiftung in Bonn, Hubert Markt, Präsident der Max-Planck-Gesellschaft, München (inzwischen ebenfalls ausgeschieden), sowie Dieter Simon, u. a. Präsident der Berlin-Brandenburgischen Akademie der Wissenschaften
151 Friedman; Friedman, a. a. O., S. 167 ff.
152 »Die Bonner Geisterfahrer«, in: Die Zeit, 23.5.1997
153 Friedman; Friedman, a. a. O., S. 199
154 »Besonders wenige Studenten in Deutschland«, in: Der Tagesspiegel, 26.8.1997
155 Auf der Fachkonferenz »Zukunft der Hochschulen in der lernenden Gesellschaft« am 21.6.1997 in Bonn
156 »Spitzenverbände der Wirtschaft für Einführung von Studiengebühren«, in: Handelsblatt, 18.9.1996

157 »Über Gebühren statt über Gebühr?«, in: Süddeutsche Zeitung, 6./7.9.1997

158 »Besonders wenige Studenten in Deutschland«, in: Der Tagesspiegel, 26.8.1997

159 »Abschluß nach vier Jahren«, in: Süddeutsche Zeitung, 1./2.3.1997 – An deutschen Hochschulen beenden 30 Prozent ihr Studium ohne Abschluß, an den Fachhochschulen 20.

160 Reich, a. a. O., S. 290

161 »Sachsen legt eigenen Entwurf vor«, in: Süddeutsche Zeitung, 16.4.1997

162 »Das Managerzucht-Haus«, in: Verlagsbeilage der tageszeitung, 5./6.4.1997

163 »Akademische Puppenstube«, in: Verlagsbeilage der tageszeitung, 5./6.4.1997

164 »Grüne fordern freien Markt an den Universitäten«, in: Berliner Zeitung, 17.9.1997

165 »Die Verkrustungen sind zu stark«, in: Berliner Zeitung, 30.1.1997

166 »Die Universität will mündig werden«, in: Süddeutsche Zeitung, 1./2.3.1997

167 »Der Unruhestifter«, in: Die Woche, 1.8.1997

168 »Noch kein zuverlässiges Ranking«, in: Der Tagesspiegel, 16.5.1997

169 »Viel Zustimmung für geplante Hochschulreform«, in: Die Welt, 21.8.1997

170 Deutsches Institut für Wirtschaftsforschung: »Globalisierung: Falle oder Wohlstandsquelle?«, Wochenbericht 23/97, S. 419

171 Pressemitteilung zum Haushaltsentwurf des BMBF vom 14.7.1997

172 »Autonome Verteilung des Mangels«, in: die tageszeitung, 17.3.1997

173 Deutsches Institut für Wirtschaftsforschung: »Bildungsausgaben in der Bundesrepublik Deutschland von 1992 bis 1995«, Wochenbericht 8/97, S. 148 ff.

174 »Elite statt Bildung?«, in: Der Spiegel, 3.7.1995

175 Deutsches Institut für Wirtschaftsforschung: »Wissensintensivierung der Wirtschaft: Wie gut ist Deutschland darauf vorbereitet?«, Wochenbericht 22/97, S. 387 ff.

176 »Vergeßt die Hochschulreform!«, in: Süddeutsche Zeitung, 5./6.7.1997

177 »Hürden für ausländische Studenten«, in: Berliner Zeitung, 28.8.1997 – Nach den massiven Protesten gegen den Verstoß erklärte Kanther, es handle sich um ein Mißverständnis

178 »Arbeitsplätze für morgen«, in: Rheinischer Merkur, 20.12.1996

179 Auf dem Grundwerteforum der Friedrich-Ebert-Stiftung am 25.6.1997 in Berlin

180 Simons; Westermann, a. a. O., S. 64 ff.

181 Ebd., S. 99

182 »Nach der Wissenschaft fragt niemand mehr«, in: Das Parlament, 7.7.1995

183 Deutsches Institut für Wirtschaftsforschung: »Forschung und Entwicklung in multinationalen Unternehmen aus der Sicht der Bundesrepublik, Wochenbericht 26/97, S. 450 ff.

184 »Die Technologiepolitik öffnet sich nur langsam globalem Denken«, in: Frankfurter Rundschau, 13.3.1997

185 Deutsches Institut für Wirtschaftsforschung: »Forschung und Entwicklung in multinationalen Unternehmen aus der Sicht der Bundesrepublik, Wochenbericht 26/97, S. 450 ff.

186 »Nach der Wissenschaft fragt niemand mehr«, in: Das Parlament, 7.7.1995

187 »Angst vorm Klonen«, in: Der Tagesspiegel, 3.4.1997

188 »Deutschland könnte bei Gentechnik führend sein«, in:

Süddeutsche Zeitung, 7./8.5.1997 sowie: »Deutschland holt in der Gentechnik auf«, in: Frankfurter Allgemeine Zeitung, 9.5.1997

189 »Der Arbeitsplatz-Zuwachs tendiert gegen Null«, in: Frankfurter Rundschau, 26.10.1996 sowie: »Gentechnologie – ›Rot‹ schlägt ›Grün‹ um Längen«, in: Frankfurter Rundschau, 26.10.1996 sowie: »Im Wortlaut: Der Wissenschaft Grenzen setzen«, in: Frankfurter Rundschau, 4.12.1996 sowie: »Sicherheiten statt Ideen«, in: die tageszeitung, 5.3.1997

190 »Spitzenstellung und kritische Blicke«, in: Das Parlament, 10.3.1995

191 »Simon findet Sparplan fatal«, in: Frankfurter Rundschau, 3.12.1996

192 »Wissenschaft unter Diktat des Nutzens«, in: Der Tagesspiegel, 28.6.1997

193 BDI: »Leitbilder und Leitprojekte. Positionspapier zur Neuorientierung der direkten Forschungsförderung«, Köln, Juli 1996

194 »Mammuts, wollt ihr ewig leben?«, in: Die Zeit, 15.11.1996

195 »Kritische Institute gehen leer aus«, in: Frankfurter Rundschau, 14.12.1996

196 Wissenschaftsnotizen der Sozialdemokratie, Heft 11, April 1997, S. 13 f.

197 »Wissenschaft unter Diktat des Nutzens«, in: Der Tagesspiegel, 28.6.1997

198 Dolata, Ulrich: »Phantom der Produktion«, in: Blätter für deutsche und internationale Politik, 1/1997, S. 100 ff.

199 Staudt, in: Steger, a. a. O., S. 133 ff.

200 »Ein neuer Weg zum Unternehmen Kultur«, in: Die Welt, 10.5.1996

201 Roloff-Momin, Ulrich: Kultur: zuletzt, Berlin 1997, S. 94

202 Ebd., S. 19 f.

203 Deutscher Kulturrrat (Hrsg.): »Zweiter Bericht zur Kulturpolitik 1993/94: Kulturfinanzierung in der Bundesrepublik Deutschland«, 1994, S. 14 f. – Knapp 13 Milliarden Mark errechnete der Deutsche Städtetag als Gesamtausgaben für Kultur im Jahr 1990. Die Kultusministerkonferenz errechnete rund 10,3 Milliarden Mark, die Unesco 11,5. Für das Jahr 1993 nennt August Everding die Gesamtsumme von sieben Milliarden Mark (Bericht 1994, S. 17)

204 Köckritz, Sieghardt v.: »Kultur – kein Luxusgut für satte Zeiten«, in: Musikforum, H. 85, S. 48 ff.

205 Verband deutscher Musikschulen: »Eltern fordern Sicherheit für Musikschulen: Resolution zum Deutschen Musikschultag 1996« sowie: Zender, Hans: »Kulturpolitik oder Kahlschlag: Für Fortschritt und Erhaltung der Musik«, in: Musikforum, H. 83, S. 80

206 »Kulturminister Reiche dreht sein Sparkarussell auf Fusionskurs«, in: Märkische Oderzeitung, 17.7.1996

207 »Großer Krieg vorerst abgeblasen«, in: Süddeutsche Zeitung, 28.6.1996

208 »Kapitalkrise«, in: Frankfurter Allgemeine Zeitung, 2.4.1996

209 Roloff-Momin, a. a. O., S. 43, S. 111 und S. 116 f.

210 Theater heute, 10/1997

211 »Mehr als Imagetransfer«, in: die tageszeitung, 13.2.1996

212 Deutscher Kulturrat (Hrsg.): »Zweiter Bericht zur Kulturpolitik 1993/94: Kulturfinanzierung in der Bundesrepublik Deutschland«, 1994, S. 7

213 Roloff-Momin, a. a. O., S. 244 ff.

214 »Der Dank des Vaterlandes ist ungewiß«, in: Der Tagesspiegel, 25.2.1997

215 »Angebot der letzten Stunde«, in: Der Spiegel, 34/1997

216 Afheldt, a. a. O., S. 250

217 Quelle: Bündnis 90/Die Grünen

218 Ehrenberg, a. a. O., S. 43

219 »Der deutsche Fiskus und die Unternehmen sind wie Hase und Igel«, in: Handelsblatt, 8./9.8.1997

220 Brief vom 26.2.1996 an den Bundesverband mittelständische Wirtschaft

221 »Fluchtburgen des Geldes«, in: Der Spiegel, 33/1997

222 »SPD: Der Bund macht einen Reibach, Länder und Kommunen zahlen drauf«, in: Handelsblatt, 12.8.1997

223 »Die Steuerlast ist in anderen Ländern noch drückender als in Deutschland«, in: Handelsblatt, 22.8.1996

224 Handelsblatt, 14.8.1997

225 Gespräch mit Herbert Ehrenberg am 27.6.1997

226 Thurow, a. a. O., S. 154 ff. – Friedman selbst hatte damals sogar von einem Pauschalsatz unter 20 Prozent geträumt (Friedman; a. a. O., S. 325)

227 »Untere Einkommen werden nicht entlastet«, in: SZ, 5.8.1996

228 Brief vom 12.2.1996 an den Bundesverband mittelständische Wirtschaft

229 Brief des Hauptgeschäftsführers des BDI, Ludolf v. Wartenberg, an den Bundesverband mittelständische Wirtschaft v. 22.1.1997

230 Loske, a. a. O., S. 354

231 Hopfmann, Jürgen; Winter, Georg: Zukunftsstandort Deutschland: das Programm der umweltbewußten Unternehmer, München 1997, S. 90

232 Loske, a. a. O., S. 305

233 »Ökologische Steuerreform«: Positionspapier des deutschen Naturschutzrings e.V., Juni 1997

234 Friedrich-Ebert-Stiftung, a. a. O., S. 18

235 Erklärung der deutschen Wirtschaft zur Klimavorsorge, Köln, 10.3.1995

236 Bundesministerium für Umwelt: CO_2-Minderungsprogramm der Bundesregierung. Aktuelle Bilanz und Dokumentation, Bonn 4/1995, S. 35

237 Kohlhaas, Michael; Praetorius, Barbara: Selbstverpflichtungen der Industrie zur CO_2-Reduktion, Berlin, S. 177 f.
238 Interview mit dem Playboy, zit. in: Friedman 1979, a. a. O., S. 26
239 Ebd., S. 43
240 Hopfmann; Winter, a. a. O., S. 168 f.
241 Ebd., S. 146
242 Zit. in: Krebs, Carsten; Reiche, Danyel T: Der mühsame Weg zu einer »Ökologischen Steuerreform«. Ein Beitrag zur Systematisierung der Debatte, Frankfurt/M., S. 22 f.
243 Eberhard Feess: Umwelt und strategische Handelspolitik, in: Steger, a. a. O., S. 145 ff.
244 Gespräch mit Herbert Ehrenberg am 27.6.1997
245 Krebs, Carsten; Reiche, Danyel: »Wie die Ökologische Steuerreform beerdigt wurde«, in: Blätter für deutsche und internationale Politik, 7/1997, S. 844 ff.
246 »Sinkende Investitionen in den Umweltschutz«, in: Frankfurter Allgemeine Zeitung, 13.8.1997
247 Bundesverband der Deutschen Industrie: »Umsteuern mit Ökosteuern?«, Drucksache Nr. 278, o. J.
248 Einen Überblick über die Entwicklung der Idee einer Ökologischen Steuerreform liefern Carsten Krebs und Danyel T. Reiche, seit 1994 Seminarleiter des Projekts »Ökologischer Umbau der Industriegesellschaft« an der Universität Hannover. Titel: »Der mühsame Weg zur ›Ökologischen Steuerreform‹«.
249 Loske, a. a. O., S. 15 ff. – Die zuvor angeführten Zahlen und Daten entstammen ebenfalls dieser Studie.
250 Friedrich-Ebert-Stiftung, a. a. O., S. 23
251 Deutsches Institut für Wirtschaftsforschung: »Tendenzen der umweltschutzinduzierten Beschäftigung in Deutschland«, Wochenbericht 9/97, S. 157 ff.
252 Bundesverband der Deutschen Industrie: »Klimaschutz statt Öko-Steuern. Fakten und Argumente«, Köln, 30.4.1996

253 Loske, a. a. O., S. 373
254 Förderverein Ökologische Steuerreform: »Eckpunkte eines neuen Vorschlags zur Einführung von Energiesteuern im Rahmen der anstehenden Steuerreform«, o.D. (1997)
255 Bundesverband der Deutschen Industrie (Hrsg.): Fakten und Argumente, Drucksache 273, 1994, S. 104 f. – Diese Position wird seither starr gehalten.
256 Bundesverband mittelständische Wirtschaft: Leitlinien zu einer grundlegenden Steuerreform: Acht Thesen zur Umstrukturierung des Steuersystems und der Einführung ökologischer Komponenten, o.D. (7/1995)
257 Brief an den Bundesverband mittelständische Wirtschaft vom 15.4.1996
258 Brief an den Bundesverband mittelständische Wirtschaft vom 12.2.1996
259 Brief an den Bundesverband mittelständische Wirtschaft vom 23.3.1996
260 Brief aus dem Finanzministerium des Landes Nordrhein-Westfalen an den Bundesverband mittelständische Wirtschaft e.V. vom 14.2.1996
261 Krebs, Carsten; Reiche, Danyel: »Ökologische Steuerreform?«, in: Kommune 7/1997, S. 50 f.
262 Loske, a. a. O., S. 382
263 Weizsäcker, Ernst Ulrich v.: Umweltstandort Deutschland. Argumente gegen die ökologische Phantasielosigkeit, Berlin/Basel/Boston 1994, S. 65
264 Ebd., S. 256
265 »Beheizte Bürgersteige«, in: Wirtschaftswoche, 37/1997
266 Weizsäcker, a. a. O., S. 35
267 Hopfmann; Winter, S. 242 – Die Zahlen betreffen das Jahr 1994. Seit dem Wegfall des Kohlepfennigs fließen aus Steuermitteln 7,5 Milliarden Mark direkt in den Bergbau, weitere acht Milliarden Mark gibt Bonn für Koks-Kohle-Beihilfen aus

268 Friedrich-Ebert-Stiftung, a. a. O., S. 27
269 Hopfmann; Winter, a. a. O., S. 30
270 Weizsäcker, a. a. O., S. 238
271 Ebd., S. 168
272 Alt, Franz: »Kostenlos – Erneuerbare Energien reichen«, in: Umwelt und Technik, Verlagsbeilage der Frankfurter Allgemeinen Zeitung, 9.5.1995, zit. in: Loske, a. a. O., S. 170
273 Weizsäcker, Ernst Ulrich v.; Lovins, Amory B.; Lovins, L.: Faktor vier. Doppelter Wohlstand – halbierter Naturverbrauch, München 1995, S. 19
274 Ebd., S. 69
275 Weizsäcker, a. a. O., S. 254 f.
276 BDI: Klimaschutz statt Öko-Steuern. Fakten und Argumente, Köln, 30.4.1996
277 Hopfmann; Winter, a. a. O., S. 47
278 Weizsäcker; Lovins; Lovins, a. a. O., S. 178
279 Hopfmann; Winter, a. a. O., S. 267 ff.
280 »Die Deutschen lernen immer nur über das Portemonnaie«, in: Frankfurter Rundschau, 16.3.1996
281 Weizsäcker; Lovins; Lovins, S. 186 ff.
282 »Ökologische Steuerreform«: Positionspapier des deutschen Naturschutzrings e.V., Juni 1997, S. 8 – Die Zahlen beziehen sich auf das Jahr 1992
283 Weizsäcker, a. a. O., S. 150 f.
284 Ebd., S. 42
285 Ebd., S. 53
286 »Teurer Sprit ist der Wirtschaft billig«, in: die tageszeitung, 6./7.7.1996
287 Krebs, Carsten; Reiche, Danyel: »Ökologische Steuerreform?«, in: Kommune 7/1997, S. 50 f.
288 »Ökologische Steuerreform«: Positionspapier des deutschen Naturschutzrings e.V., Juni 1997, S. 11

289 »Es geht um die Zukunft des Öko-Stroms«, in: Süddeutsche Zeitung, 8.9.1997 sowie: »Härteres Gesetz bremst sanfte Energien«, in: die tageszeitung, 13.11.1997
290 Hopfmann; Winter, S.256 ff.
291 Wolf, Winfried: »Die vielen Tode des Transrapid«, in: Blätter für deutsche und internationale Politik, 3/1997, S. 274 ff.
292 Hopfmann; Winter, a. a. O., S. 243 f.
293 »Der Bergbau hofft auf Subventionen von sieben Milliarden Mark jährlich«, in: Frankfurter Allgemeine Zeitung, 13.6.1996
294 »Der Wind kommt von vorne und ist kühl«, in: Der Tagesspiegel, 20.7.1997 sowie: »Das Wolfsburg des Ostens erfüllt sich einen sozialistischen Traum«, in: Frankfurter Allgemeine Zeitung, 22.7.1997
295 »Ein Gefühl wie Weihnachten«, in: Der Spiegel, 20/1995
296 »Bauern vor dem Aufstand«, in: Die Zeit, 5.9.1997
297 Schepper, Gerhard: »Zukunftsfähige Landwirtschaft«, in: Blätter für deutsche und internationale Politik, 2/1997, S. 195 ff. – 1995 bis 1998 meldete das Bundeskabinett einen Rückgang der Subventionen in der Landwirtschaft um 21 Prozent
298 Friedman 1979, a. a. O., S. 24
299 Schepper, Gerhard: »Zukunftsfähige Landwirtschaft«, in: Blätter für deutsche und internationale Politik, 2/1997, S. 195 ff.
300 »Europäische Union erkennt ihre Niederlage im Bananenstreit an«, in: Berliner Zeitung, 26.9.1997 sowie: »Teure Bananen für kostbare Arbeitsplätze«, in: Berliner Zeitung, 26.9.1997
301 »Die Zeche zahlt der Kunde«, in: Handelsblatt, 15.8.1997
302 An den Entwicklungskosten beteiligt sind: Aerospaciale (Frankreich) mit 37,9 Prozent, Deutsche Airbus mit

37,9 Prozent, British Aerospace mit 20 Prozent und die spanische Construciones Aeronauticas S. A. mit 4,2 Prozent

303 »Einmal am Tropf – immer am Tropf«, in: Die Zeit, 1.9.1995 sowie: »Warum ›Dolores‹ Beschäftigte und Politiker peinigt«, in: Frankfurter Rundschau, 22.9.1995

304 Angerer, Jo; Werth, Mathias: »MiG-29 – der billigere Eurofighter«, in: Monitor, 24.7.1997

305 Bischoff, Manfred: »Privatisierung der Flugzeugindustrie war gesamtwirtschaftlich ein Erfolg«, in: Handelsblatt, 19.9.1995

306 Afheldt, a. a. O., S. 74

307 Reich, a. a. O., S. 351

308 Wehner, Burkhard: Deutschland stagniert: von ost- zur gesamtdeutschen Wirtschaftskrise, Darmstadt 1994, S. ff.

309 Arbeitsgruppe Alternative Wirtschaftspolitik, a. a. O, S. 19

310 Wehner, a. a. O., S. 81

311 Ebd., S. 104

312 Ebd., S. 107

313 Blätter für deutsche und internationale Politik, 8/1997, S. 1002

314 Auf dem Grundwerteforum der Friedrich-Ebert-Stiftung am 25.6.1997 im Willy-Brandt-Haus zu Berlin

315 Martin; Schumann, a. a. O., S. 84 ff.

316 »Industrie- und Entwicklungsländer streiten über Kapitalmarktöffnung«, in: Berliner Zeitung, 22.9.1997

317 Hanke, Thomas: »Der Euro oder die Wiedergewinnung politischer Spielräume«, in: Blätter für deutsche und internationale Politik, 2/1997, S. 186 ff.

318 Jakobeit, Cord: »Die Realisierungschancen der Tobin-Steuer«, in: Neue Gesellschaft/Frankfurter Hefte, 7/1997

319 Martin; Schumann, a. a. O., S. 118 ff.

320 »Der Erzbischof aus Frankfurt«, in: Der Spiegel, 23/1997

321 Später arbeitete Tietmeyer als Finanzstaatssekretär unter Stoltenberg und Waigel
322 »Lernen von Amerika«, in: Berliner Zeitung, 20./21.9.1997
323 Zit. in: Friedman 1992, a. a. O. S. 195
324 Friedman 1992, a. a. O., S. 199
325 Thurow, a. a. O., S. 72 f.
326 Gespräch mit Herbert Ehrenberg am 27.6.1997
327 »Ein Jubiläum in aller Stille«, in: Süddeutsche Zeitung, 1.8.1997
328 »Die Allianz der Skeptiker«, in: Der Spiegel, 37/1997
329 Huffschmid, Jörg: »Altes Denken in Amsterdam«, in: Blätter für deutsche und internationale Politik, 9/1997, S. 1083 ff.
330 Ehrenberg, a. a. O., S. 233
331 Berliner Zeitung, 11.9.1997, nach Eurostat und Statistischem Bundesamt
332 Arbeitsgruppe Alternative Wirtschaftspolitik, S. 3 f.
333 Ebd., S. 17
334 Ebd., S. 23
335 Ebd., S. 26 ff.
336 Ebd., S.42
337 Ebd., S. 51
338 Huffschmid, Jörg: »Altes Denken in Amsterdam«, in: Blätter für deutsche und internationale Politik, 9/1997, S. 1089
339 »Geld kontra Freundschaft«, in: Frankfurter Allgemeine Zeitung, 14.12.1996
340 »Paris lenkt ein: Europäische Zentralbank ohne politische Aufsicht«, in: Berliner Zeitung, 20./21.9.1997
341 Afheldt, a. a. O., S. 214
342 »Es geht ums Prinzip, ums ganze System«, in: Blätter für deutsche und internationale Politik, 9/1997, S. 1037
343 Die Woche, 11.7.1997
344 »Die Länder stoppen – weg mit der Macht des Bundesrates«, in: Süddeutsche Zeitung, 8.8.1997

345 Zit. in: Hayek, a. a. O., S. 271
346 Hayek, a. a. O., S. 287 ff.
347 »So kann es nicht weitergehen«, in: Der Spiegel, 37/1997
348 Weizsäcker, Carl Christian v.: »Resignation und Konfusion, die Feinde der Demokratie«, in: Öko-Mitteilungen, Nr. 2, 1995, S. 6-8, zit. in: Loske, a. a. O., S. 381
349 Weizsäcker, Carl Christian v.: »Demokratie ist Konkurrenz, nicht Konsens«, in: Frankfurter Allgemeine Zeitung, 4.7.1997
350 »Wer will schon einen alten Zopf?«, in: Freitag, 5.9.1997
351 »Der Rambo von Bonn«, in: Der Spiegel, 30/1997
352 »Das ist ein Irrweg«, in: Wirtschaftswoche, 33/1997, S. 17
353 Martin; Schumann, a. a. O., S. 204 f.
354 Ege, Konrad: »Amerikas mythische Mitte«, in: Blätter für deutsche und internationale Politik, 2/1997, S. 141 ff.
355 Martin; Schumann, a. a. O., S. 20
356 »Arbeit wird weltweit billig wie Dreck«, Frankfurter Rundschau, 8.1.1996, zit. aus Vorwärts 1/1996
357 »Die CSU, die Ausländer, der Aufschwung«, in: Berliner Zeitung, 30.9.1997 sowie: »Berlin, New York, die Polizei oder 'Bratton vorm Kopf'«, in: Berliner Zeitung, 30.9.1997
358 »Die meisten Jugendlichen haben Existenzängste«, in: Berliner Zeitung, 24.9.1997
359 »Zustände wie kurz vor 1848«, in: Berliner Zeitung, 26./27.7.1997
360 Afheldt, a. a. O., S. 75
361 Reich, a. a. O., S. 198
362 Ebd., S. 279 ff.
363 Ebd., S. 282
364 Ebd., S. 294 ff.
365 Afheldt, a. a. O., S. 80

Literaturverzeichnis

Afheldt, Horst: Wohlstand für niemand. Die Marktwirtschaft entläßt ihre Kinder, München 1994

Arbeitspruppe Alternative Wirtschaftspolitik: Memo-Forum Nr. 25 mit der Erklärung Vollbeschäftigung, sozialer Zusammenhalt und Gerechtigkeit – Für eine alternative Wirtschaftspolitik in Europa, Bremen 7/1997

dies.: Memorandum 95: Stärkung des Sozialstaates – Wirtschaftspolitik für Arbeit und ökologischen Umbau, Köln 1995

Ehrenberg, Herbert: Die große Standortlüge: Plädoyer für einen radikalen Kurswechsel in der Wirtschafts-, Finanz- und Sozialpolitik, Bonn 1997

Friedman, Milton: Es gibt nichts umsonst. Warum in einer Marktwirtschaft jede Mark verdient werden muß, München 1979

ders.: Geld regiert die Welt. Neue Provokationen vom Vordenker der modernen Wirtschaftspolitik, Düsseldorf 1992

Friedman, Milton; Friedman, Rose: Chancen, die ich meine, Frankfurt/M./Berlin/Wien 1983

Friedman, Milton; Patinkin, Don; Moggridge, Donald E.: Lord Keynes – Opus und Vita heute, Düsseldorf 1989

Friedrich-Ebert-Stiftung: Ökologische Steuerreform. Internationale Erfahrungen und politische Perspektiven, Bonn 1996

Hayek, Friedrich A.: Der Weg zur Knechtschaft, München 1994

Hopfmann, Jürgen; Winter, Georg: Zukunftsstandort Deutschland: das Programm der umweltbewußten Unternehmer, München 1997

ifo-Institut für Wirtschaftsforschung (Köddermann, Ralf; Wilhelm, Markus): Umfang und Bestimmungsgründe einfließender

und ausfließender Direktinvestitionen ausgewählter Industrieländer. Entwicklungen und Perspektiven, München 1996
Kohlhaas, Michael; Praetorius, Barbara: Selbstverpflichtungen der Industrie zur CO_2-Reduktion, Berlin 1994
Krebs, Carsten; Reiche, Danyel T.: Der mühsame Weg zu einer »ökologischen Steuerreform«. Ein Beitrag zur Systematisierung der Debatte, Frankfurt/M. 1996
Loske, Reinhard: Zukunftsfähiges Deutschland: ein Beitrag zur global nachhaltigen Entwicklung (herausgegeben von BUND und Miserior), Basel 1996
Luttwak, Edward N.: Weltwirtschaftskrieg: Export als Waffe – aus Partnern werden Gegner, Reinbek 1994
Martin, Hans-Peter; Schumann, Harald: Die Globalisierungsfalle. Der Angriff auf Demokratie und Wohlstand, Reinbek 1996
Marx, Karl: Grundrisse der Kritik der Politischen Ökonomie, Berlin 1974
Rawls, John: Eine Theorie der Gerechtigkeit, Frankfurt/M. 1979
Reese-Schäfer, Walter: Was ist Kommunitarismus?, Frankfurt/M./New York 1994
Reich, Robert B.: Die neue Weltwirtschaft: Das Ende der nationalen Ökonomie, Berlin 1993
Rifkin, Jeremy: Das Ende der Arbeit und ihre Zukunft, Frankfurt/M./New York 1994
Roloff-Momin, Ulrich: Kultur: zuletzt, Berlin 1997
Simons, Rolf; Westermann, Klaus: Industriestandort Deutschland: zur Wettbewerbsfähigkeit der deutschen Wirtschaft, Marburg 1995
Singer, Peter: Wie sollen wir leben? Ethik in einer egoistischen Zeit, Erlangen 1996
Steger, Ulrich: Globalisierung der Wirtschaft: Konsequenzen für Arbeit, Technik und Umwelt, Heidelberg/Berlin/New York 1996
Thurow, Lester C.: Gefährliche Strömungen: Wirtschaftspolitik in der Krise, Frankfurt/M./New York 1984

Wehner, Burkhard: Deutschland stagniert: von der ost- zur gesamtdeutschen Wirtschaftskrise, Darmstadt 1994

Weizsäcker, Ernst Ulrich v.: Umweltstandort Deutschland. Argumente gegen die ökologische Phantasielosigkeit, Berlin/Basel/Boston 1994

Weizsäcker, Ernst Ulrich v.; Lovins, Amory B; Lovins, L. Hunter: Faktor vier. Doppelter Wohlstand – halbierter Naturverbrauch, München 1995

Danksagung

Mein herzlicher Dank gilt den Mitarbeiterinnen und Mitarbeitern des hervorragenden Pressearchivs am Otto-Suhr-Institut der FU Berlin.